El Acantilado, 309
PEREGRINOS
DE LA BELLEZA

MARÍA BELMONTE

PEREGRINOS DE LA BELLEZA
VIAJEROS POR ITALIA Y GRECIA

BARCELONA 2015 ACANTILADO

Publicado por
ACANTILADO
Quaderns Crema, S. A.

Muntaner, 462 - 08006 Barcelona
Tel. 934 144 906 - Fax. 934 636 956
correo@acantilado.es
www.acantilado.es

© 2015 by María Belmonte Barrenechea
© de las ilustraciones: fotografía de Von Gloeden © by Colecciones del
museo Fratelli Alinari – Archivo Von Gloeden, Florencia; fotografía
de Patrick Leigh Fermor © by Herederos de William Stanley
Moss; fotografía de Lawrence Durrell © by Getty Images
© de esta edición, 2015 by Quaderns Crema, S. A.

En la cubierta, D. H. Lawrence bajo un olivo

Derechos exclusivos de edición:
Quaderns Crema, S. A.

ISBN: 978-84-16011-51-3
DEPÓSITO LEGAL: B. 9459-2015

AIGUADEVIDRE *Gráfica*
QUADERNS CREMA *Composición*
ROMANYÀ-VALLS *Impresión y encuadernación*

SÉPTIMA REIMPRESIÓN *abril de 2021*
PRIMERA EDICIÓN *abril de 2015*

CONTENIDO

Para Javier, mayormente

PRESENTACIÓN
EL MUNDO MEDITERRÁNEO
COMO DESTINO VITAL

—En antiguos oráculos se llamaba «sedienta de justicia» a una tierra arcaica: allí todos los esfuerzos iban encaminados al orden y a un gobierno perfecto. Dime, ¿dónde se encuentra ahora esa tierra?
—¡Qué pregunta! Donde siempre ha estado: en el alma de los seres humanos.

GEORGE ELIOT, *Middlemarch*

Con la llegada del invierno, el viaje al sur llegó a convertirse en un rito de paso para los nórdicos. Al cruzar esa frontera invisible señalada por la aparición de olivos y cipreses en el paisaje, los viajeros abandonaban los márgenes del mundo, penetraban en el centro de las cosas y se reconciliaban con los orígenes. Esta idea la expresó el poeta Yorgos Seferis cuando, tras una visita a los templos griegos de Paestum, al sur de Nápoles, anotó en su diario:

No deja de sorprenderme cómo estos escenarios mediterráneos hacen que me sienta como en casa. Algunas veces pienso que estoy hecho para vivir recluido en este microcosmos, sin deseo alguno de abandonarlo...

«Sentirse en casa. Recluirse en ese microcosmos». Seferis era griego, pero quienes hemos nacido lejos del ámbito mediterráneo también podemos compartir un profundo sentimiento de pertenencia.

En el siglo XVIII dio comienzo esa tradición cultural conocida como el Grand Tour, según la cual la educación de

7

un joven aristócrata no se consideraba completa sin la visita a los lugares de la Antigüedad para contemplar *in situ* la belleza del legado grecolatino. Italia se convirtió en lugar de culto y peregrinación de los nórdicos gracias a libros como *Viaje a Italia* de Goethe. Esta obra fue una de las primeras en expresar las transformaciones que iban a sufrir los habitantes de las tierras del norte al contacto con las esencias mediterráneas. Si bien hasta llegar a Roma Goethe iba en busca de la cultura y el arte clásicos, a partir de Nápoles, su diario de viaje permite observar un sutil cambio, pues desde entonces se puede ver al erudito viajero disfrutar del aspecto sensual, espontáneo, físico y hasta peligroso del sur. Bastantes años después, Edward Morgan Forster expresaría delicadamente esta transformación en la protagonista de su novela *Una habitación con vistas* durante su estancia en Florencia: «El sortilegio de Italia estaba haciendo efecto sobre ella y, en lugar de adquirir conocimientos, empezó a sentirse feliz». Lentamente, los más aventureros comenzaron a incluir en el programa las islas Jónicas, el Peloponeso, Atenas y las Cícladas. El grito de Shelley «¡Todos somos griegos!», lanzado en plena guerra de liberación de Grecia contra el dominio turco, hizo conscientes a todos los europeos de su deuda espiritual con el país heleno y la Antigüedad clásica. Con el descubrimiento y la excavación de las ruinas de Olimpia y Delfos, Grecia entró definitivamente en el Grand Tour.

El sur se reveló como la tierra de los lotófagos, un territorio encantado al que se accedía tras superar la prueba de los Alpes. Era un viaje iniciático, de regeneración, en el que se dejaba atrás la personalidad anterior y se volvía diferente de como se había salido. También era un viaje plagado de incomodidades, que implicaba para sus protagonistas dejarse zarandear durante meses, ahogados en polvo, por conductores de carruajes, así como hacerse extorsionar por funcionarios de aduanas desaprensivos para alojarse, al cabo de extenuantes jornadas, en albergues de más que dudosa higiene. «¿Conoces el país donde florece el limonero? —escribía un sarcástico Heine, parafraseando a Goethe en su *Wilhelm Meister*—. Allí, allí quisiera ir contigo, amor mío. Pero no a principios de agosto, cuando durante el día te embrutece el sol y por la noche te atormentan las pulgas».

Los viajes al Mediterráneo dejaron de ser patrimonio de eruditos y aventureros cuando, a mediados del siglo XIX, Thomas Cook, empresario y puntal de la liga anti-alcohólica, descubrió por casualidad el viaje organizado. Ahora, los habitantes de mugrientas ciudades inglesas podían subir a un tren por la noche y, emulando a los ejércitos de Jenofonte, despertar por la mañana al enardecido grito de «¡El mar, el mar!», en las costas de la Riviera francesa o italiana. Cada vez era más la gente que podía visitar el Coliseo de noche a la luz de las antorchas, contemplar la languidez de la laguna veneciana en invierno, la belleza imponente del Partenón sobre la Acrópolis o disfrutar de las delicias de la bahía de Nápoles. Y para quienes no se movían de casa, los mejores artistas inmortalizaban en sus pinturas la luz mediterránea y la belleza de la campiña romana, mientras las mejores plumas deleitaban a los lectores con sus descripciones de los pintorescos paisajes y habitantes del sur.

Cada viajero tenía un motivo diferente para dirigirse al sur: la contemplación de las ruinas clásicas, los efectos beneficiosos del sol, la búsqueda de amores prohibidos o de un escondite para una relación ilícita. Y para algunos afortunados, aquel viaje deparaba insospechados y gozosos descubrimientos. Porque el amante del Mediterráneo ve el mar más azul, el cielo más índigo, la silueta de los árboles más definida y elegante en Italia o Grecia. Se pasea

arrobado, con la mirada alterada del enamorado y desprovista de las telarañas de la cotidianeidad, como el místico
que contempla la belleza del mundo porque ve las cosas
como si fuera la primera vez. No sólo la mirada se agudi-
za en el amante-místico, sino también la percepción. Los
parajes están cargados de significado, se puede detectar la
presencia del espíritu del lugar, de husmearlo, de temer-
lo, de adorarlo. En sitios como la Villa Jovis en Capri, en
ese promontorio salvaje abierto al viento, al cielo y al mar,
se puede llegar a perder la noción del tiempo y del espacio
mientras se siente entre las ruinas la presencia persistente
de otras miradas.

El amante del Mediterráneo suele ser un devoto del pasado clásico, obsesionado o no por él, pero poseedor de una
visión propia de cómo sucedieron los hechos, según fueran sus estudios, mentores, viajes y juegos. Como le sucedió a Schliemann, enamorado de la *Ilíada* y la *Odisea* desde
niño, nuestra Grecia y nuestra Italia quedaron detenidas en
aquellos estudios de la infancia, en aquellas imágenes que
nos hicimos de un Aquiles de pies ligeros que mantenía largas conversaciones con una diosa guerrera tocada de casco y portadora de una afilada lanza. El amante del Mediterráneo experimenta una especie de *déjà vu* y tiene la capacidad de percibir la presencia del pasado y sus moradores.
Hay lugares en los que siente que ya ha estado antes y tiene
la sensación de *recordar*. El aire en que se mueve está lleno
de sonidos, palabras, quizá está lleno de sentimientos, de
recuerdos, de pensamientos de otros que allí vivieron. Es
una sensación inquietante, más profunda de lo que normalmente nos brinda nuestra conciencia.

La prolífica literatura sobre el Mediterráneo abunda en
este tipo de epifanías, *posesiones* y explosiones de creativi-
dad. La visita de Yukio Mishima a Delfos en 1952, cuando

contaba veintisiete años, cambió el curso de su vida. Conmovido hasta lo más hondo por la belleza de las estatuas de Antínoo y del Auriga, regresó a su país decidido a equiparar la inteligencia con la excelencia física. Aprendió griego, se convirtió en consumado nadador y en poseedor de un cuerpo clásico digno del «hermoso» ritual samurai con el que puso fin a su vida. Casi dos siglos antes, el ilustre historiador Edward Gibbon, tras pasar unas horas entre las ruinas del Capitolio en Roma, dedicó el resto de su vida a redactar su voluminosa *Decadencia y caída del Imperio romano*. En el tomo dedicado a la dinastía Antonina y los cinco emperadores buenos (96-138 después de Cristo), Gibbon proclamó que aquélla había sido la época más feliz de la humanidad. En su autobiografía, Marguerite Yourcenar, a quien su padre había enseñado latín a los diez años y griego antiguo a los doce, cuenta el impacto que causaron en ella las ruinas del palacio del emperador Adriano—el primer filoheleno de la historia—en Tívoli cuando las visitó de adolescente con su progenitor. Y también cuenta cómo casi cuarenta años más tarde y producto de una repentina inspiración, escribió frenéticamente en estado de trance las *Memorias de Adriano* mientras realizaba un viaje en tren por Estados Unidos.

Italia, con su acumulación de obras de arte, depara al viajero sensible y solitario el síndrome de Stendhal, un maravilloso orgasmo de la mente que sobreviene cuando ésta, saturada de belleza, estalla en un torrente de emociones que se manifiestan en forma de llanto incontrolado, convulsiones y... una sensación de felicidad suprema. La agreste Grecia nos regala, en cambio, el terror pánico, esa sensación de contacto con el mundo antiguo que el viajero puede experimentar en algún recodo del camino, en la soledad de una ermita de montaña o en medio de un bosque frondoso.

Mi propia trayectoria como amante del Mediterráneo comenzó pronto. El primer libro que compré con nueve años fue *Mitología griega y romana* de Hermann Steuding. Recuerdo el nombre porque todavía lo conservo, todo pintarrajeado pero también todo subrayado. Ya de adolescente, en París, escuché por primera vez el sonido de la lengua griega moderna en boca de un poeta. No entendí el significado de las palabras, pero me enamoré al instante de la rotunda y hermosa sonoridad de aquel idioma que parecía provenir de muy lejos y decidí aprenderlo. Otro hito importante en mi carrera como mediterranófila fue mi primer viaje a Florencia cuando todavía era muy joven, con un ruidoso grupo de amigos, todos apiñados en un viejo coche. Llegamos de noche y, hambrientos y cansados, comenzamos a deambular por la ciudad en busca de un restaurante. Por azar fuimos a dar con la plaza del Duomo. Levanté la mirada y vi por primera vez Santa María del Fiore recortándose en el cielo nocturno. Entonces sucedió. El mundo desapareció a mi alrededor, incluidos mis hambrientos y malhumorados amigos. Repentinamente, comencé a llorar de forma convulsa, mientras grandes lagrimones brotaban de mis ojos. Nunca había sentido tanta felicidad. Y aunque entonces no fuera consciente, en aquel momento aprendí que había llegado a una fuente antigua y perenne de deseo y que la belleza es lo único que salva al ser humano de la absoluta soledad.

A lo largo de los años, fruto de lecturas y búsquedas incesantes, fui conociendo a los personajes que aparecen en este libro a los que he llamado «peregrinos de la belleza». Ellos han sido mis sagaces e ilustrados mentores, quienes han agudizado mi mirada, ensanchado mi percepción y guiado mis pasos por el Mediterráneo. He visitado las islas griegas de la mano de Larry Durrell, subido al monte Olimpo siguiendo a Kevin Andrews, que lo hizo cuando los alemanes no habían quitado todavía las alambradas en la Segunda Guerra Mundial, recorrido la misteriosa región de Mani con Paddy Leigh Fermor, conocido los rincones más secretos de Capri gracias a Axel Munthe... y tantas cosas más.

Es extraño cómo las personas a veces pertenecemos a lugares, especialmente a lugares en los que no hemos nacido. Quien mejor ha expresado esta idea es el escritor bosniocroata, Predrag Matvejevic, considerado un maestro de la «geopoética mediterránea», en su evocadora obra *Breviario mediterráneo*:

Las gentes del Norte identifican a veces nuestro mar con el Sur: hay algo que los atrae hacia él aun cuando aman su tierra natal. No es tan sólo que anhelan un sol más ardiente y una luz más fuerte. Este fenómeno tal vez podría llamarse «fe en el Sur». Es posible—cualquiera que sea nuestro lugar de nacimiento o residencia—llegar a ser mediterráneo. La mediterraneidad no se hereda, sino que se consigue. Es una decisión. Y no un don. Dicen que en el Mediterráneo cada vez hay menos mediterráneos auténticos. No se trata tan sólo de la historia o de la tradición, de la memoria o de la fe: el Mediterráneo quizá sea también nuestro destino.

ITALIA

JOHANN WINCKELMANN, PASIÓN ROMANA

Winckelmann por Raphael Mengs

EL INTÉRPRETE DE LA ANTIGÜEDAD

> Di, ¿dónde está Atenas? Tu ciudad amada,
> ¡oh dios enlutado! ¿Convertida en polvo
> se hundió con las urnas funerarias de los Maestros
> en tus misteriosas orillas sagradas?
> ¿No queda un vestigio que en el navegante que pasa,
> la evoque, recuerde su nombre?
>
> FRIEDRICH HÖLDERLIN, *El archipiélago*

Mientras estudiaba en la universidad tuve la suerte de topar
con un profesor maravilloso que nos enseñaba historia del
arte. Aunque pequeño y delicado, era un hombre tremendamente apasionado. Nunca olvidaré una clase dedicada

a Tiziano en la que nos habló largamente y como en estado de trance de la inmensa belleza encerrada en las sucesivas capas de pintura que componen el muslo de su *Dánae*. Desde entonces nunca he vuelto a mirar un muslo de la misma manera. Él fue quien nos descubrió la importancia de Winckelmann, el estudioso que situó la cima del arte occidental en la Atenas del siglo v antes de Cristo y cuya obra desencadenó poderosas fuerzas que influyeron en el desarrollo estético de Occidente dando lugar al movimiento llamado neoclasicismo.

Winckelmann alcanzó la cúspide de la fama en Roma como anticuario papal y, tras su trágica muerte a los cincuenta años, ejerció, a través de su obra, una inmensa influencia sobre sus contemporáneos. Sus famosas palabras de «noble simplicidad y serena grandeza», atribuidas por él al arte griego clásico, pusieron en camino hacia el sur a millares de nórdicos deseosos de descubrir las huellas de ese antiguo ideal. El más famoso de ellos, Goethe, no se separó ni un momento de la obra de Winckelmann—a quien consideraba su maestro—mientras duró su viaje de casi dos años por Italia.

El 8 de junio de 1768, la noticia de que Johann Winckelmann había sido asesinado en Trieste causó una profunda conmoción en los círculos eruditos y académicos europeos. Su asesino, un joven cocinero toscano con antecedentes penales, se declaró culpable durante un juicio plagado de contradicciones. Condenado a morir descoyuntado en la rueda, la sentencia fue cumplida públicamente frente al hotel en el que se había cometido el crimen.

Winckelmann nació en 1717 en Stendal, una pequeña ciudad de Sajonia, aunque no se cansó nunca de repetir que su año real de nacimiento fue 1756, cuando se trasladó a vivir a Roma. Hasta entonces su existencia había sido, según él, la de un muerto en vida, la de un mero y patético superviviente. Hijo único de un zapatero, vivió una infancia de absoluta pobreza y se habría visto forzado a seguir los pasos de su padre si no hubiera sido por la crucial intercesión y ayuda económica de sucesivos maestros y tutores a quienes no pasaron inadvertidas las andanzas del pequeño, que, cuando no estaba rebuscando restos arqueológicos en las colinas de los alrededores, se pasaba las horas enfrascado en la *Ritterplatz*, una voluminosa enciclopedia que mostraba monumentos de la Antigüedad.

A los diecisiete años, Winckelmann fue enviado al Lyceum de Berlín para completar sus estudios. Allí encontró otro mentor, Christian Tobias Damm, que no tardó en quedar deslumbrado por los conocimientos sobre la Antigüedad clásica de aquel joven dotado de una insaciable sed de saber. Damm era uno de los pocos hombres en Alemania que exaltaban el griego sobre el latín en una época en que el estudio de aquella lengua y su literatura no gozaban de prestigio, y tal vez llegó a intuir que aquel joven estaba destinado a desenterrar todo un continente que yacía sumergido para exponerlo ante los ojos de sus contemporáneos. Pero para complacer tanto a sus mentores como a sus padres, se decidió que cursara teología en Halle, estudios necesarios en aquella época para poder optar a un puesto en la administración pública. Desde el principio, Winckelmann sintió una profunda aversión por Halle y los estudios teológicos. Durante los sermones o la lectura de las Escrituras, su mente seguía fijada en aquel otro mundo, lejano y luminoso, al que se trasladaba sigilosamente a través del libro de un autor antiguo convenientemente forrado para que pareciera un libro religioso.

Al morir su mentor abandonó sin pena la teología y se

matriculó en la universidad de Jena para cursar medicina y ciencias, estudios que compaginaba con un puesto como tutor en casa de la familia Lamprecht. Tenía veinticinco años cuando experimentó su primera tormenta emocional. Winckelmann se enamoró por primera vez. Una situación embarazosa, porque el objeto de su amor era su pupilo, Peter Lamprecht. Como amante de la Grecia antigua, el ideal de belleza, el objeto de amor más excelso para él era, y siempre sería, un adolescente... a punto de convertirse en adulto. Este ideal lo descubriría más adelante encarnado en mármol en la estatua del Apolo del Belvedere en Roma, ante la que cayó en trance la primera vez que la contempló.

Fue en Potsdam donde vio la primera exposición de estatuas clásicas. Aunque no se trataba más que de vaciados en yeso de copias romanas de originales griegos, su entusiasmo, incrementado sin duda por la presencia de su pupilo, le llevó a calificar esa ciudad de «Atenas del norte». Su relación con Lamprecht fue el patrón que se repetiría en el resto de las relaciones sentimentales que entabló durante su vida: comienzos de éxtasis y exaltación, seguidos de períodos de tristeza y aflicción y un final de amargo desencanto. Dicho así, puede parecer el proceso normal de casi toda relación amorosa. Pero debe tenerse en cuenta que Winckelmann y los hombres que amaban a otros hombres en la Alemania del siglo XVIII eran considerados sodomitas (la palabra *homosexual* no fue acuñada hasta 1869 por el activista Karl-Maria Kertbeny), y la sodomía se castigaba con la pena de muerte. De hecho, la pena capital no fue abolida en Prusia hasta 1794 por influjo de la Revolución francesa, para ser sustituida por penas de cárcel y trabajos forzados bajo el infamante artículo 143 de la ley prusiana.

La situación se fue haciendo insostenible y un año después de su llegada dejó su empleo como tutor y se alejó de los Lamprecht. Quiso la casualidad que un antiguo compañero de universidad acabara de dejar vacante un puesto de maestro de escuela en Seehausen, una pequeña aldea de Sajonia. Impresionado por el lamentable aspecto que presentaba su amigo y por su difícil situación, movió unos cuantos hilos y consiguió que le fuera concedido el puesto.

Winckelmann se convirtió así en maestro de escuela de un pueblo situado a pocos kilómetros de Stendal, la ciudad en la que había nacido. Comenzó para él un período que más adelante no podría evitar recordar sin estremecerse. Fue una época de soledad, pobreza y tristeza. Durante el día enseñaba a leer y escribir a los niños y, una vez acabada la jornada, se dedicaba con ahínco al estudio de los clásicos. Leía hasta la medianoche y, sin desvestirse, dormía en un sillón hasta las cuatro de la madrugada, hora en que reanudaba sus estudios hasta las seis. En el duermevela tenía visiones de un mundo ideal, muy distinto del que le había tocado habitar. Un mundo en el que se cultivaba la belleza de las mentes y de los cuerpos. Un mundo de hombres libres que competían por la excelencia en las palestras de Olimpia, en la sagrada ciudad de Elis y, sobre todo, un mundo en el que las *amistades heroicas* como las de Aquiles y Patroclo, Teseo y Pirítoo, Orestes y Pílades, o reales, como las de Adriano y Antínoo y Alejandro y Hefestión, no sólo no eran perseguidas, sino ensalzadas como la forma de amar más excelsa y virtuosa.

Así fueron pasando los años en Seehausen. De día era un maestro de escuela solitario y harapiento. Por las noches, en cambio, habitaba entre sus iguales en los Campos Elíseos. Pero, al cumplir los treinta años, la suerte de Winckelmann dio un giro radical. El conde Heinrich von Bünau estaba buscando a alguien que le ordenara su biblioteca, considerada una de las más grandes de Europa, y, de paso, le ayudara a escribir una historia de los Estados alemanes. Winckelmann solicitó el puesto y fue aceptado. Lleno de júbilo, reunió sus escasas pertenencias y el 10 de agosto de 1748 se trasladó a Dresde para instalarse en el cercano castillo de Nöthnitz a las órdenes de un patrón bondadoso, miembro destacado de la corte más refinada de Alemania. Los siguientes siete años los dedicó a las tareas para las que había sido contratado y todavía le quedó tiempo para aprender lenguas, continuar sus estudios clásicos y hacer valiosos contactos. Por primera vez en su vida, Winckelmann llevaba una existencia razonablemente feliz. Comía y vestía decentemente, vivía en un entorno agradable y recibía un sueldo digno. La cercana ciudad de Dresde rebosaba actividad cultural, aunque para Winckelmann tenía un defecto insuperable: era una ciudad barroca. No se podía dar un paso por ella sin encontrar un edificio de ese estilo y, al pasear por sus inmensos jardines, era imposible no toparse con una estatua de algún imitador de Bernini. Y Winckelmann, el inminente teórico del neoclasicismo, sentía una profunda aversión por el barroco y una manía visceral hacia Bernini.

Mientras tanto, medio oculta y arrinconada en unos pabellones mal iluminados del parque, se encontraba la colección de estatuas clásicas de Augusto el Fuerte; según escribió más tarde Winckelmann, las estatuas estaban apiñadas como sardinas en lata y, por lo tanto, podían ser vistas, pero no contempladas y menos aún estudiadas. Con tan pocos elementos de juicio como fueron las estatuas que había visto en Potsdam unos años antes y las apenas entrevistas ahora en Dresde, más los grabados que había ido encontrando en los libros, escribió, en el poco tiempo que le dejaba libre su patrón, un opúsculo de apenas cincuenta páginas que iba a revolucionar la historia del arte y acabar, de paso, con el estilo barroco. Winckelmann editó de su propio bolsillo los cincuenta ejemplares de *Reflexiones sobre la imitación de las obras griegas en la pintura y la escultura*, ilustrados por su amigo Adam Friedrich Oeser, en la pequeña editorial Hagenmüller de Dresde. La editó en sobrios caracteres latinos y en formato *in quarto*, que luego se llamaría winckelmanniano.

Si Bernini animaba a sus discípulos a imitar la naturaleza, Winckelmann sostenía que ésta nunca podía estar a la altura del ideal, y que, por lo tanto, si queríamos alcanzar la perfección, era preciso imitar a los antiguos griegos. El librito tuvo éxito, se reeditó y se tradujo al inglés y al francés y, gracias a él, Augusto III, rey de Polonia y elector de Sajonia, le concedió una pensión de doscientos táleros para que continuara sus estudios en Roma. Lo que Winckelmann afirmaba sobre el arte griego, a pesar de lo poco que había visto, arraigó profundamente en las conciencias europeas, demostrando que una imaginación apasionada puede suplir la falta de elementos de observación. Llegó a sus conclusiones probablemente por la vía negativa, a fuerza de aborrecer el barroco de Dresde y por la definición de cualidades como «la noble simplicidad y serena grandeza» que eran la antítesis de aquel estilo. Para el catedrático de Cambridge, E. M. Butler, Winckelmann escribió el libro en estado de gracia, «con una clarividencia sibilina y echando mano de conocimientos innatos».

Pero la buena racha de Winckelmann no había hecho más que empezar. El nuncio papal en la corte de Sajonia, Alberigo Archinto, amigo del conde Heinrich von Bünau, quedó impresionado por la erudición de Winckelmann en las *Reflexiones* y se dio cuenta del valioso papel que aquél podría desempeñar en Roma. Le habló de las excavaciones que se estaban llevando a cabo en Pompeya y Herculano, de la vasta biblioteca del Vaticano y de los tesoros que albergaban sus museos y le prometió buscarle un buen puesto. Sólo puso una condición: tenía que convertirse al catolicismo. Winckelmann no lo dudó un segundo y aceptó el ofrecimiento. Para un pagano como él, Roma bien valía una misa si con ello podía huir al fin de Alemania.

Escribió una carta a Lamprecht, instándole a que le acompañara a Roma, prometiéndole correr con todos los gastos. Nunca hubo respuesta. El 15 de septiembre de 1755 abandonó Dresde con destino a Roma para no regresar jamás.

RENACIMIENTO EN ROMA

> Nada hay que pueda compararse con Roma [...]. Si deseas comprender a la humanidad, éste es el lugar para hacerlo—mentes de increíble talento, hombres bendecidos con los mayores dones, bellezas de gran carácter, tal como los griegos que les han servido de modelo.
>
> JOHANN WINCKELMANN

Archinto cumplió su palabra y consiguió que Winckelmann entrara a trabajar para el cardenal Domenico Silvio Passionei, director de la Biblioteca Vaticana. Aunque el trabajo no supuso un gran cambio en la vida de Winckelmann, ya que apenas se diferenciaba del que realizaba para el conde Bünau, le permitió conocer a gente influyente como Raphael Mengs, considerado el mejor pintor de su tiempo, quien no tardó en convertirse en su gran amigo y confidente. Mengs, con quien Winckelmann convivió una temporada, era un experto en antigüedades y arte clásico y le introdujo en el círculo de los coleccionistas de arte antiguo. También le presentó a otras personas notables como Giacomo Casanova.

La suerte del abate alemán estaba a punto de cambiar una

vez más. Su erudición llegó a oídos de uno de los personajes más ricos y poderosos de Roma, el cardenal Alessandro Albani, sobrino del papa Clemente XI. Albani, voraz coleccionista de arte y antigüedades, encontró en Winckelmann la persona indicada para ayudarle a ordenar y catalogar una enorme colección que pensaba albergar en el palacio que había mandado construir en las afueras de la ciudad, la Villa Albani. Con su nuevo trabajo, comenzó para Winckelmann una laboriosa etapa de su vida, sin duda la más feliz, dedicada al arte y la arqueología. Su nuevo patrón, treinta años mayor que él, era un hombre amante de la belleza y la buena vida. Villa Albani era un lugar de recreo al que acudían los caballeros y las damas de Roma a pasear, jugar en sus jardines y bailar en las noches de verano. A la colección de Albani pertenecía el exquisito busto de Antínoo con flores de loto, desenterrado en 1734 en la Villa Adriana. El Antínoo impresionó a Henry James durante su visita a la villa en 1876. «Es extrañamente hermoso», escribió. También llamó la atención de James un enorme fragmento del bajorrelieve de dos combatientes atacándose, uno de ellos a caballo, que resumió en su escrito sobre la visita a Villa Albani como «el asesinato convertido en eterna belleza».

En una carta a su amigo, el consejero áulico Berendis, Winckelmann describió el gozo por su relación con Albani:

Me limito a acompañar al cardenal en sus paseos. Ninguna amistad podría ser tan estrecha como la que mantengo con él, carente de toda envidia y que sólo la muerte podrá romper. Le revelo los más ocultos recovecos de mi alma y disfruto de una confianza similar por su parte. Me considero uno de esos raros seres humanos completamente satisfechos porque no podría desear nada más.

Visitó Paestum, en aquella época una región agreste y desolada, azotada por la malaria. Sus tres templos dóricos casi perfectamente conservados le causaron una gran impresión. En 1762 publicó *Observaciones sobre la arquitectura de los antiguos*, que incluía una detallada descripción de los tres templos griegos. También realizó varias visitas a Nápoles y a las excavaciones de Pompeya y Herculano, donde, en ocasiones, llegó a temer por su integridad física. Los arqueólogos que allí operaban le detestaban por las críticas que vertía sobre sus métodos, considerados por Winckelmann inaceptables y bárbaros. «Este individuo tiene tanto que ver con las antigüedades como la luna con los cangrejos», comentó a propósito del director de las excavaciones, el ingeniero militar español a sueldo de los Borbones, Roque Joaquín Alcubierre, cuyos operarios recibían instrucciones de desenterrar estatuas, joyas, mármoles preciosos y otros tesoros para venderlos a ávidos coleccionistas.

En 1763, cuando llevaba siete años en Roma, y gracias a la intercesión de Albani, Winckelmann fue nombrado anticuario papal y Scriptor Linguae Teutonicae por el papa Clemente XIII, es decir, responsable de catalogar la colección alemana de la Biblioteca Vaticana. Había llegado a lo más alto. Ahora no sólo era una celebridad en Roma, sino que su nuevo cargo implicaba que por sus manos pasaran todas las antigüedades que entraban y salían de Roma o que se desenterraban en los Estados Vaticanos.

Su pasión por la belleza le hacía vivir en continuos éxtasis. Un día, lo que se apoderaba de su mente hasta obsesionarle era una pequeña cabeza de fauno que acababa de ser desenterrada. «Esa excelsa y divina cabeza excede todo cuanto he visto, a todo lo que es posible. Pienso en ella constantemente, de día y de noche», escribió en una carta. Otro día era el busto de una Palas Atenea el que le llenaba de arrobo. También la belleza de algún ser real ocupaba sus desvelos:

[...] generalmente en agosto vivo solitario en Villa Albani, pero este año me propongo tener la compañía de una grata persona pues deseo escribir acerca de la belleza teniendo como modelo una belleza viva.

Su famosa descripción del Apolo de Belvedere en su *Historia del arte de la Antigüedad* revela una sensualidad y un entusiasmo que pocos son capaces de alcanzar:

Imagen de una eterna juventud, ese cuerpo, del cual ninguna vena interrumpe las formas y que no está agitado por ningún nervio, parece animado de un espíritu celeste que circula como un vapor dulce en todos los contornos de esta figura admirable [...]. En los rasgos del Apolo de Belvedere se encuentran las bellezas propias de todas las divinidades reunidas. Parecida a los tiernos sarmientos de la viña, su bella cabellera flota alrededor de su cabeza como si estuviera suavemente agitada por el hálito del céfiro [...]. Viendo esa maravilla, me olvido de todo el universo. De la admiración paso al éxtasis; siento que mi corazón se dilata y eleva.

El humilde maestro de Seehausen nunca hubiera imaginado, ni en sus más febriles sueños, que llegaría un día en que se encontraría en el epicentro de la belleza de Europa. A las maravillas que circulaban gracias al pujante comercio de antigüedades, se sumaban las que iba dando generosamente la tierra y las que salían a la luz de antiguas posesiones. Todo ello desfilaba ante sus ojos en un infinito movimiento, en un deleite continuo. Los éxtasis de Winckelmann eran famosos y, sin duda, objeto de comentarios y de chanzas entre sus amigos. Uno de ellos, el pintor Mengs, decidió, con la connivencia de Casanova, gastarle una pesada broma. Pintó una excelente pseudopintura antigua que representaba a Zeus y Ganímedes en actitud inequívocamente erótica y la puso en circulación por Roma sabiendo que llegaría a las manos de su desprevenido amigo. Así fue y Winckelmann cayó en uno de sus acostumbrados raptos. Con lágrimas de emoción, declaró que era la pintura más hermosa del mundo y la describió en su *Historia del arte*. En una carta a un amigo, en la que describía el hallazgo, decía: «Ganímedes parece desfallecer de deseo y toda su existencia no es más que un beso». Cuando se enteró de la falsificación, algunos años más tarde, no perdonó la traición de su amigo y nunca llegaron a reconciliarse.

Pasear a ilustres visitantes fue otro de los placeres que le deparaba Roma. Como cicerone oficial de la corte vaticana, Winckelmann tenía la oportunidad de trabar conocimiento con la flor y nata de la juventud europea de paso por Roma en su Grand Tour. Así conoció al príncipe Anhalt-Dessau, «semejante a un dios», y al no menos bello príncipe Mecklenburg-Strelitz. En 1762, Winckelmann vivió otro paroxismo de pasión y desesperación por la conducta del joven livonio Friedrich Reinhold von Berg, a quien había guiado por Roma durante cinco semanas. Cuando éste partió rumbo a París, Winckelmann le escribió encendidas epístolas que tuvieron una fría acogida por parte del joven. En un último intento de atraer su atención, le dedicó su opúsculo *Sobre la capacidad de experimentar la belleza*, detalle que quedó sin respuesta.

No todo eran alegrías en su, a veces, agotador oficio de guía artístico de Roma. Después de un recorrido con el duque de Gordon y su hermano, se juró a sí mismo no volver a perder su tiempo con británicos, ya que no sólo permanecían imperturbables ante los monumentos de la Antigüedad, sino que eran incapaces, según él, de disfrutar de la vida. En su correspondencia se explayaba a gusto contra esos visitantes inoportunos. Los peores de todos, decía, eran los franceses. Se mostraban impermeables a las gracias de la Antigüedad y eran los más asnos de cuantos visitantes pisaban Roma.

Pero era la vida sentimental la que consumía las mejores energías de Winckelmann hasta el punto de que parece un milagro que le quedara tiempo para desplegar tanta laboriosidad intelectual. Al desengaño de Von Berg, siguió el suicidio de su mejor amigo italiano, el abate Ruggieri, en 1763. También estaba el barón Stosch, heredero de una cuantiosa fortuna y de una enorme colección de gemas grabadas que Winckelmann ordenó y sobre la que escribió un tratado. Stosch había regresado a Alemania y desde allí mantenía una cálida correspondencia con Winckelmann. El año de 1765 estuvo ocupado por el barón Riedesel, un joven de veinticinco años, también muy rico y deseoso de explorar el Levante antes de regresar a Alemania para ocuparse de asuntos de Estado. Winckelmann también tuvo un *affaire* con la señora Mengs, el único que se le conoce con una mujer, con pleno conocimiento y aprobación del marido.

A la lista de amistades especiales, a la que habría que añadir al menos cuatro nombres más, hay que sumar los jovencitos que Winckelmann conocía ocasionalmente en las calles de Roma. Uno de esos encuentros ha quedado inmortalizado por Giacomo Casanova. Cuenta el veneciano en sus memorias que una mañana acudió temprano a casa de Winckelmann y entró en su gabinete sin llamar. Cogido por sorpresa, Winckelmann se apartó bruscamente de un muchacho realmente guapo, según el intruso, mientras se subía a toda prisa los pantalones. Winckelmann tuvo que quedarse temblando al imaginar la cantidad de salones romanos, ávidos de chismorreo, que se iban a disputar la presencia del famoso seductor para escuchar la historia de su boca. ¡Pobre Winckelmann! La farragosa explicación que detalla Casanova deja traslucir la penosa situación en la que se encontraban los hombres con inclinaciones homosexuales. Aunque en Italia también existía legislación contra la homosexualidad, en la práctica estaba bastante tolerada y en Roma existían lugares a los que se podía acudir y sobre los que las autoridades hacían la vista gorda. Pero con todo, al ser un personaje público, su carrera profesional se habría ido al traste y, como ciudadano de Sajonia, su propia integridad física se habría visto en peligro. La Iglesia católica, para la que trabajaba, también castigaba la conducta *antinatura*, por lo que la vida amorosa de un homosexual consistía necesariamente en una serie de encuentros clandestinos y peligrosos y en unas amistades íntimas más o menos disfrazadas a lo que se añadía, en el caso de Winckelmann, la sublimación estética del deseo. También nos permite adivinar que las relaciones que mantenía con todos aquellos *niños bien* que visitaban Roma durante unas semanas, y con los que se carteaba encendidamente después, no pasaron nunca de ser platónicas y epistolares. Con todo, Winckelmann llevaba una vida razonablemente feliz y seguía adorando Roma, tal como se aprecia en una carta a un fiel amigo alemán de su época de Nöthnitz:

Puedo estar satisfecho de mi vida. No tengo preocupaciones salvo las que me depara mi trabajo y he encontrado a alguien con quien puedo hablar de amor: un joven romano, rubio y guapo, de dieciséis años, que me saca media cabeza; pero sólo le veo una vez a la semana, cuando cena conmigo los domingos por la noche [...]. Nada hay que pueda compararse con Roma [...]. Si deseas comprender a la humanidad, éste es el lugar para hacerlo —mentes de increíble talento, hombres bendecidos con los mayores dones, bellezas de gran carácter, tal como los griegos que les han servido de modelo.

Pero Winckelmann tenía una espina clavada, un deseo insatisfecho desde sus tiempos de maestro en Seehausen: visitar Grecia, hollar con sus propios pies las tierras donde se había enseñoreado la belleza, favorecida por la benignidad del clima y el genio de sus habitantes. Se podía decir que, desde su llegada a Roma, el gran propósito de su vida había sido hacer un viaje a Grecia, y lo mismo esperaba de él la comunidad académica internacional. ¿Acaso había alguien más preparado que Winckelmann para hacer ese viaje? Propuestas para realizarlo no le faltaron. No había una expedición seria que se propusiera visitar Grecia y el Levante que no deseara contar con Winckelmann en ella. Pero sus miedos eran más fuertes que sus deseos e iba declinando una oferta tras otra. Unas veces alegaba que estaba sobrecargado de trabajo, otras que estaba demasiado viejo y su salud no se lo permitía y, cuando las expediciones partían sin él o se abortaban, experimentaba una profunda sensación de alivio. Si viajar a Nápoles o Paestum le resultaba una ardua empresa, el viaje a Grecia se le debía de presentar como una aventura cargada de peligros insuperables.

UNA DECISIÓN FUNESTA

Durante casi diez años estuvo rechazando propuestas de viajar a Grecia. En 1766, el joven y emprendedor barón Riedesel acababa de regresar de un viaje por Sicilia. Estaba entusiasmado y se disponía a escribir un relato de sus andanzas con el título de *Viaje a Sicilia y la Magna Grecia* en forma de dos cartas dirigidas a Winckelmann a Roma. En julio de 1767, Riedesel le escribió desde Nápoles con planes totalmente trazados para viajar juntos a Grecia y Oriente Medio. Él costearía todos los gastos y, añadía, no admitiría un no por respuesta. La primera reacción de Winckelmann fue de júbilo. Por fin cumpliría su sueño y así se lo hizo saber a todos sus amigos en Alemania. Comenzó incluso a fantasear con la idea de solicitar permiso a la Sublime Puerta para excavar la antigua ciudad de Elis. Cuando parecía que todo estaba decidido, se le planteó un doloroso dilema. Su amigo y benefactor, el barón Stosch, le escribió desde Berlín diciéndole que padecía una grave dolencia ocular y deseaba abrazarle de nuevo antes de quedarse ciego. Para complicar más las cosas, el elector de Sajonia le hizo una tentadora oferta para que regresara a la patria y trabajara en su corte. El encantador príncipe Anhalt-Dessau unió su voz a las que reclamaban su vuelta. El viaje a Alemania se presentaba irresistible a ojos de Winckelmann. Podría pasear su fama por los lugares en los que había trabajado casi como un esclavo, verse agasajado y recibido como una celebridad y visitar a viejos amigos. El proyecto del viaje al Levante, en cambio, se le aparecía cargado de ominosos presentimientos y peligros. Mientras Riedesel partía solo para Grecia, Winckelmann abandonó Roma el 10 de abril de 1768, con destino a Berlín en compañía del escultor italiano Bartolomeo Cavaceppi, pasando por Bolonia, Venecia y Verona. No había puesto todavía un pie en el Tirol cuando ya se hallaba sumido en un estado de pánico incontrolable. «Mira, amigo, mira; ¡qué paisaje más aterrador! ¡Regresemos a Roma!», repetía una y otra vez a un sorprendido Cavaceppi. «¡Regresemos a Roma!», era la única frase que repetía, como si hubiera perdido la razón.

En Múnich se negó a proseguir el viaje aunque, para complacer al pobre Cavaceppi, que no hablaba una palabra de alemán, consintió en ir a Viena, donde las amables palabras del conde Kaunitz, consejero de Estado de María Teresa, no sirvieron para calmarle. Tras una entrevista con la emperatriz se metió en cama en estado febril. En vista de que no hacía sino agravar el estado de su amigo, Cavaceppi abandonó Viena por su cuenta para desaparecer de esta historia. El 14 de mayo de 1768 Winckelmann escribió a Stosch desde Viena para decirle que el viaje le había sumido en un estado de melancolía y depresión tales que regresaba a Roma sin visitarle. También escribió al cardenal Albani para anunciarle su inminente llegada y hacerle partícipe de la excelente acogida de que había sido objeto por parte de la emperatriz María Teresa. Ésta le había regalado dos medallas de plata y una de oro y expresó su deseo de que se quedara en la corte ofreciéndole un importante cargo. «*Io assicuro l'Eminenza Vostra*—escribió a Albani—*che tutto l'oro del mondo non potrebbe movermi da Roma*». A partir de entonces, los acontecimientos se precipitaron.

SIGNOR GIOVANNI

Como un personaje de tragedia griega, Winckelmann atrajo hacía sí el desastre, de tantos esfuerzos como hizo por esquivarlo. El 28 de mayo se puso en camino hacia Trieste, adonde llegó el primero de junio de 1768. Se hospedó frente al puerto, en la Locanda Grande, uno de los albergues más populares de la ciudad, donde se registró como «Signor Giovanni». Su vecino de habitación, que luego sería también compañero de mesa, había llegado dos días antes desde Venecia, a pie y sin equipaje. Durante el almuerzo Winckelmann preguntó al hostelero si había algún barco a punto de zarpar para Venecia o Ancona. No sabía de ninguno pero el desconocido con quien compartía mesa dijo estar informado de que el barco de un tal capitán Ragusini zarparía pronto con destino a ese puerto. Winckelmann pidió que se lo mostrara desde la ventana de la pensión para, a continuación, solicitar el pequeño favor de que le acompañara a hablar con el capitán. Para agradecer las molestias que se había tomado su nuevo conocido, Winckelmann le invitó a tomar algo en un café. A partir de entonces, salían juntos cada mañana y se detenían a desayunar en el café. Por la tarde salían a dar un paseo y luego cenaban frugalmente en la habitación de uno de los dos. Al cabo de tres días de mutua compañía se presentaron formalmente y Winckelmann no sólo mostró a su nuevo amigo su pasaporte y las cartas de presentación que había utilizado durante el viaje, sino que le contó que en Viena había recibido como regalo de la emperatriz unas medallas de oro y plata. El desconocido se presentó a su vez como «Francesco Arcangeli, un hombre honorable».

Francesco Arcangeli era natural de Campiglio, en Toscana. A los dieciocho años, después de aprender el oficio de cocinero, encontró trabajo al servicio de un tal conde Bardi de Florencia, donde permaneció cinco años. Ejerció el mismo trabajo durante dos años en casa de Antonio Baldinotti y luego acompañó a un hijo de éste a Viena como ayuda de cámara. Allí entró a trabajar para el conde Cottaldi, a quien robó unas seiscientas piezas de oro. Huyó pero fue apresado y enviado a Viena, donde en 1767 quedó libre. Al año siguiente el destino le llevó a Trieste y a alojarse en la habitación contigua a la de Winckelmann.

Arcangeli no se creía que su amigo fuese tan importante como decía y le pidió que le enseñara esas medallas que, según él, le había regalado la emperatriz. Winckelmann se las mostró y luego charlaron sobre la próxima partida de éste esa misma noche. Winckelmann estaba tan contento ante la perspectiva de su regreso que invitó a su nuevo amigo a que le visitara en Roma. Prometió enseñarle la Villa Albani y todas las cosas interesantes de la ciudad. Siguieron hablando de esa guisa hasta que Arcangeli se retiró a su habitación para regresar al cabo de poco aduciendo que había olvidado un pañuelo. Antes de marcharse preguntó a Winckelmann por qué no enseñaba esas hermosas medallas en el comedor, a lo que Winckelmann respondió que no deseaba llamar la atención sobre su persona. Arcangeli insistió y preguntó por qué no quería decir quién era. Winckelmann, cansado ya de la cuestión, contestó secamente «No deseo que se sepa quién soy» y se sentó de nuevo a su mesa dándole la espalda.

Entonces, sin mediar palabra, Arcangeli puso una soga al cuello a Winckelmann, quien, como movido por un resorte, se puso en pie y apartó de un empujón a su agresor. Cuando Arcangeli sacó un cuchillo para atacarle, Winckelmann se defendió y comenzaron a luchar. Cayó de espaldas, momento que aprovechó su adversario para asestarle cinco cuchilladas. Entretanto, atraído por el alboroto, un sirviente asomó la cabeza y se quedó petrificado mirando la escena. En cuanto Arcangeli le vio, salió disparado propinándole un fuerte empujón. El sirviente salió corriendo en busca de un cirujano mientras Winckelmann bajaba las escaleras pidiendo ayuda. Al cabo de un tiempo considerable, alguien quitó el nudo corredizo del cuello de Winckelmann, quien para entonces ya estaba sumamente débil por la abundante pérdida de sangre. Fue llevado de nuevo a su habitación y al fin llegó un médico que examinó sus heridas. Winckelmann le preguntó si eran mortales. Dos lo eran, le respondió. El herido guardó silencio.

Un capuchino le confesó y otro sacerdote le administró la extremaunción. Se abrió una investigación pero Winckelmann apenas podía hablar. A la pregunta de «¿Quién es usted?», Winckelmann señaló su baúl de viaje, donde se encontraba su pasaporte. Decía en latín: «*Joanni Winckelmann, Praefecto Antiquitatum Romae. In almam urbem redit*» ('Johann Winckelmann, superintendente de Antigüedades de Roma. Regresa a la venerable ciudad'). A primera hora de la tarde ya había redactado su testamento. Murió a las cuatro en punto.

En el informe oficial constaba:

Murió con valor heroico y con auténtica piedad cristiana, sin proferir una queja contra su asesino, perdonándolo de todo corazón y deseando haber podido darle la mano como muestra de reconciliación.

Y el testamento dictado por Winckelmann decía así:

El ocho de junio del año del Señor de 1768, en el hotel situado en la plaza principal de Trieste, Johann Winckelmann, que yace en la cama, en una habitación situada frente al puerto, grave y mortalmente herido pero en perfecto uso de razón, mediante el presente testamento público ha dispuesto de sus posesiones de la siguiente manera:

Ordena que se entreguen trescientos cincuenta ducados a su grabador en cobre, D. Magali, bien conocido del cardenal Albani. Esta suma y el lugar donde se encuentra está en conocimiento del músico Annibali. También lega al abate Pirenei la cantidad de cien ducados. Esta suma es para la manutención del pintor Anton von Maron. También lega a los pobres de Trieste veinte ducados. Deja diez escudos para que se digan misas por la salvación de su alma. Y diez escudos para el camarero del hotel. Es su deseo que se disponga del resto de sus bienes de acuerdo con el criterio y la voluntad del cardenal Albani, su gentil señor y patrón.

Como si hubiera presentido su muerte, sobre su mesa dejó un testamento literario con instrucciones detalladas para la edición futura de su *Historia del arte*. Su asesino le sorprendió cuando estaba a punto de concluirlo. Su cuerpo fue enterrado al día siguiente en el cementerio de la iglesia de San Giusto, en una parcela perteneciente a una hermandad. Riedesel recibió la noticia de la muerte de su amigo mientras navegaba plácidamente por las islas Cícladas.

Arcangeli fue detenido en Planina, en la actual Eslovenia. El juicio por asesinato comenzó inmediatamente en Trieste y, a pesar de haberse declarado culpable, Arcangeli no aclaró los motivos que le llevaron a matar a Winckelmann. Durante los seis interrogatorios de los que fue objeto, alteró su testimonio en varias ocasiones. En una de ellas dio a entender que Winckelmann, después de jactarse de haber transmitido un importante mensaje a María Teresa, le acusó a él de espía. En otra dijo que quería robarle las medallas para venderlas y obtener dinero con el que comprar un anillo a su esposa, a quien hacía tiempo que no había visto por haber estado cumpliendo sentencia en la cárcel por hurto. Pero luego se desdijo y trató de manchar la reputación del sabio alemán diciendo que pensaba que era un judío o un luterano y que había visto un libro sospechoso—en realidad era un texto griego—sobre su mesa. El 18 de junio se pronunció la sentencia:

Por el crimen de asesinato, cometido en la persona de Johann Winckelmann, en la mañana del 8 de junio pasado, el tribunal imperial ha decretado que seáis descoyuntado vivo, hasta que vuestra alma abandone el cuerpo y que vuestro cadáver permanezca expuesto en la rueda.

La sentencia fue cumplida el 20 de julio a las diez de la mañana.

La trágica muerte de Winckelmann plantea una serie de interrogantes que nunca podrán ser despejados. ¿Por qué se alojó en una humilde pensión en lugar de ir al mejor hotel de la ciudad? Tenía medios de sobra para hacerlo, aunque tal vez el hecho de ver el puerto y los barcos desde la ventana le hicieran sentirse más cerca de Roma y le compensaran de las posibles incomodidades. ¿Por qué no acudió a las autoridades de la ciudad para darse a conocer y que, sin duda, al ver su pasaporte, le hubieran ayudado a proseguir el viaje? ¿Por qué intimó con Arcangeli? No hay una respuesta clara, pero la soledad y sus reconocidas inclinaciones homosexuales podrían haber creado una situación conflictiva. ¿Respondía tal vez Arcangeli a ese tipo que en argot homosexual inglés se denomina *rough trade* y la situación se le fue de las manos?

El tiempo amenaza lluvia mientras subo por la colina de San Giusto en Trieste. No me importa. Pienso que el mal tiempo y la niebla le sientan bien a esta ciudad fronteriza y melancólica. La catedral de San Giusto merece por sí sola una visita. Es un edificio de carácter mestizo, como la ciudad. Está construido sobre una estructura romana del siglo I de la que todavía quedan restos y es producto de la unión de dos antiguas iglesias románicas. En su interior hay bellísimos mosaicos y frescos bizantinos del siglo XIII que relatan la vida del santo. Lo único que desentona en la so-

briedad románica es un feo coro moderno. El estilo gótico ha aportado un imponente rosetón y en la cripta descu-
bro con sorpresa que están enterrados cuatro pretendientes carlistas al trono de España junto a sus mujeres y otros
familiares. Pero yo he venido en busca del cenotafio de
Winckelmann y para verlo tengo que salir de la catedral y
bajar por una empinada calle hasta el Orto Lapidario, una
especie de museo al aire libre con inscripciones, restos de
columnas, bajorrelieves, sarcófagos, lápidas, torsos desca-
bezados y urnas. Un lugar decididamente winckelmanniano. El monumento al malogrado sabio es inconfundible:
un pequeño templo neoclásico franqueado por cuatro columnas jónicas. En su interior se alza un cenotafio y no una
tumba, puesto que sus restos nunca pudieron ser identifi-
cados al haber sido arrojados al osario público. Está rematado por un gran ángel de la melancolía y, en el plinto, un
bajorrelieve representa al sabio alemán togado, arengan-
do a seis personajes mitológicos femeninos, algunas de las
Musas. Hay una inscripción latina que traducida reza así:

A Ioanni Winckelmanno, ciudadano de Stendal, superintendente de las excavaciones y monumentos de Roma, en la cima de su
fama por su distinguida cultura, después de visitar Viena, mientras se disponía a regresar para reasumir su cargo, fue asesinado
en esta ciudad por un extranjero traidor, el día 8 de junio de 1768,
a la edad de cincuenta años, cinco meses y treinta días.

Los triestinos mandaron construir este monumento por sus-
cripción pública el año de 1832 en honor del insigne intérprete
de la Antigüedad.

El monumento me parece tan triste como la historia de
su construcción. Un prohombre de la ciudad, Domenico
Rossetti, se empeñó en que ésta debía rendir homenaje al
sabio alemán y propuso que se levantara un monumento

funerario en el interior de la catedral. Pero su petición fue denegada. Luego realizó un proyecto de monumento para que fuera erigido en el cementerio principal que también fue rechazado. Al final, el escultor Antonio Bosa, supervisado por Antonio Canova, realizó la obra actual que se puede contemplar en el Orto Lapidario. El recinto resulta frío y rezuma soledad, acentuada por un grupo de cabezas de estatuas y dos bajorrelieves que miran hacia el monumento funerario. El busto del propio Rossetti se alza a la izquierda del cenotafio. Ninguno de estos restos antiguos hubiera provocado un éxtasis en Winckelmann. Me pregunto adónde habrá ido a parar aquella pequeña cabeza de fauno que tanto le entusiasmó. Al final logró hacerse con ella y pasó a formar parte de sus escasas posesiones. ¿Quién la habrá heredado?, ¿la habrá vendido a su vez? Me pregunto también qué habrá sido de aquella pintura mural falsificada por Mengs, ahora doblemente valiosa por ser obra de un gran pintor y por haber servido para tender una celada al erudito en antigüedades. El ardor y la pasión demostrados en vida por Winckelmann chocan de pleno con la marmórea frialdad de este recinto. Pienso que habría sido más adecuado dedicarle una estatua frente a la hermosa bahía de Trieste. Al menos un monumento con vistas. Es lo que se merecía un hombre al que se debe admirar no sólo por su propia obra sino por la estela que dejó tras de sí.

El abate de humildes orígenes que recorría incansablemente Roma en busca de la belleza nunca pudo imaginar la conmoción que iba a causar y mucho menos la cantidad de autores a los que iba a inspirar. En efecto, sin la influencia de Winckelmann no se habría escrito gran parte de la mejor literatura y poesía alemanas. Su sombra planea sobre Goethe, Hölderlin, Lessing, Herder, Schiller, Heine, Nietzsche, Stefan George y Rilke, por citar sólo a los alemanes. También está detrás de las odas de Keats y, sin su influencia, Shelley nunca hubiera proclamado su «Todos somos griegos». Su pensamiento también marcó a historiadores, filósofos, arqueólogos, pintores, escultores, arquitectos y soñadores incorregibles como Schliemann, el descubridor de Troya. En otro orden más sutil de cosas, al revivir el interés por la antigua Grecia, Winckelmann no sólo estableció un canon estético, sino que ofreció un contexto histórico y filosófico que justificaba y ensalzaba el amor entre hombres. Fue una víctima de su época y, como tal, le tocó llevar una doble vida: idolatrar la belleza y practicar la fealdad; el Apolo de Belvedere y los urinarios públicos; efebos de mármol y chaperos callejeros; idolatrar a inaccesibles jóvenes alemanes y morir a manos de un tosco cocinero italiano picado de viruelas.

Goethe, que adoraba a Winckelmann, escribió años después de su muerte que al morir relativamente pronto, se había ahorrado las penalidades de la vejez y la tristeza de ver desperdigadas las colecciones de arte que él contribuyó a crear y que tanto amó. ¡Pobre consuelo! Sobre todo dicho por alguien que llegó placenteramente a octogenario y todavía tuvo tiempo en sus últimos años de perder la cabeza por una jovencita. Al contrario, si hacemos caso al finado, había muerto en realidad a los doce años, los que pasó felizmente en Roma. A Winckelmann le hubiera agradado saber que Marco Plaucio Silvano, cónsul de Augusto y vencedor de los ilirios, ordenó que en su tumba se pusiera que había vivido únicamente nueve años, los que pasó en su villa de Tívoli.

Al concluir su gira por Grecia, Riedesel escribió en 1773 un libro que apareció en Ámsterdam y Stuttgart con el título *Remarques d'un voyageur moderne au Levant*. En sus observaciones se aprecia la presencia fantasmal de Winckelmann, sin su apasionamiento ni su capacidad de percepción. Después de Grecia, Riedesel siguió con sus «viajes de instrucción» por Egipto, España, Portugal, Inglaterra y Escocia hasta que fue nombrado embajador en Viena por Federico el Grande, ciudad en la que desarrolló una gran carrera diplomática.

Las campanas de San Giusto se han puesto a repicar. Se ha hecho tarde. El Orto Lapidario sigue completamente desierto. No ha entrado un alma desde mi llegada. No es de extrañar puesto que estamos en invierno y ha comenzado a llover con ganas. Tampoco creo que sea el lugar más popular de Trieste. Suena el móvil. Unos amigos me reclaman. Nos veremos en el Caffè di San Marco. Sé que me tengo que despedir de Winckelmann porque en el café toda la atención será acaparada por los escritores famosos que lo frecuentaban a principios del siglo XX: Joyce, Svevo, Saba. Me despido también de San Giusto y de sus pretendientes carlistas. Tengo un recuerdo para Joyce, que estuvo en esa iglesia por la boda de su hermana Eileen y a quien los monumentos y las ruinas no interesaban lo más mínimo. Más bien los detestaba. De Roma llegó a decir que era la ciudad más idiota en la que había vivido y todo porque le habían robado la cartera. A Winckelmann, a modo de despedida, le dedico unas líneas que otro gran poeta, Rainer Maria Rilke, invitado de esa princesa de resonante nombre, Marie von Thurn und Taxis-Hohenlohe, escribió en Trieste: «Lo bello no es sino el comienzo de lo terrible». ¿Le habrían gustado las *Elegías de Duino*? Mientras me alejo en la lluvia el recuerdo de ese tristísimo ángel que corona el cenotafio con la cabeza caída, las alas plegadas y una antorcha apagada a su lado, me oprime el corazón. ¡Cuánto más apropiado hubiera sido un fauno o un sileno sonriente y malicioso!

WILHELM VON GLOEDEN, FOTÓGRAFO DE LA ARCADIA

«ET IN ARCADIA EGO...»

¡Extranjero!, en este país de hermosos caballos,
has alcanzado la mejor morada de la tierra.

SÓFOCLES, *Edipo en Colono*
[Traducción de Mariano Benavente]

La misteriosa sentencia, por inacabada y porque se desco-
noce su origen, «*Et in Arcadia ego*», es un *memento mori*,
una advertencia sobre la fugacidad de la vida. Que se tenga
noticia, apareció por primera vez en un cuadro del Guerci-

no en 1623. La pintura representa el momento en que dos pastores descubren una tumba medio escondida entre la maleza en un paisaje idílico. Sobre la destruida losa que la cubre, se yergue una calavera junto a la que se encuentra un ratoncito silvestre y en ella se puede leer la mencionada frase. Unos quince años más tarde, Nicolas Poussin realizó otras dos pinturas sobre el mismo tema en las que tres pastores, acompañados de una mujer con vestimenta clásica, estudian con curiosidad esa misma inscripción en sendas tumbas situadas también en un escenario bucólico. La frase tiene dos interpretaciones: «Yo, la Muerte, también existo en la Arcadia» o bien, la persona que ahora yace en la tumba disfrutó en otro tiempo de los efímeros placeres de la existencia.

Con un ánimo sin duda menos fúnebre, Goethe escribió «Yo también estuve en la Arcadia», en referencia a su estancia de año y medio en Italia. De Roma dijo que era la única ciudad del mundo en la que podía vivir un artista y el único lugar en el que no había sufrido ninguno de los males que le aquejaban en el norte. Sólo en Roma se podía ser incondicionalmente feliz, aunque, como buen teutón, también escribió que nunca dejó de tener una sensación extraña en compañía de gente que vivía solamente para el placer. Al igual que París se convirtió en punto de destino de intelectuales y artistas en el período de entreguerras del siglo XX, durante los siglos XVIII y XIX, Roma llegó a ser el lugar de peregrinación de todo aquel que deseaba ser alguien en el mundo del arte.

La comunidad de artistas llevaba en Roma una existencia bohemia descrita por Thackeray como «una jovial colonia de individuos con sombreros de ala ancha, largas barbas y chaquetas de terciopelo». Durante el día, se afanaban en estudios situados en las callejuelas situadas entre la vía del Corso y la piazza di Spagna. De noche se daban cita en el Caffè Greco, donde se discutía de arte en un ambiente cargado de humo y absenta. Hasta la difusión de la fotografía, los artistas menos pudientes se podían ganar bien la vida vendiendo a los turistas copias de los antiguos maestros y reproducciones de los monumentos más famosos. En *Estampas de Italia*, Dickens inmortalizó a los modelos que buscaban trabajo en la famosa escalinata española mientras adoptaban posturas a la espera de ser contratados. El espectáculo llegó a ser una de las visitas obligadas en Roma hasta que en 1860 fue prohibido al ser incluido en una campaña papal contra la prostitución y el desorden público.

Viaje a Italia de Goethe fue publicado en 1816, en plena Revolución Industrial, cuando el paisaje y la sociedad de Europa del norte estaban experimentando profundos cambios. A medida que avanzaba la industrialización, las almas sensibles y de temperamento poético se volvían hacia el sur en busca de la Arcadia perdida. Los viajeros que regresaban de los países mediterráneos, especialmente de Italia, hablaban de la existencia de lugares idílicos, de campiñas bañadas por el sol y salpicadas de ruinas clásicas en medio de las cuales habitaban todavía gentes sencillas que seguían viviendo según los ciclos de la naturaleza. Los más soñadores creían reconocer en los paisajes montañosos italianos las tenebrosas pinturas de Salvatore Rosa. También se viajaba al sur por otros motivos, algunos más conscientes y otros menos confesables. En un siglo, el XIX, obsesionado por la «respetabilidad», el viajar tenía que estar justificado, especialmente si el destino era un país sureño como Italia, dada la creencia generalizada de que la moral se deterioraba a medida que iba mejorando el clima.

En 1878 un joven alemán de veintidós años y de nombre Wilhelm von Gloeden partió rumbo a Italia. En el siglo xix los médicos recetaban el Mediterráneo, así que unos pulmones delicados y una firme vocación artística fueron los motivos que justificaron el viaje. Wilhelm había nacido en 1856 en el castillo de Volkshagen, cerca de la ciudad báltica de Wismar, un industrioso enclave en el que la principal distracción dominical consistía en asistir a los oficios en la iglesia y en leer la Biblia en familia. Su padre, que había alcanzado un puesto destacado en el ducado de Meckerlburg-Schwering, murió cuando Wilhelm era todavía muy pequeño legándole el título de barón. Su madre, que ya tenía una hija—Sofia—de unas nupcias anteriores con un pastor apellidado Raab, se volvió a casar con el rico aristócrata Wilhelm Joachim von Hammerstein, con el que tuvo dos hijas más. Wilhelm vivió una infancia feliz y acomodada, rodeado de sus hermanastras. Estudió historia del arte en la universidad de Rostock y más tarde se matriculó en la Escuela de Artes y Oficios de Weimar, germen de la futura Bauhaus. Tuvo que abandonar los estudios por problemas de salud. Le diagnosticaron tuberculosis y fue enviado a un sanatorio donde le sugirieron que se trasladara a un clima más cálido. Con una generosa asignación de su padrastro, el joven Gloeden abandonó Alemania con el corazón ligero y un ejemplar de *Viaje a Italia* en el bolsillo. Visitó Toscana, Venecia, Florencia, Nápoles y Capri y se detuvo un tiempo en Roma. Ninguno de esos lugares le atrajo lo suficiente para quedarse. Tal vez había en ellos demasiados reclamos y, por ende, demasiadas distracciones. Lo que él buscaba era un lugar alejado de los circuitos turísticos en el que recluirse para iniciar su carrera como pintor.

Goethe había escrito que «sin Sicilia no se puede comprender Italia. Aquí se encuentra la clave de todo». Wilhelm dirigió hacia allí sus pasos y visitó Palermo, Segesta, Agrigento y Siracusa. Un amigo de la familia, el pintor

Otto Geleng, le había hablado de Taormina, una pequeña localidad en el mar Jónico que Goethe había puesto en el mapa, cuando, sentado en las gradas de su teatro griego, afirmó que jamás público alguno había disfrutado de mejor panorama.

La Taormina a la que llegó Gloeden en 1878, ocho años después de la unificación de Italia, era un pueblo de carácter casi feudal y acusados contrastes. Los palacios de una aristocracia absentista, enriquecida con el comercio del azufre (para cuya extracción se empleaba mano de obra infantil) y de nombres tan sonoros como duques de San Stefano, príncipes de Cerami o duques de Bronte, convivían con las humildes casas de los trabajadores que se ganaban la vida como aparceros, pescadores o arrieros. Había frecuentes brotes de malaria y abundaba el analfabetismo. Los escasos viajeros que se detenían unas horas a contemplar las ruinas del teatro proseguían su viaje ante la ausencia de alojamientos decentes.

Taormina se encuentra en un promontorio suspendido sobre bahías, ensenadas, colinas y montañas, entre las que destaca el majestuoso volcán Etna, siempre activo. En aquella época la población se componía de poco más de una calle principal, rematada en ambos extremos por sendas puertas fortificadas, una que se abría hacia la bahía de Giardini-Naxos, el Etna y Catania, y la otra hacia la bahía de Letojanni, Mesina y los montes Peloritanos. La vegetación era exuberante, con bosques de olivos que llegaban hasta el mar, pinos parasol, cipreses, almendros, algarrobos, chumberas, agaves y buganvillas.

Gloeden se enamoró de Taormina. Alquiló una pequeña villa en la calle que conduce al teatro griego y, pese a las incomodidades y a la falta de todo aquello a lo que estaba acostumbrado un joven de buena familia, su salud se restableció por completo al poco de llegar. Nada le habría impedido comenzar su carrera como pintor si un arte incipiente no se hubiera interpuesto en su camino. Su primo, Wilhelm Plüschow, de la misma edad, había abierto con gran éxito un estudio fotográfico en Nápoles y se ganaba la vida vendiendo imágenes de desnudos. También realizaba fotografías por encargo, como las que hizo de Nino Cesarini, el joven amante del barón Jacques d'Adelswärd Fersen en la villa que éste tenía en Capri. En aquella época, la fotografía era utilizada por los pintores como medio auxiliar para sus motivos pictóricos. Gloeden debió de pensar que no perdía nada aprendiendo la técnica, pero, poco a poco, los utensilios de pintura fueron quedando relegados para dar paso a un estudio de fotografía que llegaría a convertirse en uno de los más famosos de Europa.

Dado lo aparatoso de los equipos de la época, la fotografía de estudio era la más practicada, pero Gloeden amaba la fotografía de exteriores, con el potente sol mediterráneo como única fuente de iluminación. Hay un grabado que representa a un fotógrafo de mediados del siglo XIX que recuerda a un sherpa del Himalaya, cargado con una especie de laboratorio portátil que incluía—además de la cámara—el trípode, una tienda de campaña a modo de cuarto oscuro ambulante, un taburete y productos químicos. Afortunadamente para Gloeden, la técnica se fue simplificando y con ella la impedimenta que debía transportar, lo cual no evitaba que sus expediciones fotográficas resultaran laboriosas y requirieran un ayudante. Así entró en su vida Pancracio Bucinì, apodado «Il Moro» por su tez oscura. Tenía quince años y permaneció toda su vida junto a Gloeden ejerciendo de factótum y modelo ocasional.

«En Sicilia se renovó mi entusiasmo por los estudios de la vida de los antiguos y por autores como Teócrito y Homero...», escribió en uno de los pocos textos que dejó Gloeden, siempre relacionados con la fotografía. El poeta Teócrito, nacido en Siracusa alrededor del año 300 antes de Cristo, fue el iniciador de ese poderoso ideal poético que perdura hasta nuestros días: el mito de la Arcadia. Idealizó en sus llamados «idilios» a los rústicos pastores sicilianos a los que retrataba como dedicados a torneos poéticos en medio de una naturaleza feraz y boscosa, un paisaje todavía alejado de la brutal deforestación que sufriría Sicilia en época romana. El único vestigio que queda hoy de esa Sicilia verde y umbría, recorrida por los rumorosos arroyos que describe Teócrito, hay que buscarlo en los montes Nebrodi, situados al nordeste de la isla y donde se encuentra el hayedo más meridional de Europa. El poeta latino Virgilio utilizó esos mismos pastores y sus amores para componer sus *Églogas* o *Bucólicas* y los situó en la Arcadia, lugar idílico y de eterna primavera, donde los habitantes dedicaban todo su tiempo al ocio y el amor. La Arcadia de la Antigüedad era, en cambio, una región agreste y montañosa de Grecia, abundante en lobos y en la que sus habitantes llevaban una existencia aislada y precaria. Había un famoso templo dedicado a Apolo Licio o Lykeion, es decir, Apolo de los Lobos. Según la tradición, los adolescentes eran abandonados a su suerte en dicho lugar para que sobrevivieran a la naturaleza y a las fieras, como rito de paso obligatorio para convertirse en adultos. De ahí proviene nuestra palabra *liceo*.

Gloeden encontró en Taormina un paraíso a su medida. Era rico y disponía de todo el tiempo del mundo para recrear su particular Arcadia: un mundo cerrado, atemporal, en el que sólo tenía cabida la belleza masculina, encarnada en los cuerpos desnudos de los muchachos del lugar. Pescadores, arrieros o aprendices de zapatero eran transmutados por la cámara de Gloeden en pastores, faunos o en héroes homéricos a cambio de un estipendio. En 1893 obtuvo su primera medalla de oro en la Exposición Internacional de la Photographic Society of London con imágenes con títulos como *El beso del sol*, *Siesta griega*, o tan interminables como *Fotografía artística que evoca ambientes arcádicos de la antigua Grecia: un adolescente desnudo posa de perfil, sentado ante una gruta. A su espalda aparece retratado un muchacho vestido de pastor con el busto vuelto hacia su compañero.*

ESTUDIO W. V. GLOEDEN — «ENTRÉE LIBRE»

La biografía novelada que Roger Peyrefitte escribió sobre Gloeden en 1949 con el nombre *Las amistades particulares* contribuyó a recuperar la imagen y la obra de un personaje que había caído en el olvido. Homosexual como Gloeden, Peyrefitte se instaló en Taormina durante una temporada para recabar información sobre el barón fotógrafo entre las personas que le habían conocido o trabajado para él. El barón Karl von Stempel fue el principal informador en que se basó el autor francés para reconstruir la Taormina gay de principios de siglo y para novelar una existencia marcada por el placer, el culto a la belleza y el éxito. No hay duda de que los primeros tiempos de Gloeden en Taormina tuvieron que ser muy placenteros. Se compró una villa frente al convento de San Domenico. Era un edificio sencillo, de una sola planta, encalado de blanco y con un gran jardín. En él convivían parras, glicinias, palmeras, flores de la pasión, plumbagos, limoneros y naranjos sembrados en tinajas de barro de todos los tamaños; encinas, columnas, ánforas, frisos de colores desvaídos que imitaban las cenefas griegas, una pérgola y, como telón de fondo, el siempre humeante Etna. Los bancos de piedra colocados en umbríos rincones y los arcos enguirnaldados de flores contribuían a la recreación lujuriante y silvestre de su particular mundo clásico. En esta Arcadia de atrezzo moraban sus tardoadolescentes, desnudos o togados; con flores en el pelo o en la boca; triunfantes y despreocupados en su juventud, dedicados a la indolencia meridional, a vivir el instante presente en un eterno *dolce far niente*. Muchachos tumbados, relajados y que apenas sonríen, sus cuerpos expuestos al sol en jardines, montañas o junto al mar, habitantes de un mundo que niega la laboriosidad nórdica pero que después de la sesión fotográfica regresaban a sus extenuantes trabajos físicos. Falsos pastores bucólicos de aspecto desaseado, con los vientres a veces abultados por la mala alimentación, de manos y pies grandes y toscos, y pieles curtidas por la intemperie. Y sin embargo, terriblemente bellos en su exultante desnudez y juventud. En esa absurda contradicción radica precisamente la fascinación que siguen provocando unas imágenes que invitan a una doble lectura: al tiempo que insinúan un pasado lejano, también implican los placeres eróticos que se ofrecían en Taormina.

Las fotografías de Gloeden tuvieron éxito inmediato. Pronto comenzó a ser un personaje conocido y a recibir visitas de compradores o de gente que deseaba conocerle.

«No se sabe qué admirar más en él: la gentileza o la cordialidad, la desenvoltura o la modestia que le hacen resultar aristocráticamente cortés», escribió una dama rusa de paso por Taormina, después de asistir a una cena en casa de Gloeden cuyo plato fuerte era ofrecer a las visitas el baile de la *tarantella* en su jardín, iluminado con farolillos para la ocasión. Otros visitantes hablaban de veladas musicales en las que se cantaban *lieder* o se recitaban versos de Goethe en un ambiente eminentemente artístico. Peyrefitte ha dejado otra versión, no menos esclarecedora, de las veladas de Gloeden. El barón fotógrafo había trabado buena amistad con don Giuseppe Intelisano, párroco del cercano pueblo de Castelmola, y con don Manuele, el párroco de Letojanni. Siempre según Peyrefitte, el primero se vanagloriaba de tener dieciocho hijos y el segundo, más modesto, cuatro o cinco. La naturaleza era pródiga en Taormina.

Ambos curas tenían casa en las faldas del monte Ziretto, que domina la ciudad. La de don Giuseppe, más grande y lujosa que la de don Manuele, era conocida como la «Casa Roja» por estar pintada de rojo pompeyano. Allí se reunían a comer o cenar los buenos párrocos con sus mancebas, acompañados a veces de Gloeden y de algunos de sus modelos. Tras una discreta retirada, a la caída de la tarde, de la facción religiosa, Gloeden ocupaba la villa y se entregaba junto a sus compañeros, Peyrefitte *dixit*, a «actividades embriagadoras». Un popular barítono alemán de nombre Ludwig Wüllner, celoso de la felicidad ajena, construyó otra villa no lejos de la Casa Roja y de modo no muy imaginativo la llamó la «Casa Blanca». «En las veladas pasadas en la Casa Blanca—hace decir Peyrefitte a Gloeden—viví noches felices en las que conocí todas las voluptuosidades».

Han perdurado dos fotografías de Gloeden con el párroco don Giuseppe Intelisano. En una de ellas ambos posan en una calle de Taormina. El cura aparece con sotana y sombrero de teja y Gloeden va vestido con terno y bastón. Debía de parecer un dandy por las polvorientas calles sicilianas. Así como su aspecto físico se puede describir con facilidad definiéndole como una persona alta, esbelta y de porte elegante, su rostro se muestra más escurridizo debido tal vez a su afición por los disfraces. Pese a que nos han llegado más de una docena de autorretratos, resulta difícil quedarse con sus facciones después de contemplarlos.

En uno aparece como el Nazareno, con el pelo rubio largo y ensortijado, la barba hendida en la mitad, las manos juntas como si estuviera guardando algo muy valioso. En otros dos se le ve vestido de noble árabe, barba y bigote muy cuidados, túnica bordada y turbante botticelliano y, en otro, de bandolero siciliano con mirada amenazante y trabuco al hombro. También hay un autorretrato fumando con aspecto de artista bohemio aunque con toque aristocrático, chalina y visera ladeada. Luego está el retrato oficial, tomado en 1891 a los treinta y cinco años. En él se ve a un hombre joven y bien parecido, con un elegante gabán oscuro, camisa blanca y lazo, barba y bigote muy cuidados, sentado de lado y las manos entrelazadas mirando con seguridad a la cámara. Fue la época en que recibió su primera medalla de oro en Gran Bretaña y fue premiado, además, en exposiciones en Milán, El Cairo y Budapest, aparte de ser aceptado como miembro de varias sociedades artísticas. Fue también la época en que se produjo el primer descalabro serio en su vida.

En 1895, su padrastro, el barón Hammerstein, se vio implicado en un escándalo financiero. Las autoridades confiscaron todos sus bienes, con lo cual se esfumó para siempre la generosa asignación mensual de que disfrutaba Wilhelm. De ser un hobby, la fotografía se convirtió en una profesión para ganarse la vida y Gloeden comenzó a comercializar sus fotografías en forma de postales.

En Alemania y Suiza habían comenzado a aparecer revistas que predicaban las virtudes del nudismo y de la vida al aire libre. Gloeden envió una fotografía a una de ellas en la que se veía a un grupo de niños y jóvenes nadando y jugando en la playa. A vuelta de correo, recibió un pedido de mil

copias y la pregunta de si tenía más negativos de ese tipo.
Las revistas homosexuales alemanas como *Die Schönheit*,
Der Eigene y *Die Freundshaft* también comenzaron a publicar con regularidad fotografías de Gloeden como representación de la belleza masculina ideal. Para los iniciados,
el homoerotismo de su obra transmitía un mensaje con implicaciones estéticas y políticas. Las revistas ilustradas aco-
gían con fervor sus fotografías y empezaron a lloverle los
pedidos. Taormina comenzaba a ser conocida en el mundo
a través de imágenes como «bailarines de *tarantella*», «niños mendigos», «aguadores», «pescadores», «cocheros en
carrozas pintadas» y sobre todo por sus desnudos. Volvió
la estabilidad económica y con ella un nuevo cambio importante en la vida de Gloeden. Su hermanastra Sofia Raab
se instaló con él en Taormina poniendo una nota de respetabilidad en la villa. La unidad familiar se componía ahora de Wilhelm, Sofia, «el Moro», dos perros y montones de
pájaros exóticos que ocupaban grandes pajareras en el jardín. En la entrada de la casa lucía un nuevo rótulo: STUDIO
W. V. GLOEDEN − ENTRÉE LIBRE.

El éxito de Gloeden fue paralelo al ascenso de Taormina
como sofisticado centro de vacaciones para la gente acomodada del *fin de siècle*. Se inauguraron hoteles de lujo como
el Timeo, junto al teatro griego, o el San Domenico, abierto por el príncipe Cerami y en el que se sucedían las fiestas
galantes. Se construyó un puerto deportivo en el que atra-
caban asiduamente yates de lujo, como el *Hohenzollern* del
káiser Guillermo II o el *Varion* del multimillonario Vanderbilt. Se construyó el funicular que todavía hoy sigue unien-
do la estación ferroviaria con el centro urbano. La nobleza
construyó villas en los alrededores. Las infraestructuras de
la ciudad mejoraron y mientras los sicilianos emigraban a
América, los taormineses ofrecían a los *stirrati*—'gente sin

tierra', 'nómadas'—el trabajo que ellos ya no estaban dispuestos a hacer.

Tan seguros estaban de sí mismos que en un edicto municipal de 1899, en el que se reelegía a un alcalde muy respetado, se podía leer: «Si en los tiempos clásicos dos ciudades fueron grandes, Atenas bajo Pericles y Roma con Augusto, Taormina lo es bajo Salvatore Cacciola, que la ha elevado a una altura moral como nunca había tenido, embelleciéndola además con obras útiles». En enero de 1903 entró en funcionamiento el tren de lujo Berlín-Taormina-Palermo. Supuso la consagración de la importancia que tenían la capital de Sicilia y la transgresora Taormina entre las clases altas de Europa. Los teatros Massimo, de Palermo, y Bellini, de Catania, se disputaban a las mejores cantantes del momento con nombres tan empalagosos como Mary Fleur, Ivonne De Fleuriel, Olimpia d'Avigny, Nini Bijou y la entonces considerada la mujer más bella del mundo, la soprano Lina Cavalieri.

Ilustres visitantes comenzaron a acudir asiduamente a Taormina. Después de ver el teatro griego, se pasaban por el estudio de Gloeden para adquirir sus «ilustraciones de Teócrito y Homero», como llamaba él a sus fotografías. El libro de visitas de Gloeden contenía las firmas de Oscar Wilde y su amante lord Alfred Douglas, Anatole France, Rudyard Kipling, Gabriele d'Annunzio, Eleonora Duse, Richard Strauss, el rey de Siam, el rey Eduardo VII de Gran Bretaña o el rey Alfonso XIII de España, así como de banqueros y magnates como Morgan, Krupp, Vanderbilt y Rothschild. En 1910 la revista italiana *Varietas* publicó la siguiente noticia:

Ha sido concedida la medalla de oro por el Ministerio de Instrucción Pública a Wilhelm von Gloeden, cuyas maravillosas fotografías artísticas fueron entregadas en un álbum a s. m. Víctor Manuel III, que se complació mucho con el regalo y alabó la técnica del artista.

El ayuntamiento de Taormina condecoró en 1911 a Gloeden con una medalla en reconocimiento a su valiosa colaboración para que la ciudad se convirtiera en uno de los *resorts* de moda de Europa. De hecho, Taormina había llegado a ser, junto con Capri, uno de los destinos predilectos de los homosexuales acomodados en busca de amistades socráticas, atraídos por la legendaria belleza de los hombres italianos. El poeta August von Platen, llevado por el entusiasmo, había exaltado en sus escritos a los italianos, añadiendo que uno podía viajar durante todo un año por Alemania sin ver tantas caras atractivas como en una sola tarde en Italia. Goethe se permitió admirar los torsos desnudos de los gondoleros venecianos y se sintió impresionado por la naturalidad de las amistades homosexuales en Roma. Hay un grabado satírico de finales del siglo xix que representa a un turista, entrado en años y en carnes, negociando con un muchacho el precio de una visita guiada a la Gruta Azul de Capri. Por esa misma época, Graham Bell y su mujer visitaron el estudio de Gloeden. Le compraron varios negativos que a su vuelta a Estados Unidos donaron a *National Geographic*. La prestigiosa revista contribuyó a la difusión de la obra de Gloeden en Estados Unidos al publicar en octubre de 1916 un extenso artículo titulado «Italy, the Gifted Mother of Civilization» que contenía más de ochenta ilustraciones entre las que se encontraban sus fotografías.

La Primera Guerra Mundial puso fin a la *belle époque* e interrumpió temporalmente la placentera existencia de Gloeden. Terminado el conflicto bélico, regresó a Sicilia para retomar su vida, pero el mundo arcádico que había recreado en sus fotografías estaba alterado para siempre. Un buen número de sus *ragazzi* habían perecido víctimas de la guerra.

Gloeden continuó con su carrera fotográfica. Los modelos se iban sucediendo unos a otros a medida que crecían y aunque el negocio siguió prosperando durante un tiempo, el estilo amanerado y académico de Gloeden con sus guirnaldas, turbantes, sandalias de tiras, ánforas y flautas de Pan fue pasando de moda y entrando en un lento declive. En 1930, acuciado por una angustiosa escasez de dinero, Gloeden cedió al taorminés Salvatore Bambara su villa a cambio de una renta vitalicia de dos mil liras anuales. No pudo disfrutar mucho del desahogo económico. Murió el 16 de febrero de 1931. Su hermana Sofia lo había hecho pocos meses antes que él. Ambos están enterrados en el cementerio de Taormina, en el sector destinado a los no católicos. Gloeden legó a Pancracio Bucinì todos sus negativos y su cámara, que para entonces ya era una pieza de museo, así como los pájaros. Dos años después de la muerte de Gloeden, en 1933, la policía italiana recibió un anónimo en la que se acusaba a Bucinì de poseer pornografía. En 1936 se repitió la denuncia y fue arrestado. El asunto se fue arrastrando hasta que en 1942 se celebró el juicio en Mesina. Una vez más, Bucinì demostró que sabía bandeárselas ante los jueces. Armado con las medallas, menciones, revistas y artículos relacionados con Gloeden, y secundado por críticos de arte y académicos, logró convencer al tribunal de que no estaba capacitado para juzgar el arte del barón fotógrafo. Bucinì salió triunfante y fue declarado no culpable, pero por el camino habían quedado destruidos más de cuatro mil negativos de cristal de los siete mil que había heredado.

LA PERVERSA INOCENCIA DEL BARÓN
VON GLOEDEN

En 1999, una exposición de fotografías de Gloeden en la Martin Browne Fine Art Gallery de Sídney fue visitada por la policía a resultas de las quejas emitidas por el reverendo Fred Miles, para quien las imágenes constituían un delito de pederastia y pornografía. A pesar de todo, la exposición no fue clausurada. Peyrefitte, un entusiasta de la vida y la obra de Gloeden, como se refleja en su biografía novelada, pone en boca del fotógrafo una conversación entre éste y un supuesto cliente que le pregunta si no tiene algo «más fuerte» en su catálogo. «Pero ¡cómo!—exclama Gloeden—, ¿es que carece usted de imaginación?». A continuación, el fotógrafo le muestra la que para él es su fotografía más sugestiva: se trata del busto de un joven, con la cabeza coronada de jazmín y apretando contra su pecho un ramo de estas flores. «Toda mi intención está en su mirada, ligeramente baja; apenas se la distingue, más bien se adivina, y constituye un milagro de inocente perversidad». En otra ocasión, siempre según Peyrefitte, un visitante dijo a Gloeden: «¡Es usted un hombre terrible! Haría enrojecer a los mismos ángeles con una fotografía de un niño de primera comunión». A lo que respondió el barón: «Nunca me han hecho un elogio que me complaciera más. Mi empeño consiste efectivamente en sugerir y considero que ése es el fin de todo arte».

Los desnudos de Gloeden no ofendían al numeroso público que adquiría sus fotografías en forma de postales o las veía publicadas en numerosas revistas. La sociedad victoriana, obsesionada por las apariencias y que no dudaba en mirar hacia otro lado ante fenómenos sociales como la prostitución y el trabajo infantil, hizo suyos los ideales clásicos

de Winckelmann y consideraba la mitología y los desnudos helenizantes un pretexto para dar una alegría a la vista
con la contemplación de cuerpos jóvenes y bellos de hombres y de mujeres. Pintores como lord Frederick Leighton
o Hyppolitte Flandrin esgrimían los nombres de Homero,
Teócrito, Plutarco y Virgilio como inspiración de unas pinturas que captaban brillantemente la nostalgia victoriana y
el anhelo de la edad de oro de la antigua Grecia y Roma.
En pinturas como *Dédalo e Ícaro*, *Venus desnudándose para
el baño* o *Chicas griegas recogiendo guijarros en una playa*,
Leighton describía una idealizada visión del pasado que
cautivaba a la sensibilidad de la época. En cuanto a Flandrin, sus escenas mitológicas presentaban jóvenes solita-

rios en entornos tranquilos y serenos, como su *Polites, hijo de Príamo, observa los movimientos de los griegos* o su *Joven desnudo sentado en una roca*, en el que se inspiró Gloeden para su famosa fotografía *Caín*. *El nacimiento de Venus* del pintor «pompier» Alexandre Cabanel causó sensación en el Salón de París de 1863, que pasó a ser conocido como el Salón de las Venus por la cantidad de diosas desnudas presentadas en el mismo. El cuadro fue adquirido por Napoleón III para su colección personal.

Pero Gloeden también tuvo detractores. Éstos encontraban sus fotografías demasiado anatómicas pese a la coartada artística de la mitología y las consideraban la realización de sueños viciosos. Otto Geleng, el pintor que le había descubierto Taormina y que con el tiempo se fue convirtiendo en un prohombre de la ciudad, era un católico de moral rígida y padre de familia numerosa. Criticó públicamente el estilo de vida homosexual del fotógrafo. Gloeden le demandó por difamación y ganó la causa (31 de julio de 1894). A finales del siglo XIX, los escándalos homosexuales copaban a menudo las páginas de la prensa. Uno de los más sonados, y que indirectamente salpicó a Gloeden, fue el del famoso fabricante de armas alemán, Friedrich Krupp, considerado el hombre más rico de Alemania. Casado y padre de dos hijas, Krupp se construyó una villa en Capri, donde llegó a ser nombrado ciudadano de honor de la isla en 1900. Allí mantuvo numerosas relaciones con chicos y hombres y llegó a estar muy unido a Adolfo Schiano, un barbero y músico aficionado. Mientras las aventuras sentimentales de Krupp eran toleradas en Capri, sus enemigos en Alemania comenzaron a maquinar contra él. El detonante de su caída fue un artículo satírico que insinuaba su vida «inmoral» en Capri y que apareció en la prensa de Nápoles con el título de «Il Capitone» (término común para *anguila* pero con connotaciones fálicas en el argot local). Un periódico socialista alemán publicó un artículo titulado «Krupp en Capri» en el que le acusaba de corrupción de menores y de revivir la figura de Tiberio en fantásticas orgías. Una de las pruebas presentadas contra él fueron las fotografías de los muchachos desnudos de Gloeden. Krupp demandó al periódico por difamación mientras el gobierno italiano le prohibía regresar al país. Krupp se suicidó en Alemania y el káiser asistió a su funeral acompañando a su viuda y sus hijas.

La homofobia también se hizo sentir en la prensa siciliana de la época. En mayo de 1908 el periodista Humberto Bianchi publicó en el *Corriere di Catania* un incendiario artículo contra los homosexuales alemanes en Italia, titulado «Mala hierba nunca muere: de Capri a Taormina». En el artículo, Bianchi llamaba a extirpar la homosexualidad con medios tan radicales como el del incendio para la filoxera, y hablaba de «mercado de carne humana». Bianchi se preguntaba:

¿Qué genero de cura? ¿qué profilaxis se puede aplicar para esa enfermedad modernísima, que, nacida en Alemania *(sic)*, se agiganta a la sombra del escudo imperial, y quiere implantarse e incrementar sus sucursales en nuestro país?

Bianchi nombraba a Krupp y a Eulenburg, mencionaba las «investigaciones artísticas» que tenían lugar en la Gruta Azul de Capri y recalaba por fin en Taormina para lanzar su artillería contra Gloeden. Y proseguía:

Pero hay más. Están las excitantes fotografías de Gloeden, las cuales se siguen mostrando en los escaparates, disfrazadas, se entiende, de estudios del natural, de poses clásicas inspiradas en Fidias. ¿Quién te lo iba a decir, Praxíteles, que tu pura escuela serviría un día de disfraz helénico para la religión de Sodoma?

Esta vez Gloeden no respondió a los ataques. Fueron los propios sicilianos quienes acogieron el artículo de Bianchi con fastidio y atacaron a su vez al periodista por haber levantado temas sobre los que no se debía hablar. En la Italia del siglo XIX y principios del XX existía un «pacto social» entre el Estado italiano y los homosexuales. A cambio de ofrecerles una relativa impunidad, el Estado exigía que no cuestionaran la supremacía del modelo de vida heterosexual. La «doble vida» no sólo era posible y tolerada, sino socialmente fomentada. Los escarceos homoeróticos entre jóvenes eran tolerados porque desaparecían con el matrimonio y de paso servían para salvaguardar la honra de las mujeres que llevaban una existencia vigilada por los varones de la familia. Los supuestos escándalos de Gloeden habrían sido tapados por la *omertà* y por la decisión colectiva de no permitir que estallaran escándalos como los que afectaron a Oscar Wilde, tan frecuentes en los países protestantes. En cambio, el primo de Gloeden, Wilhelm Plüschow, no salió tan bien parado. Acusado en Nápoles de corrupción de menores, fue encarcelado y más tarde obligado a abandonar Italia para siempre.

¿Quiénes fueron los chicos de Taormina que sirvieron de modelos al barón? En una charla dada en la Sociedad Fotográfica Libre de Berlín en 1899, Gloeden relató así su relación con sus modelos: «Eran campesinos, pastores y pescadores. Requería mucho tiempo hacer que confiaran en mí antes de poder observarles en la naturaleza, para luego seleccionarlos e inspirarlos con las leyendas de Homero, ayudado de mi conocimiento del dialecto siciliano… Muchos se divertían posando y no veían el momento de contemplar los resultados». Gloeden afirmó una vez que quería fotografiar «estatuas» y en una ocasión llevó a varios de sus modelos al Museo Arqueológico de Nápoles para que admiraran las esculturas de la época clásica: «No siempre fue fácil—decía—hacer comprender mis intenciones a mis modelos (jornaleros y gente del pueblo) y convencerles de que adoptaran una expresión lo más parecida posible a lo que me proponía lograr».

En 1979, en el transcurso de unas excavaciones en la isla de Mozia, frente a Marsala, Sicilia, fue sacada a la luz una estatua, hoy conocida como *Il Giovinetto di Mozia*. Se trata de una monumental obra en mármol blanco de 1,90 m de altura que representa a un joven desnudo en la flor de la vida, cubierto por una túnica transparente, la mano derecha apoyada en la cadera y el pelo enmarcado por una cinta. A Gloeden le habría entusiasmado el descubrimiento y, sin duda, habría sonreído ante el parecido de la pose de alguna de sus fotografías (túnica transparente incluida) con la de la estatua.

Ni los padres ni los propios modelos expresaron nunca una queja contra Gloeden, pero sus descendientes trataron de que Taormina olvidara la figura del barón. En 1951 Jean Cocteau escribió en su diario:

Taormina trata de sobrevivir a su antigua fama, pero no lo consigue. Le he contado a Somerset Maugham la historia de un pescador cuarentón, furioso contra una tienda del centro porque exhibe fotografías de su abuelo completamente desnudo con una corona de rosas en la cabeza. La Taormina de estilo tahitiano ya no existe. Es algo que disgusta a la nueva generación, que mira de reojo a los turistas creyendo que no piensan más que en hacerles proposiciones.

❧

En la Taormina del siglo XXI apenas quedan huellas de Gloeden. Paralelamente al crecimiento de su fama y al reconocimiento de su arte—ha sido objeto de muchas exposiciones en el mundo, sobre todo en Italia y recientemente en Nueva York—, la ciudad que Gloeden amó le ha vuelto la espalda. Ya no queda nada de aquel turismo aristocrático ni de la «tela de araña», como llamaban a los homosexuales que acudían, sobre todo en invierno, a Taormina. Ahora, en una mañana cualquiera de verano, resulta casi imposible abrirse camino por el Corso Umberto, la arteria principal, literalmente tomada por los visitantes. En una diminuta tienda del centro, arrinconadas entre postales y *souvenirs* baratos, descubrí unas imágenes de los *ragazzi di Gloeden* que el tiempo ha vuelto cándidas. De un viaje anterior a Taormina, recordaba que ese mismo comercio solamente vendía las fotografías de Gloeden en forma de postales, calendarios o libros de gran formato. La tienda pertenece al coleccionista local Nino Malambrì, que pudo salvar parte del legado de Gloeden, aunque el grueso principal de placas de vidrio recuperado de la policía de Mussolini se encuentra ahora en el archivo fotográfico de los hermanos Alinari en Florencia, tras haber permanecido durante decenios bajo una cama de Taormina entre la indiferencia general. La señora Malambrì atiende con desgana a los turistas pero se anima cuando, entre venta y venta, la interrogo sobre Gloeden. Como si adivinara lo que quiero preguntarle, me dice: «¡El barón Gloeden era una bella persona! Todo el mundo le quería en Taormina». Espero mientras vende unas postales y repite por enésima vez a un turista despistado que allí no se venden sellos, sin molestarse en explicar dónde se pueden adquirir. «Nunca fue motivo de escándalo—continúa—y mantuvo siempre buenas relaciones con las autoridades civiles y religiosas». Punto. Es todo lo que tiene que decir. De allí me dirigí a la piazza San Domenico. La casa-estudio de Gloeden y su maravilloso jardín desaparecieron tras un bombardeo aliado en la Segunda Guerra Mundial. Su lugar lo ocupa ahora un feo edificio moderno que da cabida a la comisaría de policía. La casa de al lado, que durante un tiempo albergó la discoteca gay El Perroquet, permanece intacta, tal como aparece en las fotografías antiguas. Enfrente se encuentra el elegante hotel San Domenico, cuyo claustro, perfectamente conservado, utilizó tantas veces Gloeden como escenario fotográfico. Entré en su interior y me senté a esperar a un amigo fotógrafo, también de paso por Taormina, con quien había quedado a tomar café y hablar de Gloeden. El lugar seguía emanando paz y tranquilidad y las hordas de turistas que atestaban el no muy lejano Corso Umberto resultaban lejanas e irreales. Sonreí ante el recuerdo de la fotografía de cinco muchachos desnudos, asomados al brocal del pozo que tenía frente a mí. El claustro se fue llenando de fantasmas de efebos taormineses jugando a ser griegos. El último de los modelos de Gloeden murió en los años setenta del siglo pasado. «Gloeden era un pervertido», me espeta sin pensárselo dos veces mi amigo. Me deja sorprendida. «¡Piensa en la fotografía del crío metiéndole el dedo en la boca a un pez!», añade. Le comento que no hay nada explícito en sus fotografías y le pregunto si le gusta Mapplethorpe. «Por supuesto—responde—. Mapplethorpe fue un provocador». Punto. La conversación que mantuve un rato más tarde con Alessandro, un estudiante de arte de Roma que en verano trabaja en el hotel donde me alojo, fue más alentadora. Alessandro adora a Gloeden y no se explica que Taormina no le haya dedicado un museo. Él está trabajando actualmente en un documental sobre el fotógrafo y hablaba de ello con entusiasmo. La conclusión es que con Gloeden no valen las medias tintas. Se le ama o se le odia. Sus fotografías de desnudos han hecho que el resto de su obra caiga en el olvido, como las geniales *El padre Indovino predice los números de la lotería de 1880* o *La confesión*, ambas con claros tintes fellinianos. También era un delicado paisajista de la belleza de Sicilia, como lo demuestra en las fotografías de Segesta, Palermo, del mercado de Catania y, sobre todo, de la costa de Taormina, con sus almendros en flor, fuentes y ermitas solitarias. Fue un refinado retratista, como se aprecia en *Retrato de una jovencita*, imagen de la bellísima María Intelisano, sobrina del párroco y fotografiada a lo Eleanora Duse adolescente. Y un gran reportero, como demostró en las fotografías del terremoto de Mesina de 1908. La titulada *Los huérfanos de Mesina* fue elegida en Londres una de las mejores fotografías del año 1909.

«El arte de Gloeden—escribió Roland Barthes—es una aventura de los sentidos: reproduce un mundo que resulta al mismo tiempo auténtico e inverosímil, real y falso, anatómico y sublime». Si las imágenes de efebos con guirnaldas y sandalias pueden resultar ahora un tanto *kitsch* y hasta un punto ridículas, sus fotografías de tardoadolescentes desnudos y sin adornos siguen siendo fascinantes y perturbadoras. Como lo es siempre el desnudo humano. En esas imágenes es donde Gloeden consiguió plasmar el ideal erótico-estético de Winckelmann encarnado en el Apolo de Belvedere.

El tabú volvió a pesar sobre el desnudo masculino después de 1945. La mirada pública se dirigió casi exclusivamente hacia el cuerpo de la mujer. El arte de Gloeden se convirtió en un icono gay y su figura pasó a ser reivindicada como la de un pionero luchador de los derechos homosexuales. Según su biógrafo Charles Leslie, «Gloeden fue uno de esos raros hombres del siglo XIX que no quisieron renegar de su naturaleza más íntima y se negaron a aceptar la autoaniquilación para ser admitidos en sociedad».

Valiéndose de campesinos italianos en los que la revista *National Geographic* todavía apreció «la gracia de pose y la simetría de formas de sus antepasados de hace dos mil años», Gloeden recreó, a la medida de sus sueños, una Grecia que nunca había existido y que celebraba la eterna juventud y la belleza de los efebos. Un paraíso terrenal que representaba la patria perdida de los homosexuales.

AXEL MUNTHE,
EL EXILIADO DE CAPRI

Me dicen, y me sorprende, que hay gente que nunca ha visto un duende. No se puede menos que sentirlo por ellos. Estoy seguro de que deben de tener algún defecto en la vista.

AXEL MUNTHE, *La historia de San Michele*

HACIA LA TIERRA DEL VERANO Y EL CÓLERA

En 1930, Axel Munthe, un médico sueco de setenta y tres años, medio ciego, insomne y misántropo, se convirtió en uno de los europeos más populares del mundo. Hacía años que su amigo Henry James le había dado el siguiente consejo: «No hay nada como escribir un libro si uno desea olvidarse de su propia miseria, si uno no puede dormir». A lo largo de diez años Munthe escribió *La historia de San Michele*, del que se vendieron más de treinta millones de ejemplares y que se tradujo a cuarenta idiomas, llegando a alcanzar tanta popularidad como *Lo que el viento se llevó* o *Doctor Zhivago*. De los personajes de este libro, Axel Munthe fue el primero con el que trabé conocimiento. *La historia de San Michele* formaba parte de la biblioteca de mis padres y fue uno de los primeros libros que leí en la adolescencia. Mi fascinación fue total y absoluta. No creo que sus descripciones de Capri ni del mundo mediterráneo me impresionaran mucho por aquel entonces. En cambio, me quedó profundamente grabado su relato de una grave conversación mantenida con un gnomo durante un viaje a pie por Laponia. También me fascinó la artimaña que, durante ese mismo viaje, le contó su joven guía lapona, según la cual, para evitar ser devorada por un oso, sólo tenía que mostrar al animal que era mujer subiéndose la camisola de piel de reno y bajándose los calzones. El oso se retiraba sin causar ningún daño. El hecho de que sólo funcionara con el sexo femenino me causó una íntima satisfacción.

Axel Munthe nació en 1857 en Oskarshamm, Suecia, en una familia de origen flamenco. El padre, Fredrik Munthe, fue un farmacéutico emprendedor y polifacético con grandes inclinaciones musicales que supo transmitir a sus tres hijos, Arnold, Axel y Anna. Axel no destacó como buen estudiante pero sí por poseer una voluntad de hierro y un carácter nada acomodaticio.

La historia de amor de Axel Munthe con el Mediterráneo comenzó el 30 de octubre de 1876, cuando, un día antes de cumplir los diecinueve años, subió al expreso de Estocolmo rumbo al sur de Francia. Acababa de terminar un curso preparatorio que le permitiría estudiar medicina, pero una tuberculosis incipiente le obligó a cambiar de planes. Desde mediados del siglo XIX, la Riviera italiana y el sur de Francia se habían convertido en un enorme sanatorio. Henry James se quejaba en 1881 de que los hoteles de San Remo estuvieran tan abarrotados de tuberculosos. Tras la estancia en 1882 de la reina Victoria de Inglaterra y de su hijo enfermo, el príncipe Leopoldo, la ciudad francesa de Menton se había convertido en un famoso centro de salud. La temporada alta para los viajeros nórdicos que acudían al sur a curarse de sus enfermedades pulmonares comenzaba en noviembre y terminaba con los primeros calores. Se creía que el Mediterráneo era una fuente de bondades de dos clases: físicas, porque sanaba el cuerpo, y psíquicas, porque las obras de arte provocaban acciones morales y mejoraban el espíritu de las personas. Estos visitantes no se mezclaban con la población local y acudían a los médicos extranjeros que se habían ido instalando en los diversos lugares de moda a medida que crecía la demanda de sus servicios. La segregación permanecía también en la muerte y, en esos mismos centros de vacaciones, fueron surgiendo cementerios para los no católicos.

El Mediterráneo fue clemente con Axel Munthe. Se curó y fortaleció rápidamente, lo cual incrementó aún más el gozo de la revelación inesperada y chocante que supuso su encuentro con una cultura y un paisaje que amaría el resto de su vida. En Menton conoció al catedrático de ginecología Amedée Courty, quien no tuvo que hacer grandes esfuerzos para convencerle de que estudiara medicina en la universidad de Montpellier, en la que él era profesor. Antes de comenzar las clases, Axel hizo su primer viaje a Capri. De un estudio fotográfico de Nápoles procede una de sus escasas fotografías, en la que un jovencísimo Munthe aparece con sombrero, quevedos, una sombra de bigote y un satisfecho aire bohemio.

Durante sus primeros meses en Montpellier entró en su vida *Puck*, un gran danés de color gris y el primero de una larga saga de perros que le acompañarían durante toda su vida. Tres años más tarde, concluidos los estudios, ambos se trasladaron a París, donde Axel quería doctorarse en medicina. El 2 de agosto de 1880 defendió su tesis doctoral sobre ginecología: «Profilaxis y tratamiento de las hemorragias posparto». En el tribunal estaban dos eminencias: Charcot, el especialista en trastornos nerviosos de La Salpêtrière, y Charles Richet, premio Nobel de Medicina. En una época marcada por los sentimientos patrióticos y antigermanos—Francia no había olvidado todavía la guerra francoprusiana de 1871—el tribunal atacó a Axel por presentar a los médicos alemanes como modelos a seguir. El doctorando se defendió vehementemente y se enfrentó al tribunal por lo que consideraba una causa justa: mejorar los métodos del parto. «Si hubiera sabido que la política formaba parte importante de este trabajo científico, no habría omitido incluir una declaración de lealtad política en mi tesis sobre una rama de la obstetricia», exclamó ante el tribunal. Finalmente, su trabajo fue reconocido y colmado de alabanzas y Axel Munthe se convirtió en el médico más joven de la historia de Francia. Tenía veintitrés años y una personalidad aventurera, obstinada y temeraria.

Eran años de avances en la medicina. El mismo año que Axel defendió su tesis, 1880, Pasteur estaba investigando la rabia y cinco años más tarde se probó por primera vez una vacuna en un ser humano. La primera operación con éxito de una úlcera gástrica se realizó en 1881 y al año siguiente se llevó a cabo la primera intervención para eliminar un cálculo biliar; la primera operación de apendicitis se realizó en 1886 y el primer electrocardiograma en 1887. Se estaban experimentando los primeros medicamentos contra la tisis y el cólera. Era una época de optimismo y de inagotable fe en el progreso.

Axel se estableció en Montparnasse. Allí vivía la colonia de artistas suecos de la que pronto se convirtió en médico. Apenas les cobraba por sus cuidados y, cuando podía, les ayudaba económicamente. El escultor Ville Vallgren le describió así en aquellos años de París:

El doctor Munthe era alto, esbelto, imponente con su bigote y perilla. Llevaba gafas oscuras porque sufría de la vista. Lo que más le distinguía era su simpatía. Allí donde iba, uno sentía irradiar calidez de su noble personalidad. No era de extrañar que hiciera tantos amigos.

Ésta es una de las primeras menciones a los problemas de la vista que le aquejarían toda su vida. A consecuencia de un brote de escarlatina sufrido en la infancia, la visión del ojo derecho había quedado dañada para siempre. Vallgren prosigue:

Si uno de nosotros se ponía enfermo acudía al doctor Munthe. No sólo no nos cobraba, sino que nos ponía veinte francos en el bolsillo. Si más tarde queríamos pagarle, decía: «¿Estás loco? No me debes nada».

Su renuencia a cobrar a los pacientes, especialmente a los que carecían de medios económicos, fue una cualidad que le duró toda la vida.

La colonia sueca de Montparnasse se vio incrementada con la llegada de Ultima Hornberg, la guapa hija de un far-

macéutico de Estocolmo que aspiraba a ser pintora. Tres
meses después de conocerse, Axel y Ultima se casaron. Él
tenía veintitrés años y ella diecinueve. El destino elegido
para la luna de miel fue Capri. Axel quería enseñarle a su
mujer el que consideraba el rincón más bello del Mediterráneo y una nueva recaída en su afección pulmonar les animó a instalarse en la isla de forma permanente. En aquella
época Capri era una isla muy pobre, habitada por pescadores y campesinos que llevaban una existencia mísera. Escaseaba el agua y prácticamente toda la población, salvo curas y maestros, era analfabeta. En marzo de 1881 un violento terremoto sacudió la vecina isla de Isquia. Axel acudió a
prestar ayuda aunque tuvo que regresar rápidamente a Capri, donde se había desatado una grave epidemia de fiebre
tifoidea debida a las precarias condiciones higiénicas de la
isla. Axel colaboró como voluntario y fue durante esta larga estancia cuando sentó las bases de su popularidad entre
las gentes de Capri, que con el paso de los años le llegarían a
considerar una especie de santo. En 1882 fue nombrado Caballero de la Orden de la Corona de Italia en reconocimiento por su labor en Isquia y Capri. Tenía veinticinco años.

En otoño de 1883 los Munthe regresaron a París, donde
Axel pensaba abrir consulta. A instancias de Ultima se instalaron en un amplio apartamento de una zona elegante, en
el número 90 de la avenue de Villiers. Por esa época, Axel
conoció a través de un pariente suyo a Georg Sibbern, eminente político y diplomático que ejercía el cargo de embajador de Suecia y Noruega en París. Axel se convirtió en su
médico personal y pronto se estableció entre ellos una relación paternofilial. El matrimonio Sibbern acogió a Axel y
Ultima como los hijos que no tenían y les ayudaron económicamente a montar una consulta de postín. Con su buena
suerte habitual, y los excelentes contactos que iba hacien-

do en la alta sociedad a través de los Sibbern, Axel no tardó
en convertirse en un médico famoso y su consulta se llenó
de señoras ociosas que dedicaban parte de su abundante
tiempo a curarse de enfermedades inexistentes y a enamo-
rarse de su médico. Pese a que Axel las trataba duramente
y les recriminaba su vida de derroche y ociosidad, las damas seguían acudiendo a él en tropel y su consulta se convirtió en uno de los lugares de moda de la alta sociedad pa-
risiense. El verano de 1884 lo pasó solo en Dalarna, Suecia,
una zona apenas tocada por la mano del hombre. Las cosas con Ultima no iban bien; tal vez nunca lo habían hecho.
Siete años antes de casarse, Axel había conocido a Sigrid
von Mecklenburg, esposa del barón del mismo nombre y
se había enamorado de ella. Volvió a encontrarse con ella
y esta vez su romance se materializó. Axel se había casado
con Ultima en un intento de olvidar a Sigrid, pero no había
funcionado. Confesó su situación por carta a Sibbern y le
dijo que su matrimonio era insostenible. El último día de
su estancia en Suecia, Axel leyó en un periódico que se había desatado una epidemia de cólera en Nápoles. Sin pen-
sarlo más, envió un telegrama a Ultima diciéndole que se
iba a ofrecer como médico voluntario. Se detuvo en París
el tiempo necesario para que Sibbern le prestara mil francos y después tomó el expreso rumbo a Italia. El trayecto
entre Roma y Nápoles lo hizo en un tren totalmente vacío
que apestaba a ácido fénico, mientras en la ciudad afectada por la epidemia la muchedumbre se amontonaba en los
andenes y abarrotaba las carreteras en un desesperado intento por abandonarla.

El cólera asiático, originario de la India, no llegó a Europa
hasta 1817, pero a partir de entonces las epidemias fueron

periódicas. En 1884 hubo un nuevo brote virulento. La infección se propagaba a través del agua, la comida y la ropa manchada de excrementos. Producía fiebre alta, violentos accesos de vómitos y diarrea que deshidrataban al paciente; la muerte se podía producir en pocas horas. No era una enfermedad democrática. Prosperaba en barrios insalubres y estómagos mal nutridos. En las personas bien alimentadas, el virus era destruido por los jugos gástricos.

En verano de 1884 un barco de guerra propagó el virus en Tolón. De allí se extendió a Marsella y La Spezia hasta alcanzar Nápoles, donde se instaló el epicentro y se produjo el mayor número de víctimas. En aquella época Nápoles era una ciudad de medio millón de habitantes de los que trescientos mil vivían en la parte baja, lo cual equivalía a una densidad de población de ciento treinta mil habitantes por kilómetro cuadrado, cifra elevadísima si la comparamos con los trece mil de Londres o los veintiocho mil de Roma. En los barrios más pobres, como los de Porto, Mercato, Pendino y Vicaria, la gente se apiñaba en cubículos de cinco metros cuadrados llamados *fondaci*, *bassi* o *soterrani*, a los que no llegaba nunca la luz del sol y donde apenas se podía estar de pie. También estaban las *locande* o pensiones. Las más baratas no tenían camas. Ofrecían una cuerda que pasaba de un lado a otro de la habitación para apoyar la cabeza y los brazos. El famoso dicho «Ver Nápoles y después morir» había adquirido unas connotaciones poco adecuadas para las guías turísticas. Como la temporada alta comenzaba en noviembre y la epidemia duró todo octubre, las autoridades no quisieron difundir el número real de víctimas. La Comisión Italiana de Salud informó de diez mil enfermos y cinco mil muertos. *The Times* calculaba que el número de víctimas era el doble. A finales de septiembre, ciento cincuenta mil personas, un

tercio de la población, habían huido de la ciudad. Iróni-
camente, los que tenían medios para hacerlo eran quienes
corrían menos riesgo de contraer el cólera. Entre los que
se quedaron, fundamentalmente una población analfabeta
y supersticiosa, cundió el pánico. Corrían rumores de que
los médicos cobraban por cada paciente muerto de cólera y de que recibían una pensión cuando el total ascendía
a mil. Hubo incidentes violentos y tropelías de todo tipo.
Se desató una locura general contra los médicos, la policía
y las autoridades en general. Todos los proyectos llevados
a cabo para modernizar la ciudad más populosa de Italia
habían fracasado. El ministro de Sanidad clamaba que había que desventrar Nápoles, es decir, arrancar de cuajo los
barrios miserables que ofrecían las condiciones perfectas
para la propagación del cólera, porque en ellos la pobreza era espantosa y las condiciones de vida terribles: no había sistema de alcantarillado, el agua potable estaba contaminada y la atención sanitaria era pésima. Hospitales y
cementerios estaban colapsados y se tuvieron que improvisar rápidamente fosas comunes, donde se arrojaba a los
cadáveres a carretadas. Éste es el panorama que encontró
Axel Munthe cuando por fin puso el pie en el andén de la
estación de Nápoles el cinco de octubre, una vez más, en
compañía de *Puck*.

«Tener compasión y un poco de valor son dos cosas que
garantizan una vida aventurera», escribió Axel Munthe a
propósito de su incursión en Nápoles durante la epidemia
de cólera. Nada más llegar se ofreció como médico voluntario. Trabajaba las veinticuatro horas del día sin permitir-
se apenas un descanso. Cuando no podía tenerse en pie,
buscaba refugio en la iglesia de Santa Maria del Carmine,
donde caía dormido en cualquiera de los bancos. Además
de compasión y valor, Axel Munthe sentía una irreprimi-

ble atracción por el peligro y la muerte, por los lugares y situaciones en los que la vida pendiera de un hilo. Educado en el cristianismo evangélico, Axel había desarrollado un exacerbado sentido del deber. El mismo sentido del deber que le impedía divorciarse de Ultima le había arrastrado a Nápoles como parte de un plan de devolución de una deuda moral contraída con Italia. El país le había devuelto la salud cuando era un joven tuberculoso y ahora él lo amaba con pasión. Pero una razón aún más profunda de su venida a Nápoles era que esperaba que el cólera acabara con él. Su matrimonio fallido, que consideraba indisoluble, y su amor imposible por Sigrid le habían sumido en una profunda depresión de la que sólo encontraba alivio en situaciones de extremo peligro.

Como ayuda para transportar el equipo médico, alimentos y algún juguete, Axel se hizo con una pequeña burra, *Rosina*, casi del tamaño de su perro *Puck*, que también le acompañaba a todas partes. Debían de componer un trío bien curioso, el médico rubio y larguirucho, el burro y el perro gigante mientras recorrían el caos de los barrios afectados. En una ocasión se aventuró a entrar en la cárcel de Nápoles, un antiguo e insalubre edificio cuyos muros se adentraban en el mar. Las condiciones de los presos eran inenarrables y prácticamente habían sido abandonados a su suerte. También vivió una pavorosa experiencia en el convento de las Sepolte Vive, cuyas monjas habían empezado a contraer, una tras otra, la terrible enfermedad. Sólo cuando la madre priora cayó enferma se permitió la entrada de un médico tras los venerables muros del convento. Axel se quedó aterrado ante lo que vio y pidió a la abadesa que autorizara el desalojo del edificio, cuyo suministro de agua estaba contaminado. Un día *Puck* desapareció misteriosamente mientras Axel visitaba a uno de sus enfermos.

Después de buscarlo desesperadamente se enteró de que el perro había sido secuestrado. Todo terminó bien gracias a la intervención de la Camorra, que controlaba la parte baja de la ciudad y, por supuesto, las idas y venidas del médico y de sus peculiares ayudantes.

El peligro y el sufrimiento humano funcionaron como catalizador y estimularon su capacidad creativa. Para liberar la tensión, Axel Munthe comenzó a escribir sus aventuras en Nápoles en forma de cartas y las envió al *Stockholm Dagblad*, uno de los periódicos de más tirada de Suecia. El éxito fue inmediato. Entre octubre y diciembre de 1884, Axel envió un total de trece cartas al periódico, convirtiéndose en un personaje tremendamente popular en Suecia. El público sueco devoraba las andanzas de Axel, *Rosina* y *Puck* por Nápoles. En la primera de las cartas, que firmaba como Puck Munthe, Axel hacía una declaración de amor incondicional a Italia y hablaba de la deuda moral contraída con el país, por el que estaba dispuesto incluso a morir. Escribió también sobre las monjas de clausura atrapadas en un convento levantado sobre una antigua villa romana; sobre los milagros efectuados por los santos patronos de alguno de los barrios y sobre los baños del médico y su equipo en la playa de Mergellina al amanecer para reponer fuerzas antes de afrontar un nuevo día. En el frío otoño sueco, los lectores leían con avidez la descripción de la embriaguez de amor y vino que flotaba en el aire de Nápoles durante la epidemia de cólera.

¿Se habían embriagado todos con el vino nuevo o se habían vuelto locos de voluptuosidad ante la misma muerte? Dondequiera que ese equilibrio se perturba por una causa accidental, ya sea peste, terremoto o guerra, la vigilante naturaleza se pone enseguida a trabajar para reajustarlo y llama a nuevos seres para ocupar el puesto de los caídos. Constreñidos por la irresistible fuerza de una ley natural, hombres y mujeres caen en brazos unos de otros, los ojos vendados por el deseo, sin darse cuenta de que es la muerte quien preside su unión con un afrodisíaco en una mano y un narcótico en la otra.

Los críticos fueron unánimes en sus alabanzas al estilo de Munthe y los lectores quedaban atrapados por la empatía transmitida por lo descrito, ya fueran personas, animales o paisajes. También se creó enemigos como Strindberg, el prócer de las letras suecas, que se sintió directamente atacado en una de las cartas en las que Axel criticaba a los autores que describían de oídas las miserias humanas desde la comodidad burguesa de sus estudios. El éxito de las cartas fue tan grande que se publicaron inmediatamente como libro. El producto de las ventas fue a parar a los animales de Nápoles, a los huérfanos y a los pescadores desfavorecidos de la ciudad.

A finales de octubre remitió la epidemia de cólera. El 13 de noviembre Munthe salió precipitadamente hacia París, donde el cólera también había hecho su aparición aunque de forma breve y controlada. En las cartas a sus amigos se describía a sí mismo en París como un prisionero en una bonita jaula. Las fuertes experiencias que acababa de vivir en Nápoles chocaban de lleno con el ideal banal de vida doméstica que Ultima deseaba para ellos. Tras los terrores del cólera, se sumió en una rutina diaria que aborrecía y apenas podía aguantar. Lo único que le salvaba era su nueva faceta de escritor, que aparte de producirle una enorme satisfacción, le servía para escapar de la melancolía y tristeza que le provocaba su vida en una ciudad donde el destino le empujaba inexorablemente a ser el médico de moda.

Cuando enfermaba físicamente o era atacado por lo que él llamaba el *bacillus niger*, la depresión, su cura consistía en forzar su organismo al límite, exigirle las más duras pruebas de resistencia. Desde París, esta vez dirigió la vista hacia los Alpes. En septiembre de 1886 se dirigió a Chamonix dispuesto a escalar el Montblanc. La temporada de ascensiones ya había pasado y los guías desaconsejaban intentarlo en esa época del año. Con su obstinación habitual consiguió que dos guías le acompañasen. El bueno y fiel *Puck* también formaba parte de la expedición. Consiguieron llegar sin problemas a la cima pero en el descenso se vieron atrapados por una tormenta de nieve y más tarde sepultados por una avalancha. Lo que podría haber sido una muerte segura se saldó con una falange de los dedos de los pies amputada por congelación. Entretanto, la consulta seguía llenándose de damas elegantes que se enamoraban de él y deseaban prestarle sus cuidados. Su situación financiera recibió un buen empujón cuando el príncipe Eugenio de Suecia y Noruega llegó a París para estudiar pintura y el rey le pidió a Axel que fuera su médico.

En abril de 1887 recibió una noticia que le llenó de satisfacción. Las cartas de Nápoles se publicaron en Inglaterra con el título de *Letters From a Mourning City* en la editorial John Murray, una de las más antiguas y prestigiosas de Inglaterra. La crítica británica también se deshizo en elogios y se hablaba de las cartas de un peculiar idealista del extremo norte, una especie de Sterne escandinavo en Italia. El primer ministro Gladstone demostró públicamente su entusiasmo y su desolación por la situación de las prisiones en Nápoles. También el célebre poeta y crítico Matthew Arnold expresó su admiración. Su carrera de escritor en Gran Bretaña no podría haber comenzado mejor.

Pese a sus éxitos profesionales y literarios, Axel se sentía profundamente desgraciado y la vida le pesaba como una losa. La única solución era romper con todo y comenzar de nuevo en la tierra que amaba, Italia.

EXILIO EN CAPRI

En la Navidad de 1887, recién cumplidos los treinta años, Axel abandonó París y con ello, a su mujer y su consulta. Se entretuvo viajando por Italia hasta que en febrero de 1888 llegó a Capri. Alquiló una casa sencilla en Anacapri, la parte alta de la isla, con una parcela para poder cultivar un huerto. En la isla no escaseaba el trabajo para un médico. Seguía habiendo mucho tifus y, al poco de llegar, se desató una epidemia de viruela por causa de un barco procedente de Sicilia. Todos los extranjeros de paso también acudían a él, aunque cuando el rey Óscar II de Suecia y Noruega visitó Capri y quiso verle, permaneció escondido hasta que el barco real se alejó. «Los reyes no forman parte de este paisaje», escribió a su amigo Sibbern. Cuando trabajaba como médico en prácticas en un hospital de París, Axel había descubierto que sus manos tenían poderes curativos y que con ellas era capaz de provocar estados de profunda relajación e hipnosis en sus pacientes. Su don se propagó por la isla y pronto comenzaron a traerle enfermos mentales y personas con desequilibrios psíquicos para que las curara. La población capriota sentía veneración por *il dottore* que siempre tenía una palabra amable para todos y nunca les cobraba.

Por esta época comenzó a leer a Tolstói y Schopenhauer. Del primero leyó *Mi religión*, obra con la que se sintió profundamente identificado. Su fascinación por la religión le venía de la infancia y con el autor ruso compartía su escepticismo hacia la Iglesia oficial y su espíritu reformista. De Schopenhauer le atrajo la visión pesimista de la vida humana, marcada por el sufrimiento, así como el amor por los animales y la consideración de la música como la más elevada de las artes. Se radicalizó en sus costumbres; consideraba el lujo inmoral, vivía frugalmente, trabajaba la tierra y no cobraba a sus pacientes. Escribió a su amigo Sibbern desde Capri: «He aprendido la gran regla de la sabiduría, por la que no deberíamos tratar de satisfacer nuestras necesidades, sino de reducirlas. Los antiguos filósofos lo hicieron y también Jesucristo».

Después de un fugaz viaje a París para arreglar asuntos profesionales, volvió a sentir la llamada de las montañas y esta vez se dirigió a Grindelwald, donde contrató a un guía para realizar una travesía de varios días por los Alpes. Como siempre, *Puck* formaba parte de la expedición. Una tormenta les mantuvo atrapados durante doce horas en un glaciar del Monte Rosa en circunstancias tan dramáticas que podrían haber resultado fatales para todos. *Puck* se quedó cojo y Axel y el guía tuvieron que bajarlo a Zermatt. Cinco días más tarde envió un telegrama a su amigo Sibbern desde el paso del Simplón. «Estoy tan triste que no puedo escribir nada más: *Puck* ha muerto». *Puck* se había vuelto tan célebre en Suecia por las aventuras en Nápoles y en los Alpes narradas por su amo en forma de cartas, que su muerte fue mencionada en la prensa sueca. No faltaron tampoco las críticas de los lectores acusándole de imprudencia y temeridad innecesarias.

Axel volvió a Capri en busca de silencio y refugio: «El silencio es lo que valoro por encima de cualquier otra cosa. Aquí se vive con tranquilidad y calma y no tengo que encontrarme con gente engreída y pesada». Acababa de empezar su segundo año en Capri y su vida se parecía cada vez más a la de sus habitantes. Trabajaba en la tierra durante varias horas cada día, visitaba a sus enfermos y, por las noches, enseñaba a leer a su criada Giovannina.

En la primavera de 1889 le escribió al poeta Carl Snoilsky:

Vivo en las mismas condiciones que la gente pobre que me rodea y las barreras artificiales que me separaban de ella están cayendo una tras otra. Como lo mismo que ellos, llevo sus mismas ropas y mi antes inquieta mente se aferra ahora tranquila y mansamente a los mismos pensamientos que el *contadino*, fijos en las labores del día para satisfacer las necesidades del momento. Trabajo varias horas al día en un campo y en la viña, cuido de los enfermos, escribo cartas para ellos y leo las esperadas respuestas [...]. Así van pasando las semanas sin intercambiar una palabra con alguien que sepa leer o escribir [...]. Los días pasan volando en una especie de calma indolora cuyo nombre correcto supongo que es letargo. La única sensación que tengo y que puedo definir es mi creciente amor por la naturaleza y me he dado cuenta de que una estrecha relación con ella es una necesidad vital para mí—no creo que pudiera volver a vivir en una gran ciudad de nuevo.

MÉDICO DE MODA EN ROMA

Cuando estaba a punto de cumplirse el segundo año de su retiro en Capri, Axel recibió la visita de su mentor, Georg Sibbern, convertido ya en una benevolente figura paterna. Preocupado por su bienestar, Sibbern quería convencer a Axel de que volviera a ejercer como médico en una gran ciudad, ya que, en su opinión, estaba malgastando su vida en aquella isla atrasada. Además, su situación financiera era

desastrosa, cosa que corroboró el propio Axel al mostrarle
los pocos francos que conservaba en un calcetín. Sibbern
había encontrado una solución atractiva. Ejercería como
médico en Roma durante los meses de invierno, cuando la
colonia extranjera se establecía en la ciudad, y en primavera podría regresar a Capri. Para su sorpresa, Axel aceptó.
Acababa de firmar un contrato de arrendamiento de una
nueva casa en Anacapri por el irrisorio precio de mil liras
al año, así que contaba con un *pied à terre* para regresar a
su isla cuando las servidumbres de la ciudad se volvieran
demasiado insoportables. Como ya había hecho cuando se
estableció en París, Sibbern se ofreció a adelantarle el dinero para instalarse en Roma. Había que comprar trajes nuevos, hacer tarjetas de visita y encontrar un domicilio adecuado para abrir consulta. Sibbern tiró de sus privilegia-
dos hilos y muy pronto encontraron la casa perfecta: el 26
de la piazza di Spagna en Roma, el lugar donde había vivido y fallecido el poeta John Keats. A primeros de noviembre de 1889 la *familia* Munthe, compuesta por Axel, Giovannina y su hermana Rosina, varios perros y una lechuza,
abandonó la isla y se instaló en Roma.

Como Sibbern había vaticinado, Munthe conoció el éxito
en cuanto abrió consulta en Roma. Una dama de la colonia
británica llevaba un tiempo postrada en cama tras haberse
caído de un caballo. Después de reconocerla, Munthe supo
que podría curarla con masajes y rehabilitación. A los tres
meses se pudo ver a la señora en un paseo de Roma, bajan-
do de un coche de punto y caminando con la ayuda de un
bastón. De inmediato, la consulta de la piazza di Spagna se
vio abarrotada, fundamentalmente de pacientes del sexo
femenino que, como había sucedido años antes en París,

caían enamoradas del doctor y le enviaban poemas y cartas de amor. Los salones de la alta sociedad de Roma se abrieron de par en par para Munthe, al tiempo que, paralelamente, crecía el odio de los médicos extranjeros, a los que prácticamente había dejado sin trabajo. Cuando al verano siguiente Munthe pudo devolver a Sibbern la mitad de la suma que le había adelantado, en su carta de agradecimiento escribió: «No olvido que tengo que agradecérselo todo a Su Excelencia».

En Sorrento conoció a lord Dufferin, embajador de Gran Bretaña en Roma. Frederick Temple Hamilton-Temple-Blackwood, quinto lord Dufferin y primer marqués de Dufferin y Ava (1826-1902), fue uno de los estadistas británicos más importantes del siglo XIX y, entre otros cargos, ocupó el de gobernador general de Canadá, embajador en San Petersburgo y en Constantinopla y virrey de la India de 1884 a 1888. Pertenecía al partido liberal y tanto él como su esposa, lady Hariot Dufferin, estaban involucrados en causas sociales. Como había sucedido seis años antes en París con los Sibbern, el matrimonio Dufferin tomó al joven médico bajo su protección y le presentaron a lo más selecto de la sociedad romana. Pero lo que unía sobre todo a los dos hombres era su mutua pasión por la vela. Lord Dufferin había navegado en solitario hasta Islandia y escrito un libro, *Letters from High Latitudes*, en el que describía su aventura. Axel llevaba tiempo soñando con poseer un barco. Y como si en esta época la vida no pareciera dispuesta a negarle nada, un paciente británico, para demostrarle su agradecimiento por sus buenos cuidados, le regaló un *cutter*, un pequeño velero de regatas de casi diez metros al que puso el nombre de *Lady Victoria*, en honor a la hija pequeña de lord Dufferin. Cuando acababa la temporada invernal en Roma, Axel regresaba a Capri navegando; en Sorrento le esperaba su amigo Dufferin con el *Lady Hermione* para llegar juntos a la isla regateando.

Aunque su economía había mejorado notablemente, seguía siendo un completo desastre manejando sus finanzas. La mayoría de las veces olvidaba enviar la factura a sus pacientes o les seguía cobrando en especie. En una ocasión se granjeó la enemistad de dos damas por cobrarles de esa manera. A una le exigió que le entregara una estupenda capa Loden y a la otra, un hermoso vestido rojo de Worth, que, a su vez, él regaló a otra dama. Su tratamiento para con las señoras ociosas, en su mayoría enfermas imaginarias cuyo principal problema era el aburrimiento, seguía siendo invariablemente el mismo: las obligaba a hacer ejercicio, les aconsejaba comprar un perro y recomendaba entregar parte de su fortuna a los necesitados. Una de sus pacientes, la princesa rusa Nadina Shajovskaia, conocía *Letters from a Mourning City*, y desde que Axel la tratara de una afección en la garganta, había caído bajo su hechizo. Junto con el prominente doctor italiano, Angelo Celli, Axel y la princesa decidieron hacer algo por los pobres de la ciudad y pusieron a toda Roma en movimiento para fundar la iniciativa «Soccorso e Lavoro». Se organizaron mercadillos y bailes en el Grand Hotel para financiar el proyecto. El resultado fue la apertura de comedores de beneficencia, hogares para niños abandonados y una clínica infantil, así como de un ambulatorio en el Trastevere. Entre sus mejores amigas en Roma se contaban las Piccole Sorelle dei Poveri, a las que hacía donaciones y con las que colaboraba como médico.

Un día, Axel recibió extrañado la visita de uno de los médicos de la colonia extranjera, que le rogó acudiera a su casa a visitar a alguien muy querido. Cuando Axel le preguntó por qué acudía a él, le contestó que no se fiaba de nadie más para tratar ese caso. El paciente en cuestión era un babuino llamado *Billy*, que se había escaldado todo el cuerpo al caérsele encima un recipiente con agua hirviendo. El doctor Campbell era cirujano y le confesó que podía cortar en pedazos tranquilamente a sus semejantes pero era incapaz de curar a *Billy*, a quien quería como a un hijo. *Billy* mejoró y durante una de sus visitas al nuevo paciente, Axel descubrió a ambos bebiéndose mano a mano una botella de whisky y, a juzgar por la cantidad de botellas que llenaban la sala, no era la primera que disfrutaban juntos. Cuando Campbell tuvo que ausentarse de Roma, pidió a Axel que cuidara de su amigo. No regresó nunca más y así *Billy* entró a formar parte de la familia Munthe. Con el tiempo, *Billy* se curó de su alcoholismo y llegó a ser un babuino bastante respetable cuyo cometido principal era librar de pulgas a los perros del doctor, labor a la que se aplicaba con gran dedicación.

Durante una de sus estancias en Capri, Axel fue convocado al hotel Quisisana. Una dama muy importante quería que la atendiese. La dama era Victoria, la princesa heredera del trono de Suecia y Noruega. Nacida en 1862 como princesa de Baden, a los diecinueve años se casó con Gustavo, el príncipe heredero de Suecia y Noruega. Después de dar a luz a su tercer hijo, su salud se había deteriorado tanto que pasaba gran parte del año visitando balnearios y viajando por el sur de Europa en busca del sol.

Axel y Victoria desayunaron juntos y hablaron durante largo tiempo. La princesa le abrió su corazón y le habló de su desgraciado matrimonio y de su amor por el barón Von Blixen-Finecke. A los pocos meses, Victoria le solicitó oficialmente que fuera su médico personal. Axel aceptó dando un nuevo giro radical a su vida. Sólo puso como condición que se le permitiera pasar temporadas en Roma para ocuparse de su consulta y los veranos en Capri. Así se inició una relación que duró hasta la muerte de Victoria, treinta y siete años más tarde, y que dio lugar a todo tipo de habladurías y rumores.

Pese a que ahora ganaba dinero durante los tres meses que duraba la temporada de invierno, su situación financiera seguía siendo desastrosa. Su posición de médico famoso le obligaba a tener un coche de caballos para desplazarse por Roma, lo cual le obligaba a tener cochero y palafrenero, de modo que el dinero, cuando se acordaba de cobrar, se escurría entre sus dedos como el agua. Para complicar más la situación, el banco de Roma en el que tenía depositados sus ahorros quebró en 1894, con lo que perdió todo el capital que tenía y que ascendía a siete mil quinientos francos. No obstante, al cabo de poco tiempo volvió a producirse uno de esos extraordinarios golpes de fortuna que le acompañaron durante toda la vida. En una carta a su amiga Margaretta MacVeagh, hija del embajador estadounidense en Roma, escribió: «Desde que te vi por última vez, se ha producido un cambio en mi vida. Ahora soy económicamente independiente y puedo vivir donde quiero, sin preocuparme de tener que ganarme la vida». Nunca se ha sabido la procedencia del dinero, pero tuvo que tratarse de una suma importante. Tal vez Georg Sibbern, que carecía de hijos, le legó su fortuna o tal vez fue Victoria, deseosa de que su médico estuviera libre para dedicarse a ella sin trabas. Lo cierto es que a partir de ese momento Axel Munthe disponía de los medios para hacer realidad un antiguo y querido proyecto.

EL SUEÑO DE SAN MICHELE

> Mi casa estará abierta al sol, al viento
> y a las voces del mar, como un templo
> griego—y luz, luz, luz por todas partes.
>
> AXEL MUNTHE,
> *La historia de San Michele*

Durante su primer viaje a Capri cuando todavía era un estudiante, Axel subió a pie los 777 peldaños de la llamada Escala Fenicia, la única vía de acceso al puerto que tuvieron los habitantes de Anacapri hasta que en 1877 se construyó la actual carretera. Tras cruzar la Porta della Differenza, símbolo de la ancestral enemistad entre Capri y Anacapri, Axel se encontró en un lugar llamado Capodimonte, donde se detuvo a reponer fuerzas y a contemplar la magnífica vista que se abría sobre todo el golfo de Nápoles. Desde allí se divisaban las vecinas Isquia y Procida, la ciudad de Nápoles, el Vesubio, la llanura de Sorrento resguardada por el monte Sant'Angelo y, como telón de fondo, los Apeninos aún cubiertos con la nieve del invierno. El terreno estaba ocupado por una pequeña casa y una viña en la que trabajaba afanosamente *mastro* Vincenzo, su dueño. Éste invitó al joven extranjero a tomar un vaso de vino en su jardín, salpicado aquí y allá de restos romanos. Cuando Axel le preguntó sobre la procedencia de aquellas ruinas, Vincenzo respondió que se trataba de «*roba di Timberio*», una forma de denominar a todos los hallazgos romanos que aparecían en el pedregoso suelo de la isla. Si estaba interesado, él había ido tirando en el acantilado toda la «*roba di Timberio*» que aparecía en su viña. Y, si quería, también podía enseñarle una habitación subterránea, pintada en rojo chillón, con figuras de hombres y mujeres bailando desnudos. El corazón del joven comenzó a latir violentamente. En aquel lugar se había levantado una villa romana, probablemente de Augusto o de Tiberio, quien llegó a poseer diez villas en la isla durante los doce años que vivió retirado en Capri. A lo lejos, encaramada sobre las rocas de la ladera del monte Barbarossa, se alzaba una capillita en ruinas. «¿Cómo se llama esa capilla?», preguntó. «San Michele», respondió *mastro* Vincenzo. Axel se despidió prometiendo volver pronto y diciéndose en su interior que algún día construiría allí su casa.

Se cree que la Villa Capodimonte era una «villa rústica» o complementaria de las villas romanas de mayor tamaño y en las que se producía vino y aceite. Durante su primera visita, Axel había desenterrado una moneda con el retrato de Augusto y la inscripción DIVUS AUGUSTUS PATER, que conservó hasta que le fue sustraída de su consulta en Roma. Bajo la viña de *mastro* Vincenzo se encontraban salas con paredes en *opus reticulatum*, decoradas con figuras en rojo pompeyano y suelos de mosaico blanco y negro. La historia de la capilla dedicada a san Miguel no era menos fascinante. Antiguamente había sido un templo pagano y formaba parte de la villa romana. Con la llegada del cristianismo, se convirtió en capilla consagrada a san Miguel y fue destruida en 1560 durante el saqueo de la isla por el pirata Barbarroja. Cuando los británicos ocuparon Capri en 1804, toda la zona de convirtió en fortaleza defensiva. Dos años más tarde, en 1806, los franceses se apoderaron de la isla y utilizaron la capilla como polvorín.

A finales de la primavera de 1895, *mastro* Vincenzo se cansó de trabajar en la viña y se trasladó a vivir con sus hijos a Sorrento. La familia Alberino ofreció a Munthe la posibilidad de comprar la casa y la viña. El contrato de compra-venta se firmó el primero de junio de 1895. Ese mismo día, compró la capilla cercana a un tal conde Papengouth y unos terrenos adyacentes a la familia Ferraro. Me atrevería a decir que la construcción de la Villa San Michele durante cinco largos veranos fue el período más feliz en la vida de Axel Munthe. El equipo, compuesto por Axel, *mastro* Nicola y sus tres hijos, más media docena de muchachas que se llevaban la tierra en grandes cestos en equilibrio sobre sus cabezas, trabajaba desde la salida del sol hasta el ocaso. Cuando las campanas de la iglesia daban el mediodía, se sentaban todos alrededor de una gran mesa a comer un enorme plato de ensalada de tomate y macarrones, para volver de nuevo al trabajo hasta el atardecer. Durante esa época, Axel dormía profundamente cada noche. Se levantaba al alba, corría a bañarse al faro de Punta Carena y estaba de vuelta cuando los demás aparecían para comenzar la faena del día. Con los trabajos de construcción fueron apareciendo más restos romanos que se incorporaban al nuevo edificio. Así, el suelo de mosaico enmarcado de hojas de vid en *nero antico* y un roto enlosado de mármol rojizo pasaron a ocupar el centro de la gran galería. Una columna estriada de mármol cipolino se ocupó de sostener la pequeña galería del patio interior. También apareció una cabeza de Augusto mutilada y partida en dos que adorna todavía la galería. Axel diseñó una larga avenida cubierta por una pérgola y flanqueada de cipreses que llevaba desde la casa hasta la capilla, donde construyó su biblioteca. La obra terminada fue descrita así por Munthe:

La casa era pequeña, las habitaciones pocas, pero había *loggias*, terrazas y pérgolas para contemplar el sol, el mar y las nubes (el alma necesita más espacio que el cuerpo). Pocos muebles en las habitaciones y los que había no se podían comprar sólo con dinero. Nada superfluo, nada feo, nada de chucherías ni baratijas. Unos cuantos cuadros de los primitivos, un grabado de Durero y un bajorrelieve griego en las paredes encaladas. Un par de antiguas alfombras sobre el suelo de mosaico, unos cuantos libros en las mesas, flores por todas partes en brillantes jarras de Faenza y Urbino. Los cipreses de Villa d'Este que conducían hasta la capilla ya se habían transformado en una avenida de majestuosos árboles, los más nobles del mundo. La propia capilla que había dado su nombre a mi casa era por fin mía. Terminaría por convertirse en mi biblioteca. Antiguas sillas de coro rodeaban las blancas paredes; en el centro, una gran mesa de refectorio cubierta de libros y fragmentos de terracota. Sobre una columna estriada de *giallo antico* se alzaba un enorme Horus de basalto, el más grande que yo había visto nunca, traído desde la tierra de los faraones por algún coleccionista romano, tal vez por el propio Tiberio. Sobre el escritorio, la cabeza de mármol de Medusa que encontré en el fondo del mar me miraba desde su antigüedad del siglo IV antes de Cristo. Sobre una enorme repisa de chimenea del Cinquecento florentino se erguía una Victoria alada. Sobre una columna de mármol africano, la mutilada cabeza de Nerón miraba hacia el golfo donde ordenó que su madre fuera golpeada hasta la muerte por sus remeros. Sobre la puerta de entrada brillaba la hermosa vidriera del Cinquecento regalada a Eleonora Duse por la ciudad de Florencia y que a su vez ella me regaló como recuerdo de su estancia en San Michele.

En el verano de 1899 la villa estaba terminada. Uno de los primeros invitados fue Henry James, a quien Axel había conocido en Roma durante la primavera. James describió así la villa a un amigo: «Una creación de la más fantástica belleza, poesía e inutilidad como no había visto reunidas nunca». La visita inspiró a James su relato «La tarde del Santo y otras tardes», en el que alaba la villa y a su creador:

Todo lo que Italia puede dar me fue ofrecido con toda certeza aquel día y los siguientes en la maravillosa agrupación y dispersión de habitaciones, esquinas, patios, galerías, pérgolas, arcadas, blancos y largos corredores y panoramas vertiginosos. El mayor encanto de todo quizá fue que, gracias a las condiciones particulares del lugar, Italia parecía abundar, desbordarse en direcciones en las que yo no había tenido la oportunidad de contemplarla tan libre.

Cuando el 17 de marzo de 1899, la princesa Victoria visitó San Michele, el *Corriere di Napoli* la mencionaba como la Villa Tiberiana, lo cual es tal vez un signo de la obsesión que llegó a desarrollar Munthe por el emperador Tiberio. Una vez terminada la villa en el verano de 1899, Axel había comprado terrenos debajo de su propiedad, así como las ruinas del castillo de Barbarossa. Dos años más tarde, adquirió La Foresteria, antigua residencia de los obispos de Capri a cincuenta metros de su finca y, en 1904, concluyó la compra de terrenos en Capodimonte al adquirir el propio monte Barbarossa, que transformó en santuario para aves migratorias. A lo largo de los años, Munthe fue adquiriendo más villas en Anacapri: Torre di Materita, Torre Della Guardia, Torre Damecuta y Villa Sole lo que le valió el sobrenombre de «Tiberio», algo que no le desagradaba en absoluto. Munthe sentía admiración por el viejo emperador y consideraba que los escritos difamadores de Tácito y Suetonio, que lo presentan como un depravado libertino, no eran sino libelos sin fundamento alguno. Cuando, años más tarde, escribió sobre el emperador en *La historia de San Michele*, parece estar haciendo una descripción de sí mismo y de su propia trayectoria vital:

Su vida en la isla fue la de un viejo solitario, hastiado de un mundo ingrato; de un taciturno idealista, dolorido y amargado (hoy podríamos llamarlo hipocondríaco) pero de magnífico intelecto y de raro sentido del humor superviviendo aún a su confianza en la humanidad.

Villa San Michele supuso una bendición y una condena en la vida de Munthe. Desde que quedó terminada se convirtió en un hito turístico de la isla y no había viajero que pisara Capri que no se acercara hasta ella con intención de visitarla y de conocer al famoso doctor Munthe. Artistas, escritores, pintores, aristócratas, miembros de la realeza y algún que otro aprovechado y perturbado fueron recibidos en San Michele. Los problemas oculares de Munthe se fueron agravando y, con los años, la luz del sol le fue resultando cada vez más dañina, hasta el punto de tener que limitar sus salidas a las primeras horas de la mañana y a las del atardecer. Villa San Michele, construida como homenaje a la luz del Mediterráneo, dejó de ser un lugar conveniente para él; y, además, estaba la plaga de visitantes llamando a las puertas. Para librarse del acoso se retiró a Torre di Materita, a tres kilómetros al sur de San Michele. Materita había sido un monasterio franciscano y, a diferencia de aquélla, apenas tenía vanos en las paredes, preocupados tal vez sus moradores más por hallar la luz interior que por contemplar las bellezas del paisaje. Allí recuperó la vida retirada que había llevado antaño en Capri, rodeado únicamente de sus perros, sus libros y un piano. Pero, como era un personaje tan popular, siempre tenía invitados en alguna de sus villas y alguno de ellos le dio más de un quebradero de cabeza. En una ocasión prestó Torre della Guardia a una dama rusa sin oficio ni beneficio que decía tener poderes telepáticos y era madre, además, de dos hijos, uno de ellos paralítico. Lo que en principio iba a ser una estancia de dos meses se prolongó durante un año y aunque le ofreció alquilarle una pequeña casa, ella se negaba a trasladarse.

Mientras Munthe hacía lo que podía por librarse de la inquilina rusa, apareció otra, más temible todavía, tal vez el personaje más extravagante que haya pisado jamás Capri, la marquesa Luisa Casati. Amante del dramaturgo y esteta Gabrielle d'Annunzio, la Casati era una mujer riquísima que se consideraba a sí misma y a su vida como una obra de arte. Alta y muy delgada, con penetrantes ojos negros ribeteados con abundante kohl, tenía un rostro de rasgos afilados rematado por una leonina cabellera roja. Dueña de múltiples palacios, era famosa por las *performances*, veladas orientales y bailes de disfraces que organizaba en el palacio Venier dei Leoni en el Gran Canal de Venecia (más tarde comprado por Peggy Guggenheim y convertido en museo). El palacio había sido transformado en el decadente escenario de sus extravagancias: pájaros mecánicos cantaban en jaulas doradas, las estatuas clásicas se habían cubierto de pan de oro y uno de los sirvientes tenía la misión exclusiva de alimentar un pavo real blanco para que se estuviera quieto en el alfeizar de una ventana, donde componía una atractiva silueta. En sus paseos nocturnos por la plaza de San Marcos, se hacía acompañar de un lacayo negro provisto de antorchas para iluminarla a ella, completamente desnuda bajo su voluminoso abrigo de piel, y a sus dos guepardos. Munthe había conocido a la Casati durante una recepción en Roma y debió de invitarla a conocer Villa San Michele. Lo que no esperaba es que se presentara una noche de verano y sin avisar. Se encontraba cenando en Materita cuando le comunicaron que una extraña comitiva intentaba entrar en la villa. Al acudir a ver lo que pasaba, se encontró con la marquesa, el lacayo negro, los dos guepardos, dos galgos, una boa constrictor, un par de loros, dos gacelas, un búho y un incontable número de baúles. Munthe debió de quedarse aterrorizado ante semejante invasión. Y cuando más tarde insistió en que la marquesa debía abandonar la villa, ésta le respondió que tenía todos los derechos legales para quedarse, ya que él le había dado su permiso. De hecho, sus abogados ya estaban redactando un contrato y, por extraño que fuera, la ley le dio la razón. Ante el desconsuelo de Munthe, la marquesa tomó posesión de Villa San Michele. Retiró todos los objetos, estatuas y alfombras, tan amorosamente colocados por su dueño, para hacer sitio a sus muebles de ébano. Cubrió los mosaicos del suelo con alfombrillas negras y colgó cortinones de terciopelo negro y visillos de encaje en las ventanas. En el suelo del salón colocó una enorme piel de oso con cabeza y todo y en una de las blancas paredes escribió en grandes letras el lema: OSER. VOULOIR. SAVOIR. SE TAIRE. Los únicos objetos que permanecieron en su sitio fueron la cabeza de Medusa y la esfinge egipcia. El jardín se llenó de flores de cristal traídas especialmente desde Murano. La estancia de la Casati se fue convirtiendo en una auténtica pesadilla para Munthe. La indeseable inquilina utilizaba la villa para pasar los veranos pero la ley le impedía entrar en ella durante el resto del año. Los detalles grotescos se fueron acumulando. El lacayo negro, de proporciones considerables, necesitaba dos pollos al día para su alimento y, en teoría, Munthe era el encargado de proporcionárselos. Cuando se quejó del absurdo peaje a su amigo el escritor Compton Mackenzie, éste le respondió con sorna: «Si no le suministras las aves probablemente terminará comiéndose los loros de la marquesa». La paciencia de Munthe se había agotado hacía tiempo: «Es una de las peores mujeres con las que me topado en mi vida—se quejó amargamente a su amigo Mackenzie—. Me gustaría agarrarla por la peluca roja, arrancarle la cabellera y arrojar su degenerado cuerpo por el barranco». No tuvo que llegar a hacerlo. Después de cuatro años de rifirrafes judiciales, la marquesa abandonó Capri para proseguir su carrera como musa en otros parajes. Villa San Michele fue devuelta a su estado original aunque el lema iniciático de la pared nunca fue borrado.

REGRESO A LA OSCURIDAD

> Pocos amigos, pocos libros, poquísimos y un perro, es todo cuanto necesitáis en torno vuestro, mientras os tengáis a vosotros mismos.
>
> AXEL MUNTHE, *La historia de San Michele*

Construida como un templo al sol, Villa San Michele se reveló pronto como un lugar inadecuado para un hombre cuya vista se iba deteriorando más y más. A principios del siglo XX, Axel sufrió un desprendimiento de retina a consecuencia del cual perdió un ojo, que le fue reemplazado por otro de cristal. El médico que se lo reconstruyó comentó la tremenda dificultad que tuvo para encontrar un azul de un matiz tan extraño.

Axel fue abandonando de forma paulatina la consulta de la piazza di Spagna y centrándose únicamente en sus labores como médico personal de la princesa heredera. Las relaciones entre ellos no eran las habituales entre médico y paciente. Al menos es lo que se desprende de una carta que Victoria le dirigió en 1906:

Me gustaría poder arrodillarme para agradecerte esa maravillosa carta que me enviaste antes de abandonar Suecia. No sabes cómo me llegó al corazón, cómo me hicieron gritar de alegría esas palabras tan cariñosas que me diriges, querido mío, que llenas mi corazón y mi alma y toda mi vida. Dios te bendiga por esas benditas palabras que fueron directas a mi corazón e hicieron que todo se iluminara a mi alrededor cuando las leí.

En 1907 se produjeron cambios fundamentales en la vida de ambos. Victoria subió al trono de Suecia (Noruega se había independizado en 1905) junto a su marido Gustavo, y Axel se casó en secreto en junio de ese mismo año, casi dos décadas después de divorciarse de Ultima. A la única persona a la que se lo comunicó fue a la baronesa Ebba Åkerhielm, encargada del guardarropa de la reina, a la que dijo por carta que se había vuelto a casar porque necesitaba alguien que le cuidara al encontrarse enfermo y desvalido. Axel había tenido muchas propuestas de matrimonio a lo largo de su vida. Su éxito entre las mujeres seguía siendo enorme y su capacidad de seducción permanecía intacta pese a los achaques y la edad. Cuando tenía la consulta en Roma, las damas enviaban a sus hijas para que pescaran al doctor Munthe, y a sus hijos para que los curara de su alcoholismo. Cumplidos los cincuenta y dueño de una fortuna respetable, tal vez había llegado la hora de tener herederos.

La elegida fue Hilda Pennington-Mellor, de treinta años, hija de John y Catherine Pennington-Mellor. Hilda y Axel se habían conocido trece años antes en Roma, en la consulta de la piazza di Spagna, cuando la familia hacía el Grand Tour por los lugares emblemáticos del sur de Europa. El novio impuso condiciones draconianas para el enlace que la novia aceptó sin rechistar: no vivirían juntos más que la mitad del año; no viajarían juntos y Axel no perdería un ápice de su libertad. «Quiero estar cerca de ti, me contentaré con verte aunque sólo sea un ratito cada día [...] seré feliz esperando en casa hasta que vuelvas y cuidándola para ti...», escribió la sumisa Hilda en una carta antes de la boda. Tampoco hubo mucho romanticismo en la ceremonia, que se celebró en Londres el 16 de mayo de 1907 en una pequeña iglesia cerca de Hyde Park. Que el matrimonio iba a ser un asunto de tres (o de cuatro, si incluimos al rey Gustavo) lo experimentó Hilda el mismo día del enlace. Axel abandonó Londres esa misma tarde para dirigirse a Baden, donde Victoria se encontraba seriamente enferma. Tres meses después realizaron una apresurada luna de miel por Suecia durante la que Axel llevó a Hilda a Dalarna para que conociera los paisajes que él amaba de su país natal. Exactamente un año después de la boda, nació su primer hijo, Peter—débil y enfermizo—, y dos años más tarde vino al mundo Malcolm, fuerte, aventurero y fantasioso como su padre.

La relación de la pareja no tardó en deteriorarse. Aparte del distanciamiento impuesto por Axel, los celos amargaron la vida de Hilda, que veía aventuras amorosas de su marido por todas partes. Aunque siguieran casados *de facto*, pronto comenzaron a vivir separados prácticamente todo el año. Hilda se instaló con sus hijos en Biarritz y también pasaba temporadas en Suecia, donde Munthe había construido una hermosa casa para la familia que él nunca llegó a habitar. Durante la Primera Guerra Mundial también cesaron las relaciones con Victoria. Axel era profundamente probritánico y Victoria, alemana de nacimiento, defendía tan ardientemente su país que estuvo a punto de causar un conflicto diplomático en Suecia, que se mantuvo neutral. Solo y con molestias crecientes en el único ojo que le quedaba, Axel se aplicó una vez más la receta que siempre le funcionaba: ponerse al límite física y psíquicamente. Al inicio de la guerra sirvió durante unos meses como anestesista en una ambulancia. En 1915 y 1916 pasó nueve meses en el frente y estuvo presente en las batallas de Verdún, Somme y Arras. Cuando la situación de su vista no le permitió seguir en el frente, se trasladó a Londres, donde trabajó en un hospital para enfermedades nerviosas y, durante los meses de septiembre y octubre de 1915, visitó los hospitales de campaña británicos en Francia. «Pensaba que la lenta muerte por el cólera era la peor visión que un hombre podía tener, pero es una muerte caritativa comparada con la agonía inventada por los alemanes con su gas», escribió en una carta fechada en 1916.

Terminada la guerra, Hilda se instaló con sus hijos en San Michele mientras Munthe seguía viviendo en Materita. Ésta fue la última estancia de Hilda en Capri, ya que en febrero de 1919 abandonó para siempre a su marido acusándole de serle infiel con la muchacha que le leía por las noches. Axel sintió alivio cuando Hilda le dejó, pero también una profunda amargura por verse separado de sus hijos, a quienes desde entonces sólo vería fugaz y ocasionalmente a lo largo de los años. En verano de 1921 se reencontró con Victoria en Suecia. Reanudaron su amistad y Axel volvió a asumir su cargo como médico real. Durante el tiempo en que habían estado separados, Victoria había entablado una relación epistolar con Hilda y el tema del que trataban ambas mujeres era invariablemente Axel Munthe.

En 1928 escribió una carta a su editor de Londres, John Murray, diciéndole: «He escrito un libro llamado *La historia de San Michele*, el nombre de mi hermosa villa en Capri, de la que fui arrojado por la deslumbrante luz del sol. En contra de mis intenciones, ha terminado por convertirse en la historia de mi propia vida». Y para convencer a Murray de que debía editar el libro, Munthe añadió que también trataba de Italia y de animales, «temas ambos muy del agrado de los lectores británicos». Del relato de su vida, Munthe omitió todo el apartado de relaciones familiares y sentimentales. Se presenta a sí mismo como un solitario, rodeado de libros y animales, y la única alusión sentimental que se permite es a una condesa francesa, casada con un hombre mayor, trasunto de Sigrid von Mecklenburg, el amor al que tuvo que renunciar en su juventud. Las únicas mujeres por las que muestra simpatía en el libro son las humildes campesinas de Capri, sus criadas Giovannina y Rosina y las monjas y enfermeras con las que trabajó en Francia y en Italia.

El 17 de abril de 1929 tuvo lugar el lanzamiento oficial de *La historia de San Michele* en Gran Bretaña. El 26 de abril fue mencionado brevemente en *The Times*. El 2 de mayo tuvo una crítica larga y positiva en *The Times Literary Supplement*. «¿No ha dicho nada *The Observer*?», se preguntaba Munthe hirviendo de impaciencia. El 23 de junio ese periódico publicó una crítica del respetado político y escritor Robert Cunninghame Graham que sería decisiva para el destino del libro:

Raramente he leído algo más conmovedor, tierno y más lleno de respeto humano [...]. Tiene estilo, ingenio, humor y gran conocimiento del mundo, mezclados con esa extraña sencillez intelectual que suele ser el atributo del genio.

Antes de que acabara el año, el libro iba ya por la sexta edición. En 1930, *La historia de San Michele* ocupó durante todo el año el primer puesto de la lista de los libros más vendidos en Estados Unidos; el segundo puesto durante todo el año siguiente y tuvo más de cien reediciones. Mientras, en Europa, todos los países solicitaban comprar los derechos de edición. Si cuarenta años antes Munthe era una celebridad en Roma, ahora lo era a nivel mundial. «El éxito se le ha subido a la cabeza—escribió Victoria a Hilda—, se comporta como un niño insoportable, algo totalmente impropio de él». La edición sueca salió en marzo de 1930 dedicada a Victoria. La reina apenas tuvo tiempo de ver un ejemplar ya que murió el mes siguiente en Roma. A un lado de la cama se encontraba Gustavo y al otro, Axel. En el momento de expirar, se volvió hacia este último, que le tenía cogida la mano y musitó: «Ven pronto». Así terminó una relación que había durado treinta y siete años.

Pero Axel no se dio prisa en acompañar a Victoria al más allá. A los setenta y tres años comenzaba para él otra trepidante etapa de su vida. Un oftalmólogo suizo le operó y devolvió la visión a su ojo. La noticia del éxito de la operación apareció en todos los periódicos del mundo. Sus admiradores le escribían cartas desde todos los rincones, expresándole su aprecio. Bajo la influencia del libro, miles de pájaros fueron liberados de sus jaulas, es de suponer que con consecuencias catastróficas para sus vidas. Y Mussolini, influido también por la obra, prohibió por decreto la caza de pájaros en Capri. Pese a su amor por la soledad, Munthe adoraba la fama y los halagos. Disfrutaba como un niño con las buenas críticas y se sintió feliz cuando Kipling afirmó que *La historia de San Michele* era el libro que a él le hubiera gustado escribir. Instalado definitivamente en Torre di Materita, Axel siguió recibiendo la visita de las celebridades que recalaban en la isla. Greta Garbo solicitó conocerle y visitar San Michele y, cuando las sombras se iban cerniendo sobre Europa, Stefan Zweig, de camino hacia América, pasó tres horas en Anacapri con Munthe, que escribió en *La historia de San Michele*: «Durante la comida y a los postres me preguntó sobre diferentes métodos de suicidarse, cuáles eran indoloros y por qué. Nunca me había encontrado con nadie tan obsesionado con la muerte». Pocos años más tarde, Zweig y su esposa se suicidaron en Brasil.

Munthe creyó que podría esperar el desenlace de la Segunda Guerra Mundial atrincherado en Torre di Materita, pero la situación en Capri se volvió tan delicada a causa de la escasez de alimentos y de la invasión del sur de Italia por los alemanes que tuvo que abandonar la isla. El ferry que le trasladó a Nápoles fue bombardeado, aunque consiguió llegar a puerto sin grandes consecuencias. Una vez en Roma, se dirigió a la embajada de Suecia y de allí le trasladaron en avión a Estocolmo. Munthe siempre deseó regresar a Capri para terminar allí sus días, pero nunca lo hizo. Su corazón estaba muy débil y temía que un viaje en avión le resultara funesto. La idea de regresar a Capri se convirtió en obsesión. Las agencias de viaje de Estocolmo le temían porque les atosigaba con consultas sobre las distintas posibilidades de viajar a Nápoles, que siempre terminaba por descartar. Su último contacto con Capri se esfumó cuando tuvo que permitir el regreso a la isla de Vittorio Massimino, el hijo de su ama de llaves y su cuidador en Estocolmo, porque éste se sentía terriblemente desgraciado en Suecia. Gustavo V le cedió dos habitaciones en el ala más retirada del palacio de Estocolmo. Munthe accedió a instalarse allí a condición de que se le liberara de todo protocolo. La vida reunió en la vejez a Axel y Gustavo, que se veían una vez a la semana para comer y charlar. «Nos gusta aburrirnos juntos», solía decir Munthe, aunque en realidad ambos ancianos disfrutaban ahora de la compañía del otro. El ámbito de acción se le fue reduciendo cada vez más. Ahora rara vez abandonaba el palacio y, con el paso del tiempo, sus habitaciones. Redactó su testamento y, después de darle muchas vueltas, legó San Michele al gobierno sueco, a condición de que convirtieran la villa en un centro para promover las relaciones entre Suecia e Italia. Repartió el resto de sus posesiones entre sus hijos y el dinero lo donó a los lapones y a organizaciones que se ocupaban de la protección de los animales, las dos causas que había apoyado toda su vida. El médico que no temía a la muerte sino al proceso de morir falleció mientras dormía el 11 de febrero de 1949 a los noventa y un años. A petición suya, no se celebró ningún tipo de oficio religioso. Sus hijos dispersaron las cenizas frente a una desolada isla del mar del Norte donde se alza un faro llamado Pater Noster.

UNA VISITA A SAN MICHELE

Llegué a Capri un atardecer de principios de primavera en el ferry que une Sorrento con la isla tras haber recorrido a pie la costa amalfitana. Desde uno de los senderos de esta espectacular costa, conocido como «sendero de los dioses», la perspectiva hacía que Capri apareciera como un caprichoso remate de la península sorrentina y no como una de esas tres agónicas excrecencias de los Apeninos que junto con Isquia y Procida se levantan en el golfo de Nápoles. Capri es una diminuta isla de apenas 6 kilómetros de largo y 2,8 kilómetros de ancho. En el año 29 antes de Cristo se convirtió en propiedad de los emperadores de Roma y Augusto construyó allí una gran villa. Tiberio, su sucesor, trasladó su corte a la isla y construyó otras diez villas, a cual más lujosa. Tras la caída del Imperio romano, Capri compartió el azaroso destino de todas las islas del Mediterráneo y conoció hambrunas, plagas, el azote de los piratas, conquistas y reconquistas. Tras el redescubrimiento de la Gruta Azul en el siglo XIX, Capri se convirtió en lugar de residencia de artistas y ociosos y en balneario ocasional. En el *Harper's Bazaar* de 1888 se podía leer: «Quienes visitan Capri encuentran en su cielo de color añil, su aire límpido y las cimas de sus montes, un refugio para los trastornos bronquiales, la fiebre y otros males físicos». Fue por esta época cuando se construyó el Grand Hotel Quisisana, que literalmente significa 'Aquí se sana'.

A la mañana siguiente estaba ansiosa por visitar San Michele. En un primer momento mi intención era subir a pie los casi ochocientos peldaños de la Escala Fenicia para emular al joven Munthe, pero la cordura de Mario, el amable recepcionista de mi hotel, acabó por imponerse. Con un expresivo e italiano gesto de la mano y, sin mediar palabra, me vino a decir: «Pero ¿estás chalada o qué?». Así que le hice caso y tomé la lanzadera que conecta Capri con Anacapri, el pueblo del llano con el de la montaña, unidos por una sinuosa carretera pero separados por una vieja e incurable enemistad desde que Federico de Aragón, llamado a decidir en las discordias entre los habitantes de ambas villas, dictaminó a favor de los de Capri. Al cabo de diez minutos, el autobús me dejó en la piazza Vittoria de Anacapri. En su librito *Capri*, Alberto Savinio escribe que la villa San Michele es algo así como una mezcla entre mezquita, iglesia protestante y tumba noble. En mi imaginación, yo siempre me la había representado como una especie de palacio encantado flotando sobre el mar, con un fragante jardín mediterráneo rebosante de exquisitos restos arqueológicos. Es decir, el paraíso mediterráneo por excelencia. Pero el edificio blanco que apareció ante mí al terminar de recorrer el viale Munthe recordaba más un convento o una fortificación. La puerta estaba abierta. Pagué los seis euros de la entrada y comencé la visita. Era la primera hora de la mañana y no había nadie más en la cocina, la primera estancia en la que entré. Era pequeña y rústica y estaba bastante oscura. Éste era el feudo de Giovannina y Rosina. Aquí preparaban los macarrones del doctor y de sus invitados, que dejaron constancia por escrito de lo espartano de la vida en Villa San Michelle. Macarrones, ensalada de tomate y vino blanco de Capri constituían la casi invariable dieta doméstica. En una vitrina estaban conservados los bellos platos de cerámica de Gubbio en los que le gustaba comer a Munthe. Salí al patio, que, en cambio, estaba inundado de luz. Desde él se puede acceder a todas las habitaciones de la casa y también al piso superior por una hermosa escalera que termina en una galería de arcos sustentados por columnas estriadas. En el centro reconocí el brocal del pozo de mármol blanquísimo procedente del convento de las Sepolte Vive de Nápoles, hecho de lo que en otro tiempo fue un cipo, un ara romana, con su exquisito relieve de frutas y flores expresando sensualidad y alegría de vivir. El patio también me pareció pequeño, como cuando regresas de mayor a un lugar que habías magnificado con tus ojos infantiles. Entré en una sala que contenía fotografías y paneles de gran tamaño que explicaban la vida de Munthe como médico, como esteta y como amante de los animales. Una sombra atravesó velozmente la estancia. Para entonces, ya me había acostumbrado a tener la villa para mí sola. Fantaseando con que era una invitada entré en la espaciosa habitación de Munthe. Había una cama de matrimonio con un cabezal renacentista siciliano, según rezaba la etiqueta informativa que, junto con el cordón rojo que impedía acercarse demasiado, me devolvieron a la realidad al recordarme que me encontraba en un museo. En la antesala cercana a la cama montaba guardia una estatua clásica de un joven dios desnudo, de tamaño natural. El ventanal estaba protegido por gruesas cortinas que mantenían la habitación casi en la penumbra, como si todavía se quisiera proteger de la luz a su antiguo morador. También había muchos libros, distribuidos en estanterías y anaqueles. Cogí uno al azar. Eran las *Elegías de Duino* de Rilke. Desde el otro extremo de la habitación, la enorme cabeza de Medusa me observaba con su mirada enloquecida y la boca entreabierta. Una compañía poco recomendable para una noche de insomnio, pensé. En el salón veneciano, la misteriosa inscripción de la marquesa Casati sobresalía sobre el gran sofá donde recibió tumbada y completamente desnuda al escritor Compton Mackenzie cuando éste acudió a petición de Munthe a rogarle que abandonara la villa de una vez para siempre.

Fue agradable salir a la gran galería y sentir la luz y el calor del sol. Allí, lo más destacable es la estatua sedente de bronce del dios Hermes, representado como un joven pensativo. No está solo. Le rodean multitud de cabezas y torsos de figuras masculinas y femeninas que observan al visitante desde sus cuencas vacías. Son los lares y penates de Villa San Michele. Una sorpresa me aguardaba al fondo del jardín. Todos los turistas estaban concentrados en la rotonda donde se encuentra la esfinge egipcia, la cual seguía mirando imperturbable el infinito mientras una gran muchedumbre se hacía fotos junto a su grupa. Aunque la vista desde allí es impactante pasé de largo a toda prisa y me dirigí hacia la capilla de San Michele. Por el camino me encontré con la llamada esfinge etrusca, en realidad una arpía, guardiana del inframundo, mitad ave, mitad mujer. Como la egipcia, contemplaba el infinito al borde del acantilado, aunque en dirección contraria y, a diferencia de aquélla, carecía por completo de admiradores. Lo etrusco siempre ha tenido mucho menos tirón que lo egipcio. A la ermita se llega a través de un estrecho sendero ornado de cipreses. Una estatua del arcángel guerrero da la bienvenida al visitante. La capilla fue transformada por Munthe en biblioteca, sala de lectura y de música. Ahora sólo puede contemplarse desde fuera y, cuando te aproximas al umbral de la puerta, se encienden automáticamente las luces y comienza a sonar música de piano. Pese a los avatares, la capilla se ha conservado tal como la dejó Munthe. Allí siguen los sitiales de coro que sirven de asientos para leer, la gran mesa de madera abarrotada de libros, el piano al fondo y, junto a la ventana y presidiéndolo todo, el gran Horus de basalto, ese pájaro negro que los oficiales acompañantes de Goering pidieron que Munthe regalara al lugarteniente de Hitler cuando éste visitó la villa con intención de comprarla.

Minutos más tarde, mientras descendía hacia la Marina Grande por la Escala Fenicia, pensé que San Michele era una auténtica villa romana o mejor aún, que era la más romana de las villas italianas aunque hubiera sido construida por alguien venido de *Ultima Thule*. De hecho, todo en Capri sigue siendo romano. Hasta en la iglesia de San Constanzo refulgen ocho columnas de mármol que antaño adornaban una lujosa villa.

Irse de Capri sin ver la Gruta Azul es como marcharse de Egipto sin ver las pirámides. Es lo que me disponía a hacer cuando al día siguiente tuve que elegir entre dos grutas. Munthe menciona la Gruta Azul en *La historia de San Michele* como una de las maravillas de la isla, pero cita otra, de nombre misterioso, como su preferida. Cuando sigo las huellas de un personaje que me es querido, el viaje se transforma en una especie de peregrinación a los Santos Lugares, así que me decidí sin dudarlo por la gruta de Matromania. Además, tenía el atractivo añadido de ser el único lugar mencionado por Nietzsche cuando visitó Capri durante su estancia de un año en Sorrento. No hay consenso en torno al origen del nombre. Algunos creen que proviene del dios Mitra ya que al parecer se encontró en su interior una estatuilla que lo representaba. Mitra gozó de especial popularidad en los ambientes militares romanos y su culto instaba a la honestidad, pureza y coraje entre sus adeptos.

Otros sostienen en cambio que el nombre de Matromania viene de la Mater Magna, la diosa Cibeles de los griegos, la «Señora de los Animales» que habitaba en cavernas y montañas. Capri es una isla para andar. Quizá por eso la mayoría de los visitantes no pasan del pequeño núcleo compuesto de la piazzeta de Umberto II y las calles comerciales de alrededor (u optan por tomar una lancha para visitar la Gruta Azul). Me alejé del centro por la vía Matromania en dirección al Arco Naturale, el primer hito de mi recorrido. Según la guía, esta espectacular formación geológica es lo que queda de una enorme gruta que antes se adentraba en los acantilados. La acción del mar fue ampliando la entrada al tiempo que se llevaba los escombros. Cuando durante el Paleolítico la isla se elevó, la gruta quedó liberada de la acción del mar, pero el viento y la lluvia siguieron haciendo su trabajo hasta conseguir el espectacular efecto que vemos hoy. Desde el Arco Naturale, el camino, transformado en escalones, baja vertiginosamente hasta que se vuelve a serenar transformándose en una amable senda. En una desviación que llevaba hacia el mar, el camino conducía a la casa del escritor Curzio Malaparte, pseudónimo literario de Kurt Erich Suckert, autor de novelas como *Kaputt* o *La piel*, esta última incluida durante un tiempo en el índice italiano de libros prohibidos. «Casa come me» es el nombre que Malaparte dio a su villa en Capri, construida en 1938 en Punta Massullo, el escarpado promontorio frente al que me encontraba en aquel momento. La entrada está prohibida pero te puedes acercar lo suficiente para disfrutar de la vista y darte cuenta de que la arquitectura moderna puede estar reñida con el paisaje y, al mismo tiempo, encajar maravillosamente en él. Al menos aquella casa pintada de color rojo ladrillo con la escalinata exterior en forma de pirámide truncada y el tejado plano rematado por un muro curvo de color blanco lo había conseguido. Regresé al camino principal y llegué por fin a la cueva de Matromania. Me sorprendió que fuera tan grande y su entrada tan amplia. No sé si estuvo habitada en tiempos prehistóricos pero todo lo que queda ahora es obra de los romanos. Hay dos niveles a los que se accede por escalones tallados en la roca y en la pared del fondo, altísima, quedan dos grandes nichos, antaño decorados con estucos. El reputado arqueólogo Amedeo Maiuri escribe en *Storia e Monumenti* que la misteriosa gruta fue transformada por los romanos en un lujoso ninfeo:

La cueva, de formas irregulares, fue consolidada por los romanos con poderosas obras para asumir la forma de una sala rectangular con ábsides, cerrada por los lados con dos muros que sostenían el techo abovedado de la gruta, mientras que el fondo estaba formado por dos nichos semicirculares y por la pared natural de la roca de la que brotaba un manantial: una escalinata permitía subir hasta la límpida y preciosa fuente.

Añade Maiuri que la decoración no era menos preciosa: teselas de colores que componían sofisticados mosaicos, incrustaciones que imitaban las estalactitas y la madrépora y estucos policromados que cubrían las paredes de los muros y la bóveda según la moda de las más suntuosas villas romanas. La selvática belleza del lugar entre bosques y rocas, escribe Maiuri, habría propiciado la celebración de ritos orgiásticos en honor de la diosa Cibeles. Intenté imaginar a las bailarinas ejecutando danzas coribánticas en una cueva profusamente decorada, pero a lo más que llegué fue a evocar a esas bacantes de guardarropía, esas señoritas ligeras de ropa que bailan más o menos frenéticamente en las escenas de bacanales de los péplums de Hollywood. Subí los dos tramos de peldaños y llegué hasta el fondo de la gruta. Al volverme, el sol de la mañana rielaba en el mar creando un fuerte contraste con la penumbra de la cueva. Mientras me dirigía al exterior, reparé en los restos de muros de piedra y argamasa que habían quedado arrasados y despojados de todo adorno. Su visión me conmovió profundamente y, de repente, me sentí embargada por una extraña emoción. Todo lo visto y entrevisto el día anterior en Villa San Michele se fundió con aquellos desnudos restos del naufragio de los siglos y durante unos instantes perdí la noción del tiempo y el espacio. Entonces lo comprendí. Munthe no había sido arrojado de San Michele sólo por el exceso de luz, sino por el exceso de belleza. Hay que pagar un precio elevado por vivir en tan estrecho contacto con lo sublime. Por eso, Munthe se había resguardado entre los gruesos muros de Torre di Materita, rodeada a su vez de un espeso bosque, de espaldas a todo. Me quedé un buen rato en la entrada de la cueva, junto al camino, incapaz de abandonar el lugar. A mi alrededor, la primavera resplandecía por todas partes, provocando ese «murmullo cósmico que sólo existe en Capri» del que habla Norman Douglas en *Land of the Siren*. Sentí una intensa mezcla de agradecimiento y felicidad. Agradecimiento a aquellas viejas piedras romanas que me habían permitido atisbar la belleza durante unos instantes. Y a Axel Munthe por haber materializado la esencia eterna del Mediterráneo.

Mientras emprendía el camino de regreso, me pregunté adónde habría ido a parar el espíritu de Munthe. Estaba segura de que no se quedó vagando por el faro de Pater Noster. Demasiado frío, demasiada oscuridad. No me cabía duda de que había regresado a Capri y esta gruta podía ser uno de los lugares que frecuentaba, además de las villas romanas y la masada del viejo Pacciale que tanto le gustaba, situada bajo las ruinas de Damecuta. Mientras me acercaba al mirador de Tragara, atestado de gente deseosa de disfrutar del primer auténtico día de primavera y de la vista de los famosos Faraglioni, me acordé de las palabras de Henry James en *Italian Hours*: «No hay nada como la soledad para convocar al espíritu del lugar». También me di cuenta de que estaba muy hambrienta. Tal vez te vayas de Capri sin ver la Gruta Azul, me dije a mí misma, pero no te vas a ir sin probar los espaguetis del restaurante Da Gemma, los más famosos de la isla. No, ese pecado no estaba dispuesta a cometerlo. Además, en aquel momento, no se me ocurrió mejor forma de reequilibrar el cuerpo y el espíritu.

D. H. LAWRENCE,
EL ADORADOR DEL SOL

I am that I am
from the sun,
and people are not my measure.

D. H. LAWRENCE,
Aristocracy of the Sun

En agosto de 1820, seis meses antes de su muerte en Roma, John Keats le escribía a un amigo: «Creo que todavía no es tisis, pero lo será si me quedo en este clima todo el invierno; así que estoy pensando viajar a Italia». Durante el siglo XIX, la búsqueda y exposición al sol estaba reservada a tísicos, tuberculosos y otros «casos de pulmón» mientras el resto de los mortales (al menos los de piel blanca y clase social acomodada) consideraba el sol una fuerza peligrosa que debía ser evitada a toda costa. Los jóvenes británicos que viajaban al Levante eran aleccionados por sus madres para que evitaran las tres cosas más peligrosas que podían encontrar allí: vino, mujeres y sol. La heliofobia era una parte esencial del sistema de clases para distinguir a la gente fina de la menos fina y, en las colonias, a los administradores de los administrados.

Con el nuevo siglo aparecieron los primeros cambios de actitud respecto al sol. En 1902 André Gide describió en *El inmoralista* los beneficios que el tuberculoso Michel obtuvo tomando el sol desnudo en Italia en una de las primeras manifestaciones literarias de heliofilia, una tendencia que a partir de entonces resultaría imparable. Hermann Hesse, imitando a Michel, acudió a Italia a tomar el sol para curar-

se de sus jaquecas y de la gota. Los carteles de los Ferrocarriles Británicos comenzaron a lanzar mensajes como «El
sol es vida» y «Ven a la Riviera» con seductoras imágenes
de lugares idílicos bañados por el sol y salpicados de palmeras que invitaban a apurar los placeres de la existencia.
Durante la Primera Guerra Mundial, los soldados atrapados en las trincheras del norte de Francia o Bélgica, consumidos por el frío, la humedad y, alternativamente, por
el miedo y el tedio, no soñaban con lugares exóticos y lejanos, sino con las delicias de Capri, Portofino o Menton,
adonde escaparían en cuanto terminara la pesadilla de la
guerra. En 1917, Norman Douglas publicó *South Wind*,
novela que alcanzó una enorme popularidad y cuya trama
se desarrolla en la mediterránea isla de Nepenthe, trasunto de Capri. Allí, el sol brillaba cada día y era la causa del
«paganismo, la desnudez y la risa», en contraste con lo que
sucedía en los países del norte, «tierras aptas únicamente
para los lobos».

«EL SOL ES MI NECESIDAD MÁS ÍNTIMA»

Desde 1911, a los veintiséis años, el fantasma de la tuberculosis amenazaba a D. H. Lawrence, por lo que no es de extrañar que repitiera como un mantra: «El sol es mi necesidad más íntima», o que hiciera del sol el eje de su existencia y de sus peregrinaciones por el mundo. David Herbert
Lawrence, Bert para la familia y los amigos, nació el 11 de
septiembre de 1885 en Eastwood, Nottinghamshire, Inglaterra. Fue el cuarto hijo de una desdichada pareja forma-
da por un minero y una señorita provinciana con aires de
grandeza. Bert fue un niño enclenque y delicado. En la escuela buscaba la compañía de las niñas y evitaba los juegos

y los deportes violentos. A ojos de sus compañeros masculinos era un blandengue y más de una vez recibió tundas por ello. Pero Bert tenía recursos propios: era inteligente, destacaba en matemáticas y brillaba en redacción; y encima, pintaba y escribía poemas. Con dieciséis años ganó las tres modalidades de un concurso literario local presentándose bajo su propio nombre y el de dos amigas. Así ganó sus primeras tres libras con la literatura.

Su madre quería que fuera maestro y gracias a sus buenas notas pudo entrar en la Nottingham High School, institución en la que fue el segundo hijo de minero en ser aceptado. En la facultad comenzó a escribir febrilmente poesía, relatos cortos y el borrador de la que sería su primera novela, *The White Peacock*. Escribió también un ensayo sobre Chesterton y se hizo miembro de una «sociedad para el estudio de los problemas sociales». Leyó a Schopenhauer, al evolucionista Ernst Haeckel y a William James, y se declaró agnóstico. A los veintitrés años encontró trabajo en una escuela del distrito londinense de Croydon. Era la primera vez que se alejaba de la familia y de Nottingham. El novelista y editor Ford Maddox Ford publicó sus poemas en la revista que dirigía, la izquierdista y radical *The English Review*, y le introdujo en el círculo literario de Londres, donde, además de conocer a H. G. Wells, W. B. Yeats y Ezra Pound, entró en contacto con el círculo psicoanalista. Los fines de semana regresaba a Eastwood, donde su madre había caído gravemente enferma de cáncer. Poco antes de que muriera puso en sus manos un ejemplar de su primera novela, especialmente encuadernado para ella. La madre apenas le dirigió una mirada. Sabía que aquel libro significaba no sólo el abandono de la carrera profesional que ella había elegido para su hijo, sino también la independencia moral e intelectual de éste. Bert nunca se libraría del fantasma de su madre y de su desgraciado matrimonio, y consagró gran parte de su obra a desentrañar cómo deberían ser unas relaciones satisfactorias entre hombres y mujeres. Comenzó a escribir una nueva novela, *Hijos y amantes*, en la que volcó todas sus experiencias de la niñez, y a fantasear con la idea de marcharse al extranjero y vivir de la literatura. En el invierno de 1911 cayó gravemente enfermo con neumonía. Estuvo un mes entre la vida y la muerte pero logró sobrevivir milagrosamente. Lo que resultó evidente tras la experiencia fue que su vida iba a ser corta, así que decidió vivirla al máximo.

APARECE «ELLA»

En primavera de 1912, con veintiséis años, Lawrence se sentía solo, enfermo, triste y sin rumbo. Lo único que le mantenía vivo era la compulsión por escribir. Había tenido relaciones sentimentales con tres chicas de su entorno de Nottingham y a las tres les había prometido matrimonio para desdecirse al cabo de poco. Con todas ellas había mantenido las tímidas relaciones que podía consentir una muchacha de aquella época que deseaba llegar virgen al matrimonio. Lawrence anhelaba abandonar Inglaterra, cuyo clima y ambiente le resultaban asfixiantes, y pidió asesoramiento a su antiguo profesor de francés, Ernest Weekley, sobre la posibilidad de enseñar en una universidad alemana. Weekley era un afable profesor de lenguas modernas de la universidad de Nottingham que amablemente invitó a su alumno—a quien consideraba un genio—a almorzar en su casa. Lawrence declinó la invitación porque no quería causar molestias pero volvió a ser invitado por la propia esposa de Weekley. Esta vez no podía rehusar.

Frieda Weekley, nacida baronesa Frieda Johanna von

Richthofen, vino al mundo en 1879 en Metz, entonces Alemania. Era una mujer atractiva, de pelo rubio y tez blanca, nariz afilada y pómulos pronunciados en un rostro de rasgos armoniosos. Era alta y de formas opulentas, algo muy admirado en una época que identificaba las amplias curvas con la voluptuosidad, la salud e incluso la riqueza. Ernest Weekley la había conocido mientras estaba de vacaciones en la Selva Negra, y tenía treinta y cuatro años cuando, el 29 de agosto de 1899, se casó en Friburgo con una virginal Frieda de apenas veinte. La pareja recién casada se trasladó a vivir a Nottingham y allí nacieron sus tres hijos. Frieda era razonablemente feliz: tenía un marido que la adoraba, tres niños rubios y encantadores y todas las comodidades de la vida burguesa de provincias. Pero se aburría mortalmente.

En Alemania, su hermana mayor, Else, era el prototipo de la mujer emancipada. En 1900 se había convertido en una de las primeras mujeres doctoradas en economía por la universidad de Heidelberg con una tesis sobre los derechos de los trabajadores dirigida por el eminente sociólogo Max Weber. Más tarde Else lograría el puesto de inspectora de fábricas del estado de Baden para supervisar las condiciones laborales de las mujeres.

Frieda, mientras tanto, cuando los hijos hubieron crecido lo suficiente, comenzó a pasar temporadas cada vez más largas con su familia en Alemania, donde surgían incesantemente ideas y movimientos revolucionarios. En primavera de 1907 le presentaron al deslumbrante Otto Gross en el barrio de artistas y bohemios de Múnich. Con la desarmante franqueza que le caracterizaba, Frieda pidió a Gross que fuera su amante. Gross, neurólogo y psiquiatra, contaba entonces treinta años y estaba considerado junto con Jung el discípulo más brillante de Freud. Había publicado obras sumamente originales sobre el tipo de ideas que le entusiasmaban a ella: la libido, el simbolismo sexual, lo perjudicial de la represión y la diferencia psicológica entre hombres y mujeres. Era alto, de intensos ojos azules y pelo rubio enmarañado, a lo que se añadía una personalidad tremendamente carismática que enloquecía a las mujeres. Llevaba una vida ajetreada e hiperactiva tanto sentimental como profesionalmente y era adicto a la morfina y la cocaína. Lo que en un principio había sido una experimentación médica se le estaba yendo de las manos, hasta el extremo de que terminaría con él pocos años después. Gross estaba casado y era amante de Else, la hermana mayor de Frieda, que esperaba un hijo suyo cuando su hermana menor le conoció. Con la total aquiescencia de sus otras dos mujeres, Gross inició con Frieda una tormentosa relación amorosa. Había encontrado a la mujer de sus sueños, totalmente desinhibida, poco preocupada por la reputación y eróticamente innovadora: era la encarnación de todas sus esperanzas en un nuevo orden sexual mundial. A cambio de tanta plenitud, Gross introdujo a Frieda en las teorías de Freud y le hizo leer a Nietzsche. También la convenció de que su destino era ser una musa erótica para consuelo y liberación del hombre de genio.

Tal era la mujer que cinco años más tarde, en marzo de 1912, esperaba la llegada del joven aspirante a profesor, el cual, un tanto azorado y vestido con su mejor traje, poco podía imaginarse que en aquella villa victoriana de aspecto honorable estaba a punto de producirse un cataclismo. A los veinte minutos de conocerse, Frieda se había llevado a Lawrence a la cama. Lo sabemos porque él mismo cuenta todos los detalles en su novela autobiográfica *Mr Noon*, publicada ocho años más tarde: «Una experimentada seductora atrapando literalmente a su presa camino del comedor». En un encuentro que necesariamente tuvo que ser breve debido a las circunstancias, los dos nuevos amantes tuvieron tiempo de alcanzar las más altas cimas de la pasión erótica. Él conoció por fin «el maravilloso, violento y genuino deseo» y ella tuvo tiempo de darle dos pistas rápidas: que era infiel a su marido por principios y que ningún amante podría nunca osar equipararse con Otto Gross. También hablaron de Nietzsche, de Freud y del tema de Edipo sin que ella supiera todavía que aquel joven estaba escribiendo una novela sobre un hijo enamorado de su madre. En contrapartida, Lawrence la convenció de que estaba malgastando su vida en un mediocre entorno burgués. Y se lo dijera o no en ese momento, él ya había decidido que Frieda sería su mujer pasara lo que pasara.

Los veinticinco minutos que se retrasó Weekley en llegar a casa fueron quizá algunos de los más intensos de la historia. Había olvidado por completo la cita con su antiguo alumno y se demoró más de lo habitual en su despacho para ultimar tareas profesionales. Cuando llegó, su matrimonio había terminado.

Pese a los titubeos iniciales de Frieda, el viernes 3 de mayo de 1912 los dos amantes se encontraron a las dos de la tarde ante la sala de espera de la estación de Charing Cross para tomar el barco nocturno a Ostende. Él llevaba once libras en el bolsillo y esperaba cobrar cincuenta a final de mes por su segunda novela, *The Trespasser*. A ninguno de los dos les importaban las posesiones materiales o el dinero; lo que valoraban por encima de todo era la palabra escrita. En su equipaje, él llevaba el manuscrito de *Hijos y amantes* que le aportaría su reconocimiento definitivo como escritor; ella, las cartas de Otto Gross.

En Múnich, Else les acogió y les recomendó que se dirigieran a Italia, país que durante generaciones había sido refugio de amantes en fuga, divorciados, homosexuales y de todo aquel que quería huir del asfixiante clima moral de Inglaterra. Y además, la vida allí era barata. ¿Y por qué no hacer el viaje a pie? Else era una alpinista consumada y les sugirió la ruta que atraviesa los Alpes desde Múnich y llega a Verona a través del paso del Brennero. El 5 de agosto de 1912 se pusieron en camino. Cubrían distancias de cuarenta kilómetros en tres días y luego realizaban largos trayectos en tren. Dormían en pajares y en capillas iluminadas a la luz de las velas. Cuando encontraban una aldea que les gustaba mucho, se quedaban en ella una semana para reponerse. Se les unieron dos amigos de Inglaterra, David Garnett, hijo del entonces editor de Lawrence, y Harold Hobson, un joven atractivo, bronceado y demasiado simpático. Antes de que pasaran dos días, Frieda ya había seducido a Hobson durante una mañana en la que Lawrence y David se habían dedicado a estudiar la flora silvestre. De nuevo solos, continuaron el viaje a pie. A Frieda no se le ocurrió mejor momento para confesarle su infidelidad que un atardecer en que hacía frío, estaban cansados y, además, se habían perdido. Fue toda una declaración de intenciones de quien no estaba dispuesta a tener cortapisas en el amor por mucho que hubiera abandonado a su marido e hijos por él. Una declaración de alguien que, hablando por boca de Otto Gross, ensalzaba el estilo de vida que se estaba practicando en lugares como Ascona, uno de los centros del amor libre y el nudismo: allí se enseñaba que el sexo tenía poder redentor, que el matrimonio era represivo y que los celos eran una manifestación del egoísmo.

Llegaron por fin a Bolesano, que no les gustó por demasiado austríaca; siguieron hasta Trento y en su estación vieron un cartel anunciando Riva del Garda. Ésa era la imagen del sur cálido y luminoso con la que soñaban. Tenían un aspecto horrible y estaban sucios y sin dinero, pero hacía sol y todo relucía como si fuera nuevo.

CREPÚSCULO EN ITALIA

Italia fue generosa con Lawrence. De entrada, le dio un nuevo nombre: el anodino Bert fue sustituido por el vistoso y elegante «Lorenzo». Le dio sol a raudales, algo que él consideraba vital para su maltrecha salud. Le permitió vivir en lugares que todavía resultaban escandalosamente hermosos (y baratos). Y en Florencia escribió y publicó el libro que mucho más adelante le haría definitivamente rico y famoso, *El amante de lady Chatterley*. A cambio, él le dedicó tres de los libros de viajes más curiosos y apasionados que se han escrito: *Twilight in Italy*, *Cerdeña y el mar* y *Sketches of Etruscan Places*. Y además, la amó por encima de todos los lugares del mundo.

En septiembre de 1912 Lawrence y Frieda se instalaron en la que sería su primera casa juntos, Villa Igea, en Gargnano, una villa pintada de rosa con ventanales que daban al lago de Garda y cuyo nombre significa 'salud'. Lawrence escribía sin parar y Frieda ejercía de musa. Practicaban juntos el *dolce far niente*, estudiaban italiano y sus cartas se llenaron de «bosquecillos de olivos, naranjos y limoneros, higos, melocotones, uvas azul oscuro y un lago del mismo color, claro como un diamante». También descubrieron las plazas y las fuentes, los paseos a la orilla del lago, la vida en la calle y el aroma de los pinos y los limoneros que lo impregnaba todo.

El 14 de julio de 1913, durante una breve visita a Inglaterra, contrajeron matrimonio en un juzgado del sur de Londres con sus amigos Katherine Mansfield y John Middleton Murry como testigos y, «con neuralgia en mi ojo izquierdo y el corazón por los suelos», según escribió a un amigo. Ese mismo año se trasladaron a Fiascherino, un pequeño pueblo de pescadores en el golfo de La Spezia, a una hora a pie de San Terenzo, población en la que vivió y de donde zarpó en su último viaje el poeta Shelley.

Vivir en Italia también afectó a su aspecto. Se dejó crecer la barba para disimular su semblante de tísico con pómulos hundidos y barbilla prominente. El traje oscuro y los zapatos fueron sustituidos por camisas blancas y alpargatas e incluso se atrevió a marcar tendencia, como dirían hoy nuestros *fashion victims*, llevando traje con alpargatas y sin calcetines.

El relato de su primera experiencia italiana está recogido en el libro de viajes *Twilight in Italy*. Sin mencionar a Frieda en ningún momento, Lawrence narra su viaje a pie a través de los Alpes y sus primeros atisbos del Mediterráneo, todavía en tierras suizas, cuando empiezan a aparecer los primeros olivos y cipreses. Pero ¿por qué ese crepúsculo del título, si a sus ojos todo aparecía radiante, nuevo y tremendamente hermoso? La pista nos la da en el capítulo titulado «The Lemon Gardens», en el que narra la visita a una antigua mansión cuyo propietario le muestra la casa y el jardín desde donde se contemplan enormes campos de limoneros que se extienden hasta el lago. Lo que para Lawrence es pura belleza, para el propietario es una carga que ya no produce dinero. «¡Ah, signor Lorenzo!—le dice—. Ustedes los ingleses tienen el carbón, las máquinas y la riqueza, nosotros sólo tenemos sol». Sin embargo, como tantos otros viajeros del norte antes que él, además del sol,

Lawrence iba en busca de un mundo antiguo, ideal, de un paraíso inalterado por la modernidad. Las palabras de su anfitrión, unidas a la melancólica visión de los limoneros descuidados, le hicieron darse cuenta de que la Italia de la edad de oro tenía los días contados.

El libro termina con una deliciosa imagen de Lawrence sentado en un café en la piazza del Duomo de Milán tomando un bíter Campari. La catedral no le ha gustado, le recuerda un puercoespín de piedra. En general, nunca prestará mucha atención a los «monumentos». Es sábado por la tarde y la plaza está abarrotada de gente que pasea, habla y bebe animadamente. Por unos instantes, la vida humana se le aparece perfecta en toda su intensidad.

Pero la perfección italiana duró poco para Lawrence. Estalló la Primera Guerra Mundial y con ella se vieron obligados a regresar a Inglaterra. La experiencia no pudo ser más amarga ni el reencuentro con el clima de Londres más perjudicial: crisis bronquíticas, catarros que no se curaban nunca. La grisura de la ciudad se le cayó encima. Para colmo andaban escasos de dinero y tenían que vivir de prestado en casas de amigos. Frieda también tenía su propia cuota de amargura: Weekley no le dejaba ver a los niños y Lawrence hacía todo lo posible para que los olvidara. Las broncas entre la pareja comenzaron a ser legendarias.

Desde la publicación de *Hijos y amantes*, Lawrence había sido catapultado al olimpo de los escritores y en Londres todo el mundo quería conocerle. También comenzaron a temerle porque no tenía empacho en convertir en material literario todo cuanto le contaban sus amigos. «Selecciona unos cuantos detalles sobresalientes, utiliza palabras precisas, explica lo menos posible, mantén el ritmo rápido, evita moralizar o dejarte llevar por el sentimentalismo y basa los personajes en gente conocida» eran los consejos que dio a una amiga para escribir relatos. El último punto hizo que lady Ottoline Morrell le amenazara con demandarle por difamación al verse reflejada en la desagradable Hermione de *Mujeres enamoradas*, y Bertrand Russell le retiró la palabra para siempre por verse ridiculizado como su simiesco amante. El compositor Philip Heseltine también se sintió ultrajado al verse retratado, junto a su mujer Puma, como los personajes Halliday y Pussum en la misma obra, y se cuenta que su venganza consistió en utilizar como papel higiénico uno de los ensayos de Lawrence del que no existían más copias.

Lawrence no era una persona de trato fácil. Podía pasar de ser un tipo encantador a convertirse en un individuo ceñudo e intratable. Tenía accesos de cólera repentinos cuyo blanco solía ser Frieda, que los aguantaba con extraño estoicismo, incluso cuando la bronca degeneraba en agresiones físicas. Un día llegó incluso a arrojarle una copa de vino en la cara durante una cena con amigos. Lo más curioso era que al cabo de media hora podían estar de nuevo charlando animadamente y que, al día siguiente, él seguía llevándole puntualmente el desayuno a la cama sin olvidarse de incluir una rosa.

Cuando su novela *El arcoíris* fue prohibida por obscenidad, decidió que tenía que huir de nuevo al sur, a un lugar cálido, lejos de la guerra y de la fealdad del mundo moderno. Concibió la idea de fundar una sociedad utópica que llamaría Rananim, nombre tomado de una canción hebrea de su amigo Kotelianski. Lawrence derrochaba el entusiasmo de un chiquillo al explicar su idea, cuyo emblema era un ave fénix sobre fondo negro:

Quiero reunir veinte almas y zarpar de este mundo de guerra y sordidez y fundar una pequeña colonia en la que no haya dinero sino una especie de comunismo para solventar las necesidades de la vida y donde reine una auténtica decencia.

Pero le denegaron el pasaporte y se tuvieron que conformar con instalarse en Cornualles, en una vieja casa de campo al borde del mar. La provinciana población de Padstow no estaba acostumbrada a contar con extraños y menos aún con artistas. Pronto comenzaron las habladurías en torno a Frieda. Su ropa de colores chillones y, sobre todo, su apellido alemán, no tardaron en convertirse en francas acusaciones de espionaje. Dio la casualidad de que un buque británico fue hundido frente a esas costas por un submarino alemán y los lugareños se empeñaron en achacarlo a las señales enviadas desde la casa de los Lawrence mediante la ropa tendida de la colada. Hubo denuncias, se abrió una investigación y, después de un bochornoso registro de su casa, les dieron tres días para abandonarla.

LA HUIDA INCESANTE

En total fueron cinco los años que permanecieron en Inglaterra a causa de la guerra. En cuanto tuvo el visado en su poder, Lawrence regresó a Italia, y esta vez solo. Frieda y él se habían separado después de otra discusión por los hijos de ella. Se instaló en Florencia y ésta no pudo ofrecerle un recibimiento más cálido. Allí se encontraba también su amiga recién divorciada Rosalyn Baynes en compañía de sus tres hijas. Durante un mes se encontraron cada noche en la villa de Rosalyn, quien, con sus dulces ojos castaños y formas rotundas, sería más tarde su modelo para Constance Chatterley.

Pero por encima de todo Lawrence se consideraba un «hombre casado» y desde Florencia enviaba continuamente postales a Frieda pidiéndole que se reuniera con él, cosa que hizo finalmente después de visitar a su familia en Alemania. Tras una corta estancia en Capri se dirigieron a Taormina, donde les aguardaba la Fontana Vecchia, una villa construida en torno a 1650 utilizando sillares de un cercano acueducto romano. Situada a diez minutos a pie de la ciudad, la villa constituía el sueño de todo exiliado mediterráneo. Dos plantas, habitaciones espaciosas y soleadas, un enorme jardín lleno de flores y pájaros y bosquecillos de naranjos y olivos que descendían en terrazas hasta el mar. Y si tener «vistas» era algo muy apreciado por los viajeros que peregrinaban al sur, la Fontana Vecchia, suspendida frente al mar Jónico y con el volcán Etna humeando en lontananza, ofrecía tal vez una de las más espectaculares de Italia. En un rincón apartado del jardín había un manantial con una vieja fuente que daba el nombre a la casa. Un ciprés con una tumba romana a los pies daba la bienvenida y protegía la entrada.

En la Fontana Vecchia Lawrence llevaba una vida de eremita epicúreo. Con su inmenso poder para captar el espíritu del lugar, allí lo absorbía de las piedras, de los árboles, del volcán al que cariñosamente llamaba «bruja malvada», del vino y del aceite, del color de las olas. Mantenía una estrecha relación con el algarrobo centenario que guardaba la fuente y bajo el que le gustaba escribir.

El paisaje de la Fontana Vecchia quedó inmortalizado en un relato llamado «Sol», encargado y pagado por un extravagante estadounidense llamado Harry Crosby que inventó un ritual casero de adoración al sol en el que el onanismo desempeñaba cierto papel. En «Sun», su protagonista, la neoyorquina Juliet, se ha instalado en compañía de su hijito John en una villa en la costa siciliana para recuperar la salud. Un día, mientras está en la cama, descubre toda la magnificencia de la salida del sol que Lawrence convierte en un símbolo del falo erecto. Desde entonces, acude cada día a un rincón secreto rodeado de cipreses donde se entrega desnuda al sol, que la posee como el más ardiente de los amantes. Juliet introduce al pequeño John en los misterios del culto solar y, pronto, madre e hijo serán la imagen misma de la belleza y la salud para sorpresa de Maurice, el marido, que realiza una visita inesperada. Esta aparición le sirve a Lawrence para presentarnos a un ser con sombrero gris y traje oscuro, un representante del «mundo exterior», ese lugar del que Lawrence estaba continuamente tratando de escapar.

Pero los inviernos mediterráneos también pueden ser muy duros. Durante días sin fin, el viento no dejaba de soplar. Llovía continuamente y hacía frío. En sus cartas, Lawrence comenzó a echar pestes de Taormina. El espíritu del lugar se había vuelto en su contra. Había que ponerse de nuevo en marcha. Pero ¿hacia dónde? Mudarse a otro lugar de Sicilia estaba descartado. Consideró la posibilidad de instalarse en España, pero al final decidió explorar Cerdeña. El viaje, que duró apenas una semana, está relatado en *Cerdeña y el mar*, un libro de viajes malhumorado y un punto sombrío en el que, sin embargo, Lawrence logra transmitir genialmente su visión de una isla abandonada a su suerte, fuera de los circuitos de la civilización. El escritor pasó los seis días que duró el viaje peleándose con los lugareños, protestando por lo infame de las comidas, la suciedad de las posadas, los intentos de timarles y la incomodidad de trenes y autobuses. ¿Por qué no puede uno quedarse quieto cuando ya vive en un lugar maravilloso?, se pregunta al comienzo del libro. La respuesta es que los sicilianos le sacan de quicio pero los sardos le parecerán aún peores, contribuyendo a desechar toda idea de instalarse en semejante lugar.

De vuelta a la Fontana Vecchia, Lawrence escribió de un tirón el relato de la breve expedición. Poco podía imaginar que ese apresurado libro le iba a dar la respuesta sobre dónde instalarse. El 5 de noviembre de 1921, poco después de la publicación de *El mar y Cerdeña* en Estados Unidos, llegó una carta de Taos, Nuevo México, firmada por Mabel Dodge Sterne, una millonaria que quería que Lawrence escribiera un libro semejante sobre Taos. De paso, invitaba a los Lawrence a integrarse en la colonia de artistas que estaba creando, dejando claro que ella correría con todos los gastos. No lo dudaron un segundo. De repente Estados Unidos se les apareció como el mejor destino posible, como un mundo todavía nuevo y cargado de posibilidades.

Un amanecer abandonaron Taormina casi furtivamente. Su espíritu inquieto y errante pudo más que el hechizo de una villa cuyo numen gusta de atraer escritores. En abril de 1950, Truman Capote descubrió la Fontana Vecchia y quedó inmediatamente cautivado por su belleza. Residió en ella durante dos años y allí terminó *El arpa de hierba*, el libro que le procuró fama mundial.

Cuando se instalaron en Taos, Mabel les regaló un pequeño rancho, en realidad una cabaña de madera, que Lawrence puso a nombre de Frieda ya que él rechazaba toda propiedad. Pero allí tampoco se sintió bien pese a instalarse en lugares cada vez más elevados en busca de aire puro y alivio para sus pulmones. El adorador del sol se sintió defraudado por el espectáculo de una danza del sol de los indios pueblo que encontró falsa y dirigida a turistas. En aquel universo descarnado y primitivo, dominado por vastos horizontes y cielos inmensos, se sumergió en la lectura de los filósofos presocráticos y bajo su influencia terminó su antología de poemas comenzada en Florencia en 1920, *Birds, Beasts and Flowers*, que contiene algunas de sus reflexiones más hermosas sobre el mundo no humano. En el ensayo «Pan en América» desarrolló su creencia en la unidad de toda la creación y en que «la vida consiste en una viva relación del hombre con su universo y no en una conquista de unos por otros». Se sentía especialmente unido a un inmenso pino situado junto al rancho contra el que se agazapaba cada mañana para escribir con el cuaderno sobre las rodillas:

Aquí, en este pequeño rancho bajo las Montañas Rocosas, un gran pino se alza como un espíritu guardián frente a la cabaña en la que vivimos. La vida del árbol penetra en mi vida y la mía en la del árbol. Nuestra cercanía no puede dejar de afectarnos.

Georgia O'Keefe inmortalizó el gran pino en 1929 en el cuadro llamado *The Lawrence Tree*.

En 1924 escupió sangre por primera vez aunque siguió negando la gravedad de su enfermedad y achacándolo a un «problema de bronquios». La gente se volvía por la calle al ver su aspecto cadavérico, momento que Frieda aprovechaba para aplicarle colorete en las mejillas.

Después de tres años y tres novelas regresaron a la tierra del sol, Italia, pasando antes por Alemania, donde el doctor Carossa, especialista en enfermedades pulmonares, examinó a Lawrence. «Un hombre normal habría sucumbido mucho antes con estos pulmones. Los artistas están motivados por fuerzas misteriosas e imprevisibles», dijo a Frieda tras el examen. Le dio dos o tres años de vida como mucho.

CONSTRUYE TU BARCO DE LA MUERTE

En 1926 Frieda y Lawrence se instalaron en San Polo a Mosciano, en las colinas que dominan Florencia. Alquilaron el *piano nobile* de Villa Mirenda, una hermosa casona con vistas a la ciudad y rodeada de un gran jardín y campos de olivos. Aquí terminó *El amante de lady Chatterley*, que, como se temía, fue rechazada por sus editores ingleses por escandalosa. «He terminado mi novela—escribió a un amigo—, me gusta, pero es tan indecorosa según los pobres idiotas de siempre que nunca llegará a publicarse. No pienso cortarla». Entonces apareció el afable librero y anticuario florentino Pino Orioli, que ayudó a Lawrence a publicar él mismo su novela y a lograr que por fin ganara dinero. El derroche de energía y entusiasmo que empleó para convertirse en editor supuso otra gesta heroica para un hombre con los pulmones medio carcomidos. El éxito fue rotundo. Les llovían peticiones de ejemplares desde todas partes, sobre todo de Estados Unidos, y las reediciones se sucedían sin cesar.

Ahora tenía tiempo para dedicarse con tranquilidad a un antiguo y querido proyecto, escribir un libro sobre los etruscos. Como casi todos los hiperbóreos que peregrinaban al sur, Lawrence también buscaba recuperar la edad de oro de la humanidad y creía haberla encontrado en este misterioso pueblo. Los identificaba con la *joie de vivre*, con la exaltación de las cosas realmente importantes de la existencia, con una raza feliz que había sucumbido víctima de la pesada maquinaria romana. Se sentía bien en los «lugares etruscos», nombre que dio a su mejor e inacabado libro de viajes. Las palabras que más se repiten en él son *suavidad*, *tranquilidad*, *calma*, *placidez*, *apacibilidad*... todo lo que Lawrence recibía del mundo etrusco, cuya descripción adquiere, bajo su pluma, la intensidad de una plegaria.

Mientras Frieda mantenía un *affaire* con Angelo Ravagli, un presumido oficial de la infantería italiana, Lawrence se fue en compañía de su fiel amigo Earl Brewster a visitar los restos etruscos diseminados por Italia. Comenzaron

por el museo de la Villa Giulia en Roma y de allí viajaron
en tren hasta Cerveteri, en el Lacio, y Tarquinia, en la Ma-
remma, que en aquella época todavía era una zona pobre
y pantanosa afectada por el paludismo. Lawrence escribe
sobre la región:

Una extraña quietud, una curiosa paz emanan de los lugares
etruscos que he visitado muy distintos del ambiente sobrenatural de las ruinas célticas, de la sensación de algo repelente que
produce Roma, de la impresión más bien horripilante que cau-
san los lugares de las grandes pirámides de Teotihuacán, Cholu-
la y Mitla en México, o de los afables e idolátricos lugares dedicados a Buda en Ceilán. Hay sosiego y suavidad en estos grandes
montículos herbosos y aún perdura en el ambiente una sensación
de soledad y dicha que se advierte a lo largo del sendero central
[…] hay en la atmósfera de ese lugar semienterrado una calma y
una apacibilidad tales que nos producen la sensación de que estar allí es bueno para nuestras almas.

Las tumbas le parecen «cómodas» y no le hacen sentirse intimidado. Para Lawrence, los griegos y romanos se es-
forzaban por impresionar. No así los etruscos. Lo que éstos
crearon durante su feliz existencia de centurias resulta tan
natural y simple como respirar. Ésa es la verdadera cualidad
etrusca: el desenfado, la ingenuidad y la exuberancia vital,
todo lo que ha desaparecido de nuestro mundo. La muerte
para el etrusco era la natural prolongación de la vida plena
que habían conocido en la tierra y, por lo tanto, era un lugar alegre. Junto a cada difunto se depositaba una pequeña embarcación esculpida en bronce que lo conduciría al
otro mundo, con los jarrones que contenían todo lo necesario para su atavío: vasos, vino, joyas, herramientas y armas.
En Tarquinia los dos amigos comenzaron por visitar el
Palazzo Museo Vitelleschi, que contiene el producto de las

excavaciones realizadas en la zona. Lawrence lo recorrió a toda prisa, deseoso de escapar de una atmósfera de abandono y profunda melancolía que, según él, exudaba de todos aquellos objetos sacados de contexto. Sin embargo, la visita al día siguiente de la enorme necrópolis, que se alza sobre una colina frente al mar, acompañados de un joven guía y su perro, le llenó de gozo. A la luz vacilante de la lámpara de carburo que el guía sostenía para ellos, Lawrence se extasió ante la primera tumba, la llamada de «la caza y la pesca»:

Todo es minúsculo, alegre, lleno de vida, espontáneo como sólo la vida joven puede serlo. Si no estuviera todo tan dañado uno se sentiría feliz porque aquí está representada la auténtica vivacidad y naturalidad de los etruscos.

಄

Para el viajero actual resulta un enorme placer recorrer los lugares etruscos de la mano de Lawrence, dejándose contagiar por su asombro y entusiasmo. Todavía hoy Tarquinia sigue siendo una ciudad provinciana, adormecida tras sus murallas y, afortunadamente, el Palazzo Museo Vitelleschi no ha sido víctima todavía de las instalaciones multimedia que asuelan a otros museos europeos. Es quizá un tanto destartalado, sí, pero evocador y lleno de encanto. Los objetos etruscos siguen allí tal como los vio Lawrence, colocados en los fríos pasillos del palacio o expuestos en vitrinas, y transmiten al visitante el estupor que les sobrevino desde que fueran sacados de sus moradas subterráneas. Las tumbas de la necrópolis han sido protegidas con un cristal para evitar que sigan siendo dañadas, pero cuando descendí por los escalones de piedra y a mi paso se encendía automáticamente una luz, pude sentir el mismo sobrecogimiento que embargó a Lawrence. Las pinturas lucen aún frescas y plenas de vida con sus ocres, rojos y negros y ese milagroso azul verdoso que luego volvería a reaparecer con Giotto.

Lawrence imaginaba la vida en Etruria como una fiesta permanente; una existencia que sus habitantes pasaban danzando, comiendo, bebiendo y amando en medio de un paisaje idílico, de una naturaleza pródiga en dulces frutos y de un mar henchido de delfines juguetones. Ésa era su particular representación del paraíso.

Con el libro de Lawrence en el bolsillo no me costaba contagiarme de paz y sosiego, puesto que, en un momento dado, deja de ser la crónica de un viaje para convertirse en el relato de una ensoñación. A ese estado es al que nos transporta el autor: no resulta difícil comenzar a gozar de una apacible tarde de sol, en la que al son de las flautas nos veremos transportados a una escena onírica, o quizá lo que nos sugiera será una enorme melancolía por no haber conocido nunca esa perfección vital, ese mundo intocado por el dolor y la fealdad. Algo que por otro lado nunca existió, pues, al parecer, el pueblo etrusco pasó toda su existencia guerreando y defendiéndose de los enemigos.

Sobrecoge pensar en la fuerza y el valor de un hombre próximo a la muerte que eligió escribir sobre la plenitud y la belleza de la vida y que al mismo tiempo era incapaz de poner nombre a su enfermedad. Pero ya no podía engañarse más a sí mismo. Sabía que se estaba muriendo. Unas gencianas en un vaso junto a la cama le inspiraron el primero de sus dos maravillosos poemas mortuorios, «Gencianas bávaras»; el segundo es «El barco de la muerte»:

Construye pues el barco de la muerte, ya que debes emprender
    el más largo viaje, el del olvido
[...]
cárgalo de comida, de pastelitos y de vino para la oscura
    travesía...

Una vez más, extrajo una nueva dosis de optimismo pre-
parando otra migración anual. Como el invierno anterior
se había sentido relativamente bien en Bandol, en la Riviera
francesa, volvió a confiar en que el espíritu del lugar le cu-
raría. Pero el deterioro era imparable y accedió por fin a ser
trasladado a un sanatorio en Vence con el ominoso nombre
de Ad Astra. Desde allí escribía cartas cada vez más breves a
sus amigos en las que no olvidaba elogiar la belleza del mar:
«Sigo amando el Mediterráneo; por la mañana me parece
joven como Ulises». Pero el lugar le resultaba terriblemente
lúgubre y pidió a Frieda que le sacara de allí. Tras muchas
fatigas, porque nadie quería alquilar una casa a un tuberculoso, Frieda encontró una villa en Vence y contrató un médico corso y una enfermera inglesa para que le atendieran.
En la cama, Lawrence seguía escribiendo cartas e incluso
trató de terminar una reseña sobre un libro. Recibió las visitas de H. G. Wells, y de Aldous y Maria Huxley. La noche
del 3 de marzo de 1930 murió a la edad de cuarenta y cuatro años. Pesaba treinta y nueve kilos. Éstas fueron las últimas frases que escribió y que constituyen su mejor epitafio:

Agradar a Dios significa realizar alegremente el trabajo que tie-
nes entre manos y estar vivamente absorto en una actividad que
te hace entrar en contacto con el corazón de todas las cosas; es un
estado que logra cualquier hombre o mujer cuando está ocupado y concentrado en un trabajo que le exige auténtica habilidad,
atención o devoción. A eso podemos llamarle Dios.

Y aunque a Lawrence le gustaba imaginar el paraíso como una eterna celebración etrusca, prefiero imaginarle sentado al sol del mediodía en la terraza de una hermosa plaza italiana saboreando lentamente un Campari y tomando, absorto, notas para su próximo libro. De espaldas a la catedral, por supuesto. Para él, cualquier monumento no era más que el símbolo de la inocencia perdida de la humanidad. A su muerte, su vieja amiga Catherine Carswell resumió así su vida:

[...] no hizo nada que realmente no quisiera hacer, y todo lo que más quiso hacer lo hizo. Viajó por todo el mundo, fue dueño de un rancho, vivió en los rincones más hermosos de Europa, y conoció a quien quiso conocer y les dijo que estaban equivocados y que él estaba en lo correcto. Pintó y fabricó cosas, y cantó, y cabalgó. Escribió alrededor de tres docenas de libros, e incluso su peor página baila con una vida que no se podría confundir con la de ningún otro hombre, mientras que las mejores son reconocidas, incluso por aquellos que lo odian, como insuperables.

NORMAN LEWIS, LA SALVAJE
POESÍA DE LA GUERRA

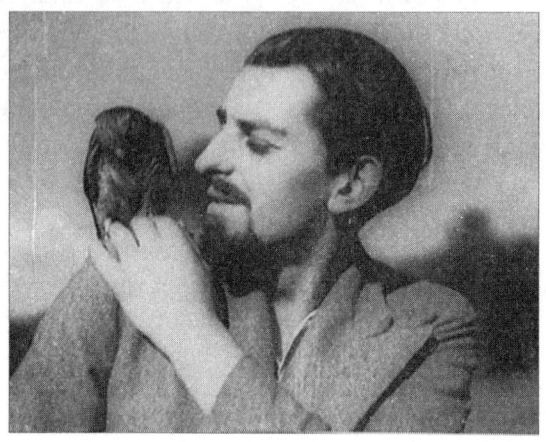

> Un año entre los italianos me ha procurado tal
> admiración por su humanidad y su cultura, que
> si me fuera dada la posibilidad de nacer de nue-
> vo, elegiría hacerlo en Italia.
>
> NORMAN LEWIS, *Nápoles 1944*

Norman Lewis (1908-2003) afirmó ser la única persona que
conocía capaz de entrar en una habitación atestada de gente
y abandonarla poco después sin que nadie se percatara de
su presencia: se consideraba un hombre semiinvisible. Una
niñez extraña, que pasó junto a unos padres que hablaban
con los muertos y tres tías «psicológicamente inestables»,
le permitió aprender el arte de hacer «como si no estuviera», al igual que la presa adopta una inmovilidad cautelosa
mientras olfatea la presencia de depredadores. Como hombre al que le gustaba pasar desapercibido, rehuyó siempre

la fama y sus servidumbres y pese a que escritores de la talla de Anthony Burgess o Graham Greene le calificaron como uno de los mejores autores del siglo xx, sólo concedió su primera entrevista a una revista literaria a los setenta y cinco años, convencido de que sus libros y artículos reunían todo lo que tenía que decir.

Como oficial de inteligencia durante la Segunda Guerra Mundial presenció el desembarco aliado en Italia. Fruto de esa experiencia fue *Nápoles 1944*, considerado uno de los diez mejores libros jamás escritos sobre ese conflicto bélico. Terminada la guerra realizó numerosos viajes por Indonesia, Vietnam, Birmania, India, América Latina, Sicilia, España y la Italia continental que plasmó en una prosa sutil y evocadora hasta el punto de que el famoso crítico Ciryl Connolly dijo de él que podía hacer que hasta un camión resultara interesante.

Este hombre reservado y discreto, una de cuyas principales aficiones era cultivar lirios, pasó de ser un observador a involucrarse personalmente a raíz de un viaje a Brasil como enviado de *The Sunday Times*, en el que fue testigo de las atrocidades que cometía el propio gobierno brasileño contra las tribus nativas. El vehemente artículo que escribió—«Genocidio en Brasil»—provocó una respuesta en todo el mundo que condujo a la creación de Survival International, organización que todavía hoy sigue dedicada a la protección de los pueblos indígenas de la Tierra. Lewis siempre dijo que era el hecho del que se sentía más orgulloso de su vida. Las actividades de las órdenes religiosas en la Amazonia también estuvieron en su punto de mira y contra ellas escribió un libro que tuvo un gran impacto: *Misioneros*.

Norman Lewis fue ciudadano honorario del Mediterráneo. No del Mediterráneo luminoso, heredero del mundo clásico, sino del que contiene sus facetas más oscuras y primitivas. Su primera esposa fue la hija de un mafioso siciliano afincado en Londres con el que siguió manteniendo una cálida amistad incluso cuando el matrimonio ya se había disuelto. La curiosidad por su suegro y sus orígenes le incitaron a acercarse al mundo de la Mafia y al descubrimiento de Sicilia, una tierra que nunca dejó de fascinarle y de la que llegó a tener un profundo conocimiento como dejó constancia en *La honorable sociedad*, obra convertida en clásico de este gran relator del lado siniestro del viejo mar.

UN CÍRCULO FAMILIAR
DECIDIDAMENTE EXCÉNTRICO

> Pero donde está el peligro, crece también lo que te salva.
>
> FRIEDRICH HÖLDERLIN, «Patmos»

Cuando era niño a Norman Lewis le gustaba vestirse de árabe: turbante, daga en la cintura y una pistola en cada mano para incrementar el aire amenazante. Su aspecto de rasgos afilados, ojos y cabello oscuros y nariz aguileña, que los británicos denominan *levantino* y en el que englobaban tanto a un turco como a un habitante del Magreb, encajaba bien con el atuendo y hacía olvidar sus orígenes galeses. Los escasos amigos que tenía en Forty Hill, distrito del norte de Londres donde nació en 1908, le recordarían después como un niño solitario, siempre observando de lejos, sin involucrarse en los juegos comunes.

En su autobiografía *I came, I saw*, Norman Lewis comienza el relato de su vida a los diez años, cuando sus padres, Richard y Louisa Lewis, deciden enviarle a casa de su abuelo y sus tres tías a Carmarthen, en el sudoeste del Gales. Era 1918 y la Primera Guerra Mundial acababa de terminar. ¿Por qué querrían los Lewis separarse del único hijo que seguía vivo de los cuatro que habían tenido? La razón que Norman Lewis aduce en sus memorias es que su padre quería hacer de él un buen galés. Pero casi al final de su larga vida (alcanzó los noventa y cinco años), Lewis confesó a su biógrafo, Julian Evans, que durante la dura etapa de su infancia en Forty Hill, fue lo que en inglés se denomina un *outsider*, un desplazado, un inadaptado dentro de la tribu:

> Me obligaron a ir Gales a los diez años por ser víctima de una violencia escolar de tal calibre que hoy habría salido en la primera plana de los periódicos […]. [A mis compañeros] les gustaba experimentar lo que podía producir el mayor dolor en el menor tiempo posible […]. Recuerdo que un verano me arrojaron a un profundo lecho de ortigas […] y en invierno me cortaron con el filo de las placas de hielo dejándome totalmente ensangrentado […] una mujer que pasaba con un cochecito de niño se asustó tanto que me metió en él para llevarme a casa. Aquello fue aún peor que el dolor que me habían infligido.

Forty Hill era un distrito semirrural, habitado por familias de obreros que acudían a las fábricas de armas cercanas y por aparceros que trabajaban en las plantaciones de los terratenientes locales. Era una vida dura, marcada por la explotación, y los vástagos de esos trabajadores no se andaban con contemplaciones. El padre de Norman, Richard Lewis, poseía una farmacia y la familia llevaba una vida acomodada. El pequeño Norman era más rico, más inteligente, tenía más juguetes y vivía en una casa más lujosa, cargos suficientes para hacer de él el blanco continuado de las frustraciones de sus compañeros.

De adulto reconocería que su carrera como escritor y su temperamento se vieron marcados por la violencia de aquella época e insistía en la utilidad literaria de cierta dosis de horror. También concedía un lugar de honor al tedio de su infancia: «Me llenó de un enorme deseo de buscar cuanto antes nuevos horizontes; de viajar a lugares lejanos y lo más diferentes posible».

Acompañado de su madre, Norman hizo el viaje a Carmarthen. Al pasar de Forty Hill a Gales, Norman Lewis cambió un entorno de violencia y crueldad por otro de demencia o, como sería etiquetado hoy en día, de trastornos neurológicos moderados. Investido de la pura resignación de la infancia, allí llegaría a perfeccionar el arte de pasar desapercibido en el inquietante mundo de los adultos.

En la casa a la que llegó Norman en julio de 1918 vivían su abuelo, David Lewis, uno de los prohombres del pueblo, y sus tres hijas solteras. El abuelo Lewis, de presencia imponente, se había enriquecido de manera un tanto fraudulenta comprando y vendiendo té en mal estado procedente de un barco hundido en el puerto de Swansea. Con las ganancias adquirió una casa en la calle principal que llenó de relojes y espejos, instaló a una amante francesa en los alrededores, pudo conducir el primer Ford modelo T del pueblo y se compró un loro gris que, según Norman, imitaba con gran destreza el sonido de los pedos. Con él vivían sus tres hijas; Polly, la mayor, era epiléptica y había sufrido al menos un ataque diario desde los catorce años; en el curso de esas crisis se había caído una vez desde una ventana, otra a un río y dos más al fuego. A consecuencia de las quemaduras sufridas, su rostro presentaba un aspecto parcheado debido a las tiras de piel que le habían sido injertadas de otras partes de su anatomía.

A Annie, la segunda de sus tías, le daba por reír continuamente sin ningún motivo aparente y apenas se comunicaba con nadie. Toda su actividad se reducía a disfrazarse concienzudamente durante horas de diferentes personajes de otras épocas y culturas. Luego paseaba por la casa vestida de cortesana de la reina María, de cosaco o de bailaora de flamenco. En cambio, la tía Li, la más joven y tímida de las tres, se pasaba la vida llorando o rumiando sus desgracias. Fue la que más intimó con Norman, en quien descubrió un interlocutor dispuesto a quien dar cuenta de sus cuitas.

Norman fue matriculado en la escuela de Carmarthen, la misma en la que cuarenta años antes su padre había sido castigado por hablar galés. Ahora habían cambiado las tornas y algunas clases se impartían en ese idioma, del que Norman no comprendía ni una palabra. El profesor ya no castigaba con golpes de vara pero no tenía empacho en poner al ignorante en ridículo delante de toda la clase. «¿Cómo tenemos que llamarle de ahora en adelante?», preguntaba el maestro. Y todos los niños con gran regocijo respondían: «*Dickie Dwl, sir*» ('Dickie el idiota, señor'). Después, para ahondar en la humillación, era enviado a la clase de los pequeños para que aprendiera.

Una noche le despertó un alboroto inusual en la casa: gritos, ruido de pasos apresurados, voces que susurraban sin cesar. Al cabo de un rato, el médico apareció con una camisa de fuerza. La tía Polly había intentado suicidarse colgándose de la lámpara del baño. La madre de Norman acudió apresuradamente para llevárselo de vuelta a Londres dando por concluida su estancia en Gales. A su regreso a la casa paterna le esperaba una gran sorpresa que le volvió a confirmar que el mundo de los adultos se regía por la irracionalidad más absoluta: su padre se había convertido en médium espiritista, «en un profeta del nuevo despertar», según las palabras de su madre cuando le dio la noticia.

Richard Lewis administraba con desgana su farmacia. Su principal fuente de ingresos era un elixir de su invención consistente nada más que en agua aromatizada con

ITALIA

ajo y una pizca de quinina para darle ese toque amargo que exigía la gente a lo que se suponía curativo. El elixir llegó a hacerse tan popular que la gente acudía de lejos a adquirirlo y las sustanciosas ganancias producidas por el brebaje contribuyeron a construir una iglesia—el Faro de Luz—en el patio trasero de los Lewis para administrar el consuelo del espiritismo. A fin de no quedarse a la zaga de su marido, que iba ganando cada vez más adeptos, Louisa Lewis siguió durante un año un curso de desarrollo psíquico, tras el cual se sintió preparada para curar mediante la imposición de manos, práctica con la que llegó a obtener también una gran popularidad en los alrededores, hasta el punto de que un médico de la zona la denunció en el periódico local.

Mientras el entorno familiar surcaba los mares de la sinrazón, Norman encontró cierta paz en su nuevo centro escolar, el colegio de enseñanza secundaria dc Enficld donde, siguiendo con su pauta de pasar desapercibido, consiguió llevar una existencia razonablemente agradable. En casa, por el contrario, el mortecino ambiente que él recordaba se había transformado en un ir y venir incesante de personas que le sonreían y le felicitaban por pertenecer a una familia tan afortunada. Poco antes de su traslado a Gales, su hermano Monty había muerto repentinamente a los dieciséis años. Ahora, le decían, todo dependía de que aprendiera a desarrollar sus poderes psíquicos para poder volver a comunicarse con su querido hermano. A sus otros dos hermanos no los había conocido, pero podría ponerse en contacto también con sus cuerpos astrales e imperecederos.

El auge del espiritismo fue una reacción natural a la carnicería de la Primera Guerra Mundial, de la que casi ninguna familia había salido indemne. A diferencia de las Iglesias tradicionales, que prometían la reunión con los seres queridos tras el Juicio Final, el espiritismo proclamaba que éstos seguían a nuestro lado tal como les habíamos conocido y que podíamos comunicarnos con ellos a través de los videntes, médiums, canalizadores de presencias y demás intermediarios que ahora surgían por doquier. ¿Cómo iba nadie a dudar de su verdad si personas tan respetadas como sir Arthur Conan Doyle difundían su mensaje?

Tras la sorpresa inicial, las sesiones de espiritismo en las que sus padres le animaban a participar se fueron convirtiendo en una serie de tediosas experiencias, poco o nada diferentes unas de otras. La mayoría de las revelaciones del otro mundo se parecían a los mensajes poco inspirados que se escriben a toda prisa en las postales de vacaciones. El joven Norman pronto descubrió que los espíritus carecían de sentido del humor y que sus comunicados, fragmentarios y sosos, se caracterizaban por una terrible monotonía y por una falta tal de entusiasmo que hacían pensar en gente convaleciente, cansada y sobre todo aburrida. Una vez—escribe Lewis con fina ironía en sus memorias—un médium planteó directamente a un espíritu cómo era el más allá y recibió una respuesta digna de Hemingway: «No está mal».

Junto al espiritismo florecían otras prácticas como la lectura de manos y la interpretación de las hojas de té, las bolas de cristal, la numerología árabe, los péndulos, las cartas, el estudio del aura o incluso el análisis del vuelo de las aves. También se desataban modas como la de consumir pastillas de levadura, en las que la gente gastaba fortunas, o en llevar artilugios considerados curadores, como el talismán de yodo del doctor Simpson, o el más extraño todavía Wonder Worker, un pequeño aparato cilíndrico de baquelita, diseñado en principio para curar las hemorroides, pero aceptado después como panacea para curar toda clase de males y que gran número de personas de diferente tipo y condición llevaban permanentemente en el recto.

«Cuando terminé el instituto empecé a trabajar con mi padre. Era alcohólico y médium espiritista. ¿Qué se podía hacer con un padre así?», le confesó Norman Lewis a su biógrafo. Al acabar los estudios a los diecisiete años, su padre le ofreció trabajo en la farmacia y, a falta de algo mejor, se dedicó a ayudarle a preparar medicinas y a embotellar el elixir. Para aliviar el tedio de su trabajo y el disgusto que le producía estar con su padre, comenzó a frecuentar la biblioteca cercana a la farmacia. A raíz de estas visitas contrajo tal pasión por la lectura que de las cuatro libras que recibía como salario, daba una y media a un ayudante para que hiciera su trabajo mientras él pasaba las horas leyendo ávidamente en la trastienda. Devoró a todos los autores modernos que caían en sus manos y, cuando terminó con ellos, comenzó con un legado de autores rusos recién llegado a la biblioteca. Se despachaba, según él, un libro al día—*Guerra y paz* en cuatro días—y, tras la experiencia de leer un relato de Chéjov sobre un viaje en tren por Siberia, decidió que sería escritor. Comenzó a presentarse a concursos literarios, que ocasionalmente le procuraron algún premio en metálico, y a enviar relatos a las revistas especializadas. Pero su carrera como autor tardaría todavía en despegar; una vena emprendedora hasta ahora desconocida estaba comenzando a aflorar. Su amigo Alex Hagen se había establecido como fotógrafo de bodas y estaba ganando un buen dinero. Pidió a Norman que le ayudara con el revelado de los negativos, cosa que éste comenzó a hacer en el piso de arriba de la farmacia, transformado ahora en laboratorio. Su padre, aficionado también a la fotografía y convencido de que la emulsión de plata era sensible no sólo a la luz visible sino también a las radiaciones no detectadas por el ojo humano procedentes del más allá, no podía evitar examinar minuciosamente cada copia, señalando cada pequeño defecto, que él atribuía indefectiblemente a una presencia del mundo de los espíritus.

Como el negocio de las bodas era intermitente, un día los dos amigos compraron en una subasta una partida de paraguas, llegando a duplicar el precio en la reventa. Vieron que ahí había negocio y comenzaron a visitar las subastas invirtiendo principalmente en productos fotográficos y en instrumentos científicos y quirúrgicos. Comenzaron a ganar dinero. Norman cambió la bicicleta por una moto y descubrió una nueva pasión: la velocidad. Por su cuenta, comenzó a dedicarse a la compraventa de motos y a participar en carreras. Manejaba dinero y se vestía como un dandy. Compró un Bugatti de ocasión y pasaba algunos fines de semana en París o en Niza persiguiendo chicas francesas. Como la búsqueda de objetos para su reventa les obligaba a recorrer Londres de punta a punta, Alex y Norman decidieron establecer su cuartel general en el centro y alquilaron un piso cerca de Finsbury Park. Independizado económicamente y alejado de su poco estimulante familia, la vida de Norman Lewis estaba a punto de adquirir un sesgo sorprendente el día en que su amigo Alex le invitó a salir con su nueva novia, Zahara, hija de un estricto rabino, y una amiga de ésta que actuaba de carabina de la reciente pareja.

INESPERADO ENCUENTRO CON EL MEDITERRÁNEO

La cita tuvo lugar en el centro de Londres una desapacible mañana de primeros de mayo. Ellos, dispuestos a impresionar, se presentaron en el Bugatti descapotable de Norman. Zahara, la rubia hija del rabino de Astracán, apareció acompañada de Ernestina Corvaja, una amiga de origen siciliano con la que realizaba un curso sobre cultura inglesa para extranjeros en la universidad de Londres. La primera impresión que Norman tuvo de Ernestina fue que le recordaba a Carmen Miranda. Como quiera que en el momento del encuentro se puso a llover, la obligada subida de la capota del Bugatti, entre grandes risotadas, sirvió para romper el hielo. La mañana transcurrió recorriendo la campiña inglesa. Hicieron un picnic junto a un río durante el que quedó plenamente demostrada la diferencia de carácter de las dos chicas: mientras Zahara daba cuenta de un almuerzo *kosher* remilgadamente, Ernestina dejaba bien claro con su discurso que era una mujer de ideas avanzadas y, cuando surgió el tema del amor, se divirtió escandalizando a su amiga al contarle que en Sicilia todos los hombres casados que se lo podían permitir tenían amantes. Y si eran lo suficientemente tontos como para ser descubiertos, sus esposas solían pegarles un tiro. Norman preguntó a Ernestina si ella le pegaría un tiro a su marido. «No—contestó ella—, pero, por si acaso, nunca me casaría con un siciliano».

Quedaron para el domingo siguiente, aunque Norman sabía que su amigo no tenía ninguna posibilidad con alguien tan excesivamente tradicional como Zahara. En efecto, en la siguiente cita, Ernestina apareció con una nota de aquélla excusando su ausencia debido a un fuerte resfriado. Alex Hagen se retiró caballerosamente dejando que Norman y Ernestina dieran comienzo a su historia. Norman la invitó a comer en un local de moda en el que disfrutaron de una larga sobremesa. Ernestina no podía ser más diferente a todas las chicas que había conocido hasta entonces: cosmopolita y culta, tenía un carácter extrovertido, una risa contagiosa y se desenvolvía a la perfección en cinco idiomas. Había estudiado el bachillerato en Santander y luego en

Beauvais, asistido a la universidad de Madrid y París y viajado por las principales ciudades europeas. En aquel primer encuentro íntimo Ernestina hizo alarde de sus conocimientos citando a Proust, Dante y Cervantes en su idioma original. A tamaño despliegue de logros Norman opuso unas cuantas frases en galés, una sórdida existencia en un barrio de Londres, un dominio notable del francés y el alemán, un saber enciclopédico de la literatura rusa y no se olvidó de mencionar sus dudosos logros como corredor de motos y coches. En cuanto a viajes, estaban los fines de semana en París y Niza.

Cuando el director de la orquesta balcánica que animaba el local se acercó a su mesa y les dedicó una corta pieza con su violín, certificó, sin saberlo, el inicio de una relación amorosa. Al cabo de unas cuantas citas más, Ernestina, que llevaba la iniciativa, consideró que ya era hora de que Norman conociera a su familia, experiencia que, según reconocería años más tarde, resultó asombrosamente extraña y fascinante.

Los Corvaja vivían en el n.º 4 de Gordon Street, en pleno barrio de Bloomsbury, y se las habían arreglado para reconstruir, en pleno corazón de Londres, una vivienda siciliana, o más concretamente del Palermo burgués del siglo XIX. Acostumbrado a las sombrías y recatadas moradas inglesas, Norman quedó deslumbrado por el despliegue de focos y luces que iluminaban hasta el último rincón de la casa, como si estuviera preparada para una representación teatral. Una enorme araña iluminaba el salón amueblado con mobiliario de época, puertas y sillas doradas y espejos de gran tamaño en las paredes: el decorado de una película surrealista de Buñuel.

«Mi padre es muy informal—le había asegurado Ernestina—. Te gustará—añadió—. Él no entiende el inglés y tú no hablas italiano, pero os caeréis bien». Una puerta dorada se abrió y entró en el salón un hombre bajo y corpulento, cuidadosamente peinado hacia atrás y vestido con un impecable traje oscuro, como si estuviera a punto de asistir a un funeral. Tenía los ojos negros y saltones y su rostro no mostraba expresión alguna mientras avanzaba hacia la pareja. Se dieron la mano mientras cada uno expresaba una fórmula de cortesía en su propio idioma. «Papá te la da la bienvenida a nuestra casa», dijo Ernestina. Y así comenzó la larga relación de Norman con Ernesto Giovanni Battista Corvaja, un hombre singular.

Para alivio de Norman hizo su aparición María Corvaja, la esposa, que hablaba un inglés excelente y animó la reunión cuando invitó a todos a sentarse para tomar una copa de vino. Norman recordaba el momento como una reunión de figuras de cera del museo de Madame Tussauds a las que momentáneamente hubieran insuflado vida.

A los cinco meses de conocerse y, también a iniciativa de Ernestina, la pareja se casó para formalizar lo que denominaban una «asociación contractual». Como seguidores de las doctrinas de Bertrand Russell sobre el amor libre, Norman y Ernestina consideraban el amor romántico una invención de los novelistas victorianos y, en el peor de los casos, un episodio psicótico. Ernestina conservaría su apellido, dormirían en habitaciones separadas y, llegado el caso, se separarían sin recriminaciones de ningún tipo.

A la ceremonia sólo asistieron dos testigos: Alex Hagen y su nueva y exótica novia, heredera de un rico comerciante de Bombay. Concluido el trámite formal y tras arrojar los anillos a una papelera, la siguiente cuestión era dar la noticia a los Corvaja. «Enséñame el papel», pidió Ernesto a su hija cuando ésta terminó un discurso del tipo «lo tomas o lo dejas» ante unos padres desprevenidos. Ernestina sacó el certificado del bolso y se lo entregó. Él lo leyó detenidamente y examinó el sello y las firmas sin dejar de asentir todo el tiempo con la cabeza. «*Non è uno scherzo, papa*», le aseguró Ernestina con ojos centelleantes y manteniendo todo el tiempo el control de la situación. Entonces Ernesto Corvaja sacudió una vez más la cabeza, se volvió hacia Norman y le dirigió una sonrisa lobuna. Ernesto Corvaja se estaba tragando el sapo en la más estoica tradición siciliana. A continuación, se acercó a Norman y le abrazó, le besó en el lóbulo de cada oreja y le mencionó al oído: «Te doy mi sangre».

María Corvaja, que hasta entonces había permanecido como una estatua de sal, volvió a la vida, sonrió y dio una sonora palmada para que acudiera la criada y trajera champán para celebrarlo. La nueva pareja se instaló provisionalmente en casa de los Corvaja, en la que Norman fue aceptado de inmediato como un miembro más de la familia. Pese a sus orígenes sicilianos, los Corvaja padres mostraban una enorme amplitud de miras—o tal vez era simple fatalismo siciliano—y ni se inmutaron cuando Ernestina anunció que ocuparían habitaciones separadas. En la casa había un miembro más, Eugene, el hijo pequeño, estudiante y plenamente integrado en la comunidad inglesa. Durante el día, cada miembro de la familia hacía su vida y se dedicaba a sus propios asuntos sin que nadie se entrometiera. Pero las cenas eran sagradas. La mesa se engalanaba y las copas de cristal tallado, en las que se servía el áspero vino siciliano que Ernesto embotellaba personalmente, brillaban bajo los potentes focos. La cena estaba invariablemente amenizada por una ópera de Verdi o de Puccini, que sonaban a considerable volumen en el gramófono.

A la segunda o tercera copa de vino, la habitual reserva de los Corvaja iba dando paso a animadas discusiones que solían culminar en auténticas broncas a las que Norman asistía con gran pasmo. Los principales protagonistas solían ser Ernestina y su padre, que mantenían una guerra larvada y esas discusiones—sobre temas absurdos como cuál era el edificio más alto de Nueva York o cuántos hijos había tenido la reina Victoria—les servían para aflojar la tensión que había entre ellos.

Tiempo atrás, Ernesto había tenido una amante y su temeridad le llevó a meterla en su propia casa haciéndola pasar por institutriz de sus hijos. Cuando María descubrió el pastel, echó a la joven sin contemplaciones después de arrojar sus pertenencias por la ventana. Luego, se sentó pacientemente con una pistola en la mano a esperar el regreso de su marido. Cuando Ernesto abrió la puerta, María le disparó, pero la bala sólo le rozó el hombro y apenas si necesitó cuidados médicos. Después del incidente, el matrimonio hizo las paces e incluso salió fortalecido, pero Ernestina no perdonó nunca la traición de su padre y sus relaciones se deterioraron para siempre.

El vino siciliano también hacía que las lenguas se aflojaran durante las cenas, permitiendo a Norman irse adentrando poco a poco en los misterios de la familia Corvaja. Ernesto era, con mucho, el miembro más interesante del clan. Su antepasado, el príncipe Corvaja, de origen español, había comprado en el siglo XVIII su título al rey de España por dos mil escudos y construido un exquisito palacio en Taormina, convertido ahora en monumento nacional. Los Corvaja hicieron una enorme fortuna con la explotación de unas minas de azufre al este de Sicilia en las que la mano de obra se componía de niños menores de doce años, ya que los túneles resultaban demasiado estrechos para adultos. Eran hechos de un pasado familiar que a Ernesto no le gustaba mencionar. Tampoco le gustaba hablar de su propio pasado. En su pasaporte constaba oficialmente como comerciante de diamantes. Pero la trayectoria vital que le había llevado de su Palermo natal a Nueva York y de allí a Bloomsbury era un misterio que se fue resolviendo, aunque nunca por completo, en diferentes reuniones familiares y siempre que el vino hubiera corrido un poco de más.

Gradualmente fueron apareciendo retazos de la vida de Ernesto Corvaja—ese hombre discreto y vestido siempre con un traje oscuro—que le revelaban como miembro de la Mafia. Una noche en que María Corvaja bebió más de la cuenta, contó que Ernesto abandonó Sicilia después de un tiroteo. Había sido arrestado y acusado de un grave crimen en Catania, pero escapó de prisión y fue trasladado escondido a Estados Unidos. La leyenda familiar contaba que fue enviado, junto a otros fugitivos, oculto en un ataúd al que le habían practicado orificios de ventilación. En Estados Unidos se hizo miembro de La Unione Siciliana, organización creada en Nueva York para proteger a los sicilianos recién llegados y con problemas. Como Ernesto Corvaja había estudiado derecho, su papel en la organización era el de asesor, pero después de que en un tiroteo con metralletas a la salida de su apartamento de Nueva York se quedara sin sombrero, decidió regresar a Europa. Volver a Italia era imposible ya que el gobierno de Mussolini había cambiado la orden de arresto por otra de destierro permanente. Entonces se decidieron por Inglaterra. María también reveló que debían estar alerta contra un posible intento de asesinato procedente de Estados Unidos, razón por la cual ambos esposos guardaban una pistola cada uno.

Pese a todo, la vida discurría plácidamente para Norman

en el n.º 4 de Gordon Street. Mantenía una relación excelente con sus suegros y cuñado y el «contrato» con Ernestina seguía funcionando sin grandes problemas. Norman continuó desarrollando su vena empresarial y su pasión por los coches y las motos participando en carreras ocasionales. Su sueño de convertirse en escritor seguía estacionado en algún lugar de su cerebro y, entretanto, dedicaba todas sus energías a dos de los futuros iconos del siglo xx: los coches Bugatti y las cámaras Leica. Cuando comenzara su carrera como autor, también demostraría originalidad y oportunidad en la elección de los lugares a los que viajar y los temas sobre los que escribir. Alquiló un local en el centro de Londres para ampliar las ventas de cámaras y de material fotográfico y Ernesto Corvaja aportó capital para ayudarle. De dónde sacaba el dinero éste era otro misterio. De su relación con los diamantes lo único que se sabía era la satisfacción que experimentaba periódicamente cuando arrojaba el contenido de un pañuelo lleno de piedras preciosas sobre el mantel, llamando la atención de los presentes sobre el sutil sonido acuático que hacían al caer. El misterio de sus ingresos se desveló también cuando un verano los Corvaja invitaron a Norman y Ernestina a pasar unos días con ellos en Ostende, donde Ernesto apuraba la temporada de juego en el casino. Cada noche el matrimonio acudía a las mesas de juego, donde Ernesto contemplaba cómo María perdía su límite diario de dinero en la ruleta, tras lo cual regresaba al hotel y dejaba el campo libre a su marido. Una noche hubo una llamada urgente para Ernesto de alguien que Norman reconoció como un visitante habitual de Gordon Street. Como el matrimonio estaba en el casino, el hombre dejó el mensaje de que su coche se había estropeado y que esa noche no estaría en su puesto de trabajo como siempre. María regresó primero y descubrió el pastel: «¡Oh!, debe de haber sido Georges». El jefe de crupiers. Esto le permitió suponer que Ernesto y Georges estaban conchabados en timarle al casino.

La paz en Gordon Street sólo se veía truncada por la creciente tensión entre padre e hija. Ernestina comenzó a psicoanalizarse al tiempo que su carácter bipolar se hacía cada vez más patente: temporadas de gran euforia precedían épocas de gran depresión. También creyó encontrar en viajar de forma permanente una salida a su perpetua insatisfacción. Así recorrieron toda Europa Central, visitaron España justo antes de que estallara la guerra civil—viaje que procuró a Norman material para su primer libro, *Spanish Adventure*—, regresaron a Londres, tuvieron un hijo y, por último, Ernestina decidió que debían trasladarse a vivir a Cuba porque allí serían inmensamente felices. Y al menos ella sí lo fue. La Cuba de Batista ofreció a Ernestina el tipo de vida que le llenaba. Su carácter extrovertido, su cultura y su simpatía la convirtieron pronto en una de las personas más solicitadas de la vida social de La Habana. Mientras la Segunda Guerra Mundial estaba a punto de estallar, ella parecía haber encontrado su lugar en el mundo. Norman, en cambio, deseaba regresar cuanto antes a Inglaterra para alistarse en el ejército. Como él mismo confiesa en su autobiografía, no es que desbordara patriotismo, pero tenía la sensación de que podría estar perdiéndose grandes experiencias. Lo que le decidió a regresar definitivamente a Londres fue, en sus palabras, la lectura de un libro sobre la vida de Cervantes, alguien que nunca se perdería una aventura.

En teoría, Ernestina volvería a casa seis meses más tarde para encontrarse con Norman, pero en realidad, su separación en La Habana fue el inicio de una nueva vida para ambos. A Norman le supuso una ruptura total con su pasado, y su nueva carrera como agente del Servicio de Inteligencia británico, que le llevaría al norte de África, Italia, Austria y el golfo Pérsico, le procuró experiencias suficientes para reinventarse a sí mismo y comenzar a escribir. Los años de la guerra fueron decisivos para desarrollar esa capacidad de observación que le permitiría registrar en sus libros la farsa y la tragedia de la vida de forma tan magistral. «La guerra fue algo fantástico. Odio toda clase de crueldad y me considero una persona compasiva, pero cada minuto de la guerra, todo el tiempo que estuve en el extranjero, fue absolutamente maravilloso», escribió cincuenta años después. El problema, el resto de su vida, fue cómo volver a recrear aquella felicidad.

«NÁPOLES 1944»: LA SALVAJE POESÍA DE LA GUERRA

En su autobiografía *I came, I saw* Norman Lewis cuenta, no sin ironía, que durante la Segunda Guerra Mundial los británicos que sabían idiomas tenían muchas probabilidades de terminar en el Servicio de Inteligencia. Los oficiales responsables de la selección, poco dados a sutilezas lingüísticas, podían enviar a un hispanohablante a Italia, dando por supuesto que el italiano y el español eran lenguas muy parecidas. También se dio el caso de que un hablante de rumano se encontrara gesticulando de forma incoherente entre guerrilleros yugoslavos o de que un universitario con algún conocimiento de griego antiguo fuera lanzado en paracaídas sobre Creta, al dar por sentado que los versos de Homero le ayudarían a relacionarse sin problemas con los nativos para sonsacarles información. De este modo tan poco riguroso llegó Norman Lewis a la 91 Field Security Section del Cuerpo de Inteligencia, destinada en Philippeville, Argelia, a cuyo mando se encontraba un oficial experto en noruego antiguo, pero sin la menor idea de francés. Los vagos conocimientos de árabe de Lewis, adquiridos durante un accidentado viaje por el golfo de Adén mientras intentaba entrar en Yemen, le valieron su primera misión: visitar a los caídes de la Pequeña Cabilia, que estaban planeando su insurrección contra Francia. Después de una temporada en Túnez—donde también presenció la insurrección contra el ocupante francés—, Norman Lewis fue destinado a la 312 Field Security Section, adscrita al Quinto Ejército de Estados Unidos—al mando del general Mark Clark—durante la invasión aliada de Italia en la llamada «Operación Avalancha», la mayor ofensiva bélica de la historia hasta entonces.

El 9 de septiembre de 1943, la sección de Lewis, compuesta de once sargentos y un brigada, desembarcó del *Duchess of Bedford* en un mar cubierto de barcos hasta el horizonte. Llevaban consigo una moto cada uno, una pistola Webley y cinco cartuchos. Casi ninguno de ellos había disparado jamás un tiro. No habían recibido instrucciones ni órdenes de ningún tipo y, por lo que a los estadounidenses se refería, era como si no existieran. Desembarcaron en Playa Roja, nombre en clave militar de Paestum. Arrancaron las motos sin problema sobre las telas metálicas colocadas en la orilla y se dirigieron a toda prisa al bosque que tenían enfrente. Por el camino encontraron una fila de muertos perfectamente alineados, los caídos ese día, en espera de que alguien acudiera a recogerlos. Una engañosa calma dominaba el panorama terrestre. A lo lejos se divisaban columnas de humo que recordaban la existencia de la guerra,

aunque, escribe Lewis: «La impresión general era la de una
tarde espléndida y tranquila de finales de verano en una de
las tierras legendarias de la Antigüedad». Y entonces sucedió. Lewis volvió a tener un impactante encuentro con el
espíritu del Mediterráneo:

Mientras el sol se ponía majestuosamente en el mar a nuestra espalda, vagamos al azar por un bosque lleno de pájaros que trina-
ban y nos encontramos de pronto en la linde del mismo. Contem-
plamos un espacio abierto, un paraje de extraordinaria belleza. A
unos cientos de metros se alzaban en hilera los tres templos per-
fectos de Paestum, iluminados por los últimos rayos del sol, res-
plandecientes, rosados y espléndidos. Fue como una revelación.
Una experiencia sobrenatural.

Pero ante los templos, una pareja de vacas, patas arriba y con los cuerpos hinchados, emulaban con sus miembros rígidos la verticalidad de las columnas dóricas. Estas
dos escenas establecen el tono de *Nápoles 1944*, un libro
sobre la guerra y la condición humana que discurre como
un magistral diálogo entre lo sublime y lo grotesco, la farsa y la tragedia.

Olvidados por todos a causa del desconcierto general y
la falta de información, el pequeño grupo se alejó de la costa y se instaló en una casa de labranza recientemente abandonada. Rodeados de «una hermosa desolación», pasaban
el tiempo leyendo, tomando el sol y acostumbrándose al áspero vino que abundaba en la granja y, a veces, practicando el italiano con los soldados desertores que se dirigían a
sus casas en el sur. Uno de ellos regaló a Lewis un trozo del
manto de una virgen de Pompeya para que le protegiera de
todo mal. La única misión que se les encomendó fue identificar el origen de unas luces misteriosas que se divisaban
cada noche en un pueblo cercano y que resultaron ser las

linternas de los vecinos dirigiéndose al único retrete existente en la población.

Esa vida idílica terminó abruptamente con la llegada de un oficial estadounidense, que les ordenó participar en la defensa del cuartel general contra tanques Tiger y Mark IV sirviéndose sólo de la carabina ligera que entregó a cada uno y sus pistolas Webley calibre 38. Lo que no les dijo es que él y los demás oficiales se disponían a retirarse sigilosamente dejando abandonados a sus hombres. La salvación llegó a la madrugada siguiente, cuando un coche blindado les llevó la noticia de que, después de todo, había que evacuar el cuartel general. Finalmente lograron alcanzar el campamento manteniendo las motos lo más cerca posible del vehículo blindado. Con su contención habitual, Lewis achacó la debacle vivida tras el desembarco en la zona de Salerno a la «ineptitud y cobardía» de los mandos, esperando que a su debido tiempo la historia oficial pusiese las cosas en su sitio y depurase responsabilidades. Nunca llegó a entender qué impidió a los alemanes liquidarles. En cuanto al general Clark, convertido en el ángel exterminador de Italia meridional, su conducta osciló, según Lewis, entre el pánico ciego y la venganza más violenta, como la ejercida en Altavilla, pueblo que borró del mapa por la supuesta presencia de alemanes.

El primero de octubre cayó Nápoles y la sección se dirigió hacia una ciudad sin agua y en ruinas, avanzando por calles destrozadas, entre los escombros de los edificios bombardeados. La gente, con rostro macilento, saludaba maquinalmente a los vencedores: «El apático saludo fascista de la semana pasada se había transformado en el apático signo de la victoria de hoy». Nada más entrar en Nápoles se produjo una escena que recuerda las narradas por Curzio Malaparte en *La piel*. Una fila de amas de casa, completamente inmóviles y calladas, sentadas en hilera en un edificio municipal, ofrecían sus servicios a los soldados recién llegados a cambio de una lata de comida. Tras haberse abierto paso a empujones, los más atrevidos reculaban ante la visión de aquellas mujeres de rostro impávido como estatuas. Los que al fin depositaban una lata junto a una de ellas ejecutaban algo que recordaba más un castigo del campamento que al acto del amor. Pero, a diferencia de la visión cínica y descarnada de Malaparte, que se regodea en el sensacionalismo y en los aspectos más soeces y obscenos del caos provocado por la guerra, la mirada de Lewis, como si la visión de los templos la hubiera teñido de mesura, está imbuida de compasión; en *Nápoles 1944* no se ofrece carnaza, sino piedad y un sentimiento de profunda admiración por el pueblo napolitano, preparado como ningún otro para la supervivencia en las condiciones más atroces.

En medio de la desolación general, la sección de Lewis tuvo suerte. Fue instalada en el *piano nobile* del palacio de Satriano, al final del imponente paseo marítimo, la Riviera de Chiaia, en la piazza Vittoria. Para entrar a su nueva morada, compuesta de ocho majestuosas salas, había que acceder por una ancha escalinata de mármol. Los techos eran altos, adornados con molduras, candelabros relumbrantes, espejos murales y un fastuoso mobiliario dorado. Pero no había cuarto de baño, y el váter estaba en un armario de la cocina.

Fundada hace dos mil quinientos años por los griegos con el nombre de Parténope, Nápoles siempre ha fascinado a los viajeros. En 1817 Stendhal escribió: «A mis ojos es la ciudad más bella del mundo, sin comparación». «Paraíso e infierno», dijo de ella Edward Gibbon, aludiendo a la presencia del Vesubio, que seguía humeando amenazante sobre la ciudad. Fernand Braudel, uno de los mayores conocedores del Mediterráneo, opinaba que Nápoles «siempre ha escandalizado y seducido a la vez […] es excesiva en todos los aspectos […] la ciudad más asombrosa, fantástica y picaresca del mundo». Considerada la más europea de las ciudades por unos, o la más oriental por otros, lo cierto es que Nápoles siempre ha constituido un mundo aparte. Marginada en la época de la unificación cuando el poder económico se trasladó hacia el norte, la ciudad había ido cayendo en un profundo declive, ajena a la modernización y el desarrollo. Salvo algunas obras realizadas por Mussolini consistentes en despejar un terreno del centro para construir el Banco de Nápoles, el cuartel general de la policía y el edificio de Correos, todo ello en estilo fascista, el casco antiguo seguía abarrotado de gente que vivía en condiciones infrahumanas como supervivientes de un mundo antiguo.

En aquel otoño de 1943, Nápoles estaba tocada de muerte. A los terribles destrozos causados por los bombardeos aliados del 4 de agosto y del 6 de septiembre, había que añadir la labor sañuda de los pelotones de derribo alemanes, que se ocuparon de destruir todos los servicios urbanos que aún funcionaban. La ciudad carecía por completo de agua potable y la bahía, antaño considerada la más bella del mundo, era un sumidero de inmundicias. El hambre y la sed acuciaban a los napolitanos, volcados ahora en lo que mejor sabían hacer: sobrevivir.

La misión encomendada a la sección de Norman Lewis, reducida ahora a cuatro hombres, era la de abrir un registro de sospechosos de haber sido—o de ser todavía—colaboradores de los fascistas. Atrás quedaba el romanticismo de las reuniones con caídes conspiradores en las montañas argelinas o en palacios tunecinos. La realidad en Nápoles se presentaba brutal, prosaica y teñida de episodios grotescos y patéticos.

Pese a que placa alguna anunciaba que en el Palacio Satriano se encontraba el cuartel general de la policía secreta británica, no tardó en presentarse un tropel de visitantes ofreciendo sus servicios como informantes. Pronto se acumuló un aluvión de denuncias—algunas estrambóticas, como la relacionada con un sacerdote que, al parecer, había organizado el pase de películas pornográficas para el comandante de la guarnición alemana—, así como gran cantidad de calumnias y vilipendios, entre los que no faltó una acusación de brujería en el pueblo de Afragola contra una mujer para evitar que echara el mal de ojo al agua. También era frecuente que los «informantes», algunos de los cuales entregaban elegantes tarjetas que los describían como *Dottore*, *Avvocato*, *Ingeniere* o *Professore*, fueran acusados de archicolaboracionistas por sus vecinos tiempo después.

EL TÍO DE ROMA

Se dice que el de Nápoles es el mejor café del mundo. El azúcar va siempre primero, antes de que el café comience el lento goteo sobre la taza. Sólo así se consigue una mezcla de cafeína y glucosa que levanta doblemente el ánimo. En su espléndido libro *Medianoche en Sicilia* el australiano Peter Robb escribe a propósito de Nápoles:

Históricamente, en Nápoles se duda de la promesa de una comida. Por eso mismo la ciudad ha dado al mundo cosas para llenar el estómago de manera barata, como la pizza y la pasta y todas sus variantes. El café napolitano es como la coz de una mula. Le obliga a uno a seguir andando a un coste mínimo.

Una de las personas que por aquellos aciagos días sobrevivía a base de café y, por la tarde, de un trocito de pan untado con tomate y aceite, era Vincenzo Lattarullo, hombre muy ducho en las costumbres napolitanas. Lattarullo era uno de los cuatro mil abogados de Nápoles, de los que el noventa por ciento no había ejercido jamás. Otro tanto se podía decir de los médicos. Estos profesionales famélicos eran el resultado de la irreductible determinación de las familias de clase media de tener un hijo titulado que recibiera el respetuoso tratamiento de *avvocatto* o *dottore*, a pesar de condenarles con ello a la miseria por falta de demanda laboral y porque el orgullo les impedía ejercer cualquier otra profesional manual.

Cuando reunía fuerzas suficientes, Lattarullo se arrastraba hasta la oficina de Lewis, del que se convirtió en uno de los principales informantes y, con el tiempo, en un buen amigo. Conmovido por el aspecto famélico del *avvocatto*, Lewis solía convidarle a comer algo en el bar de la esquina, o a tomar un *Marsala all' uovo*, que invariablemente aumentaba la propensión al balanceo del buen hombre. «Veamos quien tiene más paciencia, la guerra o Nápoles», escribió Curzio Malaparte en *Kaputt*. Nápoles es una ciudad amante del teatro, un escenario permanente por el que sus habitantes, determinados a sobrevivir a cualquier precio, habían visto pasar a normandos, angevinos, habsburgos, borbones, fascistas y, ahora, a los aliados. Vincenzo Lattarullo formaba parte de ese gran elenco de supervivientes con una profesión secundaria que le aportaba ingresos de vez en cuando. No sin cierto orgullo confesó a Lewis que actuaba como «Zio di Roma» en los funerales, ocasión en la que se hacía más evidente si cabe la obsesión de los napolitanos por las apariencias. Por muy indigente que se haya sido en vida, cualquier individuo sabe que cuando muera le enterrarán en un espléndido ataúd; y además, que no se escatimará nada para honrar su memoria y aumentar el prestigio de la familia. El «tío de Roma» era una especie de institución dentro de esta farsa. Tenía que ser de la capital; no se admitía ninguna otra ciudad. El «tío» se presentaba en el funeral diciendo que acababa de llegar de Roma, descendía patriciamente de un Alfa-Romeo con matrícula de Roma y una insignia SPQR ('Senado y pueblo de Roma'), luciendo un elegante traje con cinta de comendador de la corona de Italia en la solapa. Una vez allí, se mezclaba con los asistentes, poniendo una nota de elegante comedimiento al espectacular despliegue de condolencias y lamentaciones de los parientes napolitanos y las plañideras profesionales que se arañaban las mejillas hasta sangrar.

Lattarullo se vanagloriaba de sus dotes para el papel, basadas, según él, en su elegante porte y en el acento y modales romanos, muy estudiados. Siempre se dirigía a todos con la anticuada cortesía de *Voi* y mostraba una actitud distante y taciturna, frente a la zalamería y efusividad napolitanas, pues así es como hablaba un auténtico caballero romano. Y si alguien en el velatorio hubiera visto por casualidad a Lattarullo paseando por las calles de Nápoles, ponía buen cuidado en no decírselo a nadie.

LA COMIDA Y EL AMOR EN NÁPOLES

Nápoles en los tiempos de guerra se seguía vanagloriando de consagrarse plena y perennemente a las cosas agradables de la vida. Sus habitantes anteponían la comida al amor, y la búsqueda de ambos era igualmente insaciable e ingeniosa. El Quinto Ejército de los Estados Unidos era conocido como el «ejército de la carne enlatada» y una unidad de este producto era la principal moneda de cambio en las transacciones sexuales. Su comandante, el general Mark Clark, protagonizó una de las anécdotas más festejadas por los napolitanos de la época. Se contaba que para satisfacer sus exigencias de comer pescado en su banquete de bienvenida, se sacrificó a la cría de manatí superviviente del acuario, que, para horror de los comensales, cuando apareció en la bandeja presentaba un aspecto patéticamente similar al de un humano de pequeño tamaño. También los ejemplares únicos de peces tropicales fueron paulatinamente guisados durante los primeros días de la liberación.

Además de ser una crónica de los tiempos de guerra, *Nápoles 1944* contiene jugosas historias sobre un asunto que los napolitanos se tomaban realmente en serio: su vida sexual. Una de ellas es la del apuesto capitán Frazer y Lola, su novia napolitana. Como ambos desconocían el idioma del otro, pidieron a Lewis que les ayudara a aclarar algunas cuestiones fundamentales haciendo de intérprete. Ella le pidió que le mencionara de la manera más diplomática posible que el hecho de que no la visitara durante el día estaba dando lugar a habladurías entre los vecinos. Las visitas amorosas a mediodía eran *de rigueur* en Nápoles, así que Frazer tomó buena nota y prometió esforzarse. Frazer a su vez confesó a Lewis que estaba preocupado por unas marcas que llenaban las nalgas de Lola. Éste le tranquilizó diciéndole que eran las marcas que dejaban las *iniezioni ricostituente*, inyecciones que se ponían las mujeres de clase media a diario en las farmacias de Nápoles para mantener la potencia sexual. Lola había explicado a Frazer, mediante gestos, que su difunto marido, incluso desfallecido por el hambre y en las últimas etapas de la tuberculosis, la satisfacía seis veces cada noche. Para hacer frente al problema, Lewis aconsejó a Frazer que tomara yemas de huevo batidas con Marsala (como hacían los napolitanos) y que se pusiera una medalla de san Roque, el patrón del *coitus re-*

servatus, que se podía comprar en cualquier tienda de objetos religiosos. También le fue recomendado que ingiriera todos los erizos de mar que pudiera, asunto que le resultaba en extremo repugnante al capitán estadounidense. Por lo demás, cuando llegó la hora de investigar los antecedentes de Lola, Lewis descubrió que había sido la amante de un jerarca fascista desde la muerte de su sacrificado esposo.

Durante toda su estancia en Nápoles, Norman Lewis no dejó de sorprenderse por las actitudes sexuales de sus habitantes. Un día fue a visitarle un tal príncipe A. con su hermana, uno de sus informantes más entregados. El príncipe era el propietario absentista de una inmensa hacienda en el sur y poseía un palacio atestado de antigüedades chinas. Era el representante de una de las familias más importantes de Italia meridional. El objetivo de su visita era averiguar si la sección de inteligencia podía encargarse de que su hermana entrara en un burdel del ejército. Hubo que explicarle que no existía semejante institución. «Lástima—repuso el príncipe, y en un inglés perfecto añadió—: En fin, supongo que si no puede ser, no puede ser». Ambos hermanos dieron las gracias con exquisita cortesía y se retiraron.

Uno de los rincones favoritos de los napolitanos para los escarceos amorosos era el cementerio, hasta el punto de que, observa Lewis, «solía haber mucha más gente sobre la tierra que bajo ella». La costumbre era que uno se volvía invisible en cuanto cruzaba sus puertas. Si un visitante tropezaba con algún conocido, no se podía intercambiar con él miradas ni señas, como tampoco reconocer a ningún amigo que se encontrara en el autobús 133, que iba al cementerio. Proponer a una dama dar una vuelta en el 133 un domingo por la tarde era una invitación clara al amor.

Otro de sus contactos más valiosos, el *dottore* Placella,

le explicó que su especialidad era la restauración de la virginidad, presumiendo de que su himen implantado (por sólo diez mil liras) era mucho mejor que el original y de que el marido más vigoroso tardaba tres noches en demolerlo.

La propia vida sentimental de Norman Lewis, que por entonces mantenía relaciones con una bailarina polaca, se complicó cuando Hester, una rubia enfermera escocesa que había conocido en Argelia, pidió el traslado a Nápoles y le fue concedido en la primavera de 1944. Fue entonces cuando el Vesubio volvió a hacer notar su presencia en aquel caótico escenario de amor y muerte haciendo que provisionalmente todos sus habitantes olvidaran sus cuitas y se prepararan para lo peor.

SAN GENARO Y EL VESUBIO

El 19 de marzo de 1944 el Vesubio entró en erupción. Cuenta Lewis que fue el espectáculo más terrible y majestuoso que le fue dado presenciar en su vida. Si Plinio describió como un pino la forma de la erupción que había destruido completamente Pompeya, Lewis la compara también con un árbol frondoso, de unos doce mil metros de altura y varios kilómetros de diámetro, plantado completamente inmóvil y amenazador en el cielo. Al día siguiente, la ciudad amaneció cubierta de una gruesa capa gris de ceniza que lo impregnaba todo y alcanzaba Sorrento, Capri e Isquia. Los sismólogos creían que podría reproducirse un desastre similar al de Pompeya.

Lewis fue enviado a hacer un informe de la situación a San Sebastiano, que estaba a punto de ser arrasado por un río de lava:

Yo estaba preparado para ver ríos de fuego, pero no había fuego ni nada que ardiera, sólo aquella lenta y deliberada asfixia de la ciudad bajo millones de toneladas de escoria. La lava avanzaba a pocos metros por hora y había cubierto la mitad del pueblo con una capa de unos nueve metros. La cúpula intacta de una iglesia, separada del resto cubierto, se movía lentamente hacia nosotros sobre el lecho de cenizas.

Hoy en día, gracias a las filmaciones de los aliados, podemos contemplar en YouTube la lenta destrucción de San Sebastiano y a sus habitantes atónitos ante el inminente desastre. Mientras la lava avanzaba lentamente por la calle mayor, centenares de personas rezaban arrodilladas; algunas sostenían estandartes religiosos e imágenes de la iglesia, los monaguillos balaceaban incensarios y echaban agua bendita sobre las cenizas. De vez en cuanto, cuenta Lewis, algún ciudadano enloquecido por la pena agarraba uno de los estandartes y corría hacia el muro de lava agitándolo furioso como si quisiera ahuyentar a los espíritus malignos de la erupción.

El propio san Sebastiano, patrón de la población, había sido sacado a toda prisa de la iglesia para que intercediera y pusiera fin al desastre, pero de momento, se limitaba a contemplar también él la situación desde la altura de las andas sobre las que lo sostenían sus devotos. En una calle paralela había otra imagen cubierta con una sábana blanca. Era san Genaro, traído a toda prisa desde Nápoles por si existía alguna posibilidad de que pudiera ser de ayuda en caso de que fallara todo lo demás. Lo habían cubierto para no ofender a la hermandad de san Sebastiano y al propio santo, que podría molestarse por aquella intrusión en su territorio. Sólo como último recurso lo descubrirían y le pedirían que obrara un milagro. El jefe de carabineros no creía que fuera necesario, ya que el avance de la lava era cada vez más lento. Al día siguiente se hizo evidente que la erupción había perdido fuerza y que se salvaría la mitad de San Sebastiano.

San Genaro y el Vesubio siempre han estado estrechamente relacionados. Según los expertos en el santo, san Genaro sólo obra milagros a favor de Nápoles y no movería nunca un dedo por salvar otras poblaciones de la destrucción. Lattarullo, el hambriento amigo de Lewis, aunque se confesaba escéptico y racionalista, afirmaba que Nápoles sólo podía estar protegida del Vesubio si san Genaro estaba de su parte. Y le citó el único período de la historia en que habían intentado cambiarlo por san Antonio Abad con funestas consecuencias. En 1799 las tropas de Napoleón habían tomado la ciudad y el santo participó en la resistencia contra la ocupación. El primer sábado de mayo tenía que producirse la célebre licuación de su sangre conservada en una redoma en la catedral. Como se creía que la prosperidad de la ciudad dependía de ese milagro y la presencia del ejército de ocupación podría hacerlo fracasar, se iniciaron graves disturbios y algunos soldados franceses fueron asesinados. A las ocho de la tarde del día señalado para el milagro, mientras la multitud vociferaba y arrasaba las calles, un oficial del Estado Mayor francés fue a ver al sacerdote celebrante y le amenazó con pegarle un tiro si el milagro no se obraba en diez minutos. La sangre se licuó, pero los napolitanos acusaron a san Genero de colaboracionismo y arrojaron su imagen al mar. Lo sustituyeron por san Antonio Abad, pero resultó que los únicos incendios que podía impedir o sofocar eran los causados por el hombre. Cuando se produjo la primera erupción del volcán, el santo no pudo hacer nada frente al problema. Mientras la lava avanzaba, enviaron a los pescadores de la ciudad a recuperar del mar la imagen de san Genaro. Hubo un momento crítico, pues aunque la buscaron afanosamente, no pudieron dar con ella. Pero entonces, otra imagen del santo que habían erigido en el puente de Maddaloni y que de algún modo habían olvidado acudió en su ayuda justo a tiempo: alzó y extendió los brazos y detuvo el avance de la lava. Así acabó la época de san Antonio y volvió san Genaro a ocupar su puesto de protector de la ciudad.

Aquel año de 1944 existía el temor de que la sangre del santo no se licuara y se produjeran grandes desórdenes en las calles como había ocurrido con frecuencia en la historia napolitana cuando no se producía el milagro. Para paliarlo, cuenta Lewis, la catedral disponía de una redoma con la sangre de san Giovanni a Carbonara que, según los periódicos de la época, manaba cada vez que le leían el Evangelio. La guerra había hecho que los napolitanos volvieran a la Edad Media. Las iglesias estaban de pronto llenas de imágenes que hablaban, sangraban, sudaban, cabeceaban y exudaban humores curativos que la gente enjugaba con pañuelos o incluso recogía en frascos.

Después de trece meses de estancia en Nápoles, Norman Lewis se sentía enfermo y deprimido. Sufría un rebrote de malaria que le llevó al hospital pero, sobre todo, se sentía abrumado por tanta «*napoletanità*», cansado de la corrupción del propio ejército aliado, algunos de cuyos cargos se habían asociado con la Camorra para dirigir el mercado negro.

La última y durísima temporada pasada en Benevento, otra población a setenta kilómetros al norte de Nápoles, que había quedado completamente arrasada por los bombardeos ordenados por el general Mark Clark para destruir

unos supuestos nidos de nazis, le había hecho consciente del total agotamiento de los habitantes de la Campania:

Vivíamos prácticamente en la Edad Media. Sólo habían cambiado los edificios, y la mayoría eran ruinas. Epidemias, bandidos,
entierros con plañideras, mendigos deformes y mutilados, tulli-
dos sin piernas que se desplazaban sobre plataformas con rue-
das, e incluso locos de atar que no cabían en el manicomio. La
gente caminaba por las calles con pañuelos apretados sobre la
boca y la nariz, como tal vez se hiciera antiguamente en las épocas de peste. Esta mañana vi en una placita escondida entre las
ruinas a unas mujeres que estaban bailando para alejar la enfermedad.

Al cabo de un año de estancia se dio cuenta de que seguía siendo un extraño: «La policía (pese a ser corrupta y
tiránica) y la población civil juegan al mismo juego, pero las
reglas son complejas y no las entiendo, por lo que he perdido su respeto [...]. Este es un sistema tribal en el que toda
persona de buena familia espera dar y recibir regalos». Su
negativa a aceptar sobornos y a participar en el intercambio ritual de regalos le valió la enemistad de Don Enrico, el
cacique de Benevento, que se llevaba la mano a los testícu-
los en cuanto le veía aparecer para ahuyentar al mal de ojo.
Con la misma intención, las mujeres se cubrían rápidamente la cara con un pañuelo o un velo cuando Norman se acercaba y se escabullían mirando hacia otro lado. Estaba claro que había caído en desgracia. Su situación personal era
un reflejo del hartazgo de la población hacia sus liberado-
res, lo que le dio pie para hacer estas amargas reflexiones:

Hace un año que los liberamos del «monstruo fascista» y todavía
siguen sentados sobre las ruinas de su bella ciudad, donde han
dejado de existir la ley y el orden, esforzándose por sonreírnos

amablemente, tan hambrientos como siempre y más agobiados por las enfermedades que nunca. ¿Y cuál será el premio que se conseguirá al final? El renacimiento de la democracia. La maravillosa perspectiva de poder elegir algún día a sus gobernantes entre una lista de hombres poderosos, cuyas corruptelas son casi todas de dominio público y se aceptan con cansina resignación. Los tiempos de Benito Mussolini deben de parecer un paraíso perdido comparados con eso.

Trece meses después de la llegada de los aliados a la zona, se podía decir que en Nápoles los únicos que habían medrado eran los fabricantes de ataúdes. Poco más de un año después de haberse instalado en Nápoles, la sección de Norman Lewis recibió la orden de embarcar en Tarento en el *Reina del Pacífico* con destino a Puerto Saíd. Allí le esperaba otra misión delirante: recoger a tres mil soldados rusos que habían luchado con los alemanes y se habían pasado a la Resistencia, y a los que había que repatriar, con discreción, a la Unión Soviética. No hubo tiempo para despedidas. A las 6:30 de la mañana del 24 de octubre de 1944, Norman Lewis se dirigió a la estación central de Nápoles, donde debía tomar el tren hacia Tarento. En el petate, como recuerdo del intenso tiempo vivido en Nápoles, llevaba un grabado de Paestum con búfalos pastando apaciblemente entre las ruinas. En el andén se encontraba su amigo Vincenzo Lattarullo, ataviado solemnemente para la ocasión con su traje de Zio de Roma.

GRECIA

HENRY MILLER,
«SATORI» EN GRECIA

Henry Miller y George Katsimbalis, el Coloso, Grecia, 1939

> Grecia no es un país pequeño... es extraordinariamente gran-
> de. Ningún país de los que he visitado me ha producido se-
> mejante sensación de grandeza. El tamaño no siempre viene
> dictado por las distancias.
>
> HENRY MILLER

Leí *Trópico de Cáncer* de Henry Miller a la edad de quince o tal vez dieciséis años durante un viaje de estudios por
Andalucía. Todavía recuerdo vívidamente la escena: estaba en un autobús totalmente enfrascada en un pasaje del

libro explícitamente sexual cuando el profesor de filosofía, nuestro tutor, me lo quitó de las manos, miró la portada y me lo devolvió esbozando una sonrisa y un gesto de complicidad. A la vuelta lo devolví sigilosamente a la biblioteca que mi hermano mantenía en secreto debajo de su cama.

Durante mucho tiempo Henry Miller había sido para mí el escritor erotómano de los *Trópicos* hasta que un día cayó en mis manos *El coloso de Marusi*, considerado por algunos el libro más influyente sobre Grecia desde la guía de Pausanias y, por otros, el mejor libro de viajes jamás escrito. Yo añadiría que se trata de un libro luminoso que hace digno a Miller de figurar en un puesto de honor en ese vasto «club de afectados», compuesto de gente variopinta que visita Grecia y queda definitiva e irremisiblemente «tocada» para siempre. Siendo yo misma miembro del club, he comprobado que hay dos tipos de viajeros por Grecia: aquellos que no ven sino la suciedad acumulada en los arcenes de las carreteras, las casas a medio construir o la mugre de Atenas y quienes «ven» y reconocen la fuerte presencia del *genius loci* en cada recodo de esa tierra.

El 23 de octubre de 1946, el poeta y futuro premio Nobel Yorgos Seferis anotó la siguiente entrada en su diario:

Desde ayer vengo pensando en la sensación que experimento con el paisaje griego y que no encuentro en ninguna otra parte… ¿es el paisaje o me proyecto yo? Son cosas incontrolables, no sabes qué es lo que siente el otro, tu interlocutor, cuando lleno de lirismo elogia la belleza de un paisaje, ni qué sienten todos esos extranjeros que hablan de Grecia y llevan dentro los paisajes en los que se formaron. Creo que *quien sí vio algo es Henry Miller…*

Miller llegó a Grecia en junio de 1939, pocos meses antes de que estallara la Segunda Guerra Mundial. Tenía cuarenta y siete años y ni un céntimo en el bolsillo. Inició su viaje dispuesto a empezar de nuevo y a reinventarse a sí mismo. Grecia resultaría el escenario perfecto para lograrlo.

BROOKLYN, NUEVA YORK

Henry Valentine Miller vino al mundo el 26 de diciembre de 1891 en Nueva York. Sus padres, Heinrich y Louise, habían emigrado a Estados Unidos desde Prusia en busca de un futuro mejor. Henry pasó la infancia y la adolescencia en Brooklyn, asistió al instituto y llevó una vida normal de chico de clase media. Fue buen estudiante y destacó también en música y deportes. Pero a los tres meses de entrar en la universidad, Miller decidió abandonar para siempre los estudios académicos y hacerse autodidacta. Según él mismo contó más adelante, por aquella época se sentía «artista» sin saber de qué clase. La música le atraía, pero no estaba especialmente dotado para ella y lo mismo se podía decir de las artes plásticas. Quedaba la literatura y, en adelante, iba a concentrar sus esfuerzos en hacerse escritor. A partir de entonces comenzó a pasar los días encerrado en la biblioteca pública de Nueva York, donde devoró ingentes cantidades de literatura y filosofía europeas, declarándose rendido admirador de Dostoievski y Nietzsche, así como de los trascendentalistas estadounidenses, Emerson, Whitman y Thoreau. Ante la insistencia familiar, Henry aceptó trabajar en la sastrería de su padre en Manhattan sin dejar por ello de escribir relatos que enviaba a revistas y eran invariablemente rechazados. A los veintiséis años se casó con su profesora de piano, Beatrice Wickens, para evitar ser llamado a filas. Pronto nació una niña, Barbara, y, muy pronto también, el matrimonio se fue a pique. Al coro de reproches de sus padres para que buscara un empleo decente y enderezara su vida, se había unido ahora con gran entusiasmo Beatrice. La reacción de Miller fue recluirse de nuevo en su refugio, la biblioteca pública, hasta que asqueado de todo y sintiéndose un profundo fracasado, solicitó el que era considerado el empleo más bajo y peor pagado de todo el país: repartidor de telegramas de la Western Union. No hubo suerte y fue rechazado, tal vez porque no encajaba en el perfil de edad (los repartidores de telegramas eran muchachitos muy jóvenes que con un característico uniforme cumplían su cometido en bicicleta) o porque el falso doctorado en filosofía que incluyó en su currículo debió de parecer excesivo para los requisitos del puesto.

Herido en su amor propio, Miller no estaba dispuesto a aceptar sin más el rechazo y, vestido con su mejor traje, se dirigió a la sede central de la Western Union en el corazón de Manhattan, en cuya entrada una placa con la frase YO TAMBIÉN FUI REPARTIDOR DE TELEGRAMAS del multimillonario y filántropo Andrew Carnegie recordaba al mundo la esencia del sueño americano. En recepción solicitó entrevistarse con el presidente de la compañía. Éste no estaba disponible, pero, si lo deseaba—le informó una amable secretaria—, el vicepresidente tendría mucho gusto en recibirle. La entrevista que siguió es una de las anécdotas más memorables de la vida de Henry Miller. Al exponer sus quejas por la forma en que había sido tratado, Miller logró convencer al directivo de la Western Union de que las prácticas de contratación de personal de la empresa eran desastrosas, lo cual, unido al grave problema de excesiva rotación de personal que les aquejaba desde hacía tiempo, llevó al vicepresidente a ofrecer a aquel agradable y elocuente joven un puesto de responsable de Contratación, con despacho propio y un salario de doscientos cuarenta dólares mensuales, algo que sobrepasaba todas las expectativas de Miller. Pese a la euforia inicial, Miller no estaba hecho para trabajar en la «Compañía Telefónica Cosmodemónica, contratando y despidiendo a diestro y siniestro», como escribiría más tarde en *Trópico de Capricornio*, y no tardó en sentirse una vez más profundamente desgraciado en su nueva vida. Curiosamente, fue en la Western Union donde Miller inició por fin su carrera literaria. Al jefe de Miller se le había ocurrido que alguien tenía que escribir sobre los repartidores de telegramas. La única condición que puso era que se debía imitar el estilo de Horatio Alger, un escritor de *bestsellers* del siglo XIX que compitió en popularidad con Mark Twain y que fue autor de cientos de novelas malas en las que describía cómo cualquier muchacho podía lograr fama y riqueza mediante el trabajo duro, el valor y la determinación. Miller aceptó el reto y escribió *Clipped Wings*, un libro muy malo en el que vertió toda la rabia y frustración acumuladas durante años y en el que, en el más puro estilo dostoievskiano, narraba la tremebunda vida de doce repartidores, que invariablemente acababa en asesinato o suicidio. Cuando lo terminó y trató de publicarlo (cosa que nunca consiguió), tenía treinta y un años, estaba arruinado, era un empleado frustrado de la Western Union, un desastre como marido y padre y autor de una novela infumable.

Entonces conoció a June Mansfield. Nacida Edith Smerth en Bucovina, territorio del Imperio austrohúngaro, June era una joven de turbadora belleza y costumbres laxas que se ganaba la vida como *taxi dancer* en las grandes salas de baile de Times Square. Henry y June dieron comienzo a una tormentosa relación que duraría siete años y de la que el aspirante a escritor extraería toda la inspiración literaria que le había faltado hasta entonces. Se casaron y, a instancias de June, se instalaron en un lujoso apartamento en el centro de Manhattan. June convenció a Henry de que abandonara su trabajo en la Western Union y se dedicara íntegramente a escribir. Ella sería su mecenas y sufragaría sus gastos a condición de que no se le pidieran explicaciones sobre la procedencia del dinero. Miller se puso a escribir sin cosechar todavía ningún éxito y, cuando June regresaba de sus escapadas, escuchaba en estado hipnótico las andanzas que su esposa le relataba pormenorizadamente. A épocas de abundancia económica seguían otras de grandes penurias. Les echaron del apartamento y, a partir de ese momento, el cambio de domicilio se convirtió en la norma. Por aquel entonces Miller inició la costumbre, que conservaría casi toda su vida, de escribir «cartas petitorias» a amigos y conocidos en las que solicitaba desde material de escritura, como papel y plumas, hasta libros y alimentos básicos, así como las pequeñas cantidades de dinero que el destinatario tuviera a bien enviarle.

PARÍS

Un día June se presentó en casa con su última conquista, Jean Kronski, una aspirante a actriz de aspecto andrógino, «un típico caso patológico de extrema confusión mental», según Miller. Jean y June se marcharon a París, instando a Henry por carta a unirse a ellas ya que «era la única ciudad en la que podía vivir un escritor». Pero Jean se desvaneció en París tan misteriosamente como había aparecido; al cabo de un tiempo les llegó la noticia de que había puesto fin a su vida en un centro psiquiátrico.

En 1928 los Miller viajaron juntos por Europa, recorriendo durante dos años el viejo continente. Visitaron Austria, Polonia y Bucovina, la tierra natal de June; recorrieron Francia en bicicleta y por fin se instalaron en París. Allí conocieron a Anaïs Nin, también aspirante a escritora. Miller quedó fascinado por el ensayo sobre D. H. Lawrence que acababa de publicar Anaïs y ésta, a su vez, quedó deslumbrada por la «increíble belleza y carisma de June Miller», tal como recogió en los que llegarían a ser sus famosos diarios íntimos. Durante un viaje a Nueva York en 1930, los Miller se separaron para siempre y Henry decidió regresar a París para proseguir su carrera literaria. Tras una primera etapa de hambre y privaciones acudió en su ayuda Anaïs Nin, prestándole dinero e invitándole con frecuencia a la lujosa casa a orillas del Sena en la que vivía con su marido, el banquero Hugh Guiler. Las cosas mejoraron aún más cuando un amigo de la bohemia parisina, Michael Fraenkel, invitó a Miller a instalarse en la planta baja del número 18 de Villa Seurat, una calle sin salida y cercana al barrio de Montparnasse, diseñada en el siglo XIX como comunidad de artistas.

Los dos hombres encajaron a la perfección. Fraenkel estaba escribiendo sobre la muerte espiritual del hombre moderno y necesitaba un contrincante de altura que le mantuviera el debate. Miller no sólo no le defraudó, sino que aquellas interminables conversaciones bañadas en humo y alcohol sobre la decadencia de la sociedad moderna le ayudaron a ordenar sus propias ideas y a dar cierto sentido a sus propios fracasos existenciales. Su único camino era aceptar la muerte espiritual como preámbulo a su renacimiento en tanto que artista. Las conversaciones en Villa Seurat fueron el germen del libro que Miller se puso frenéticamente a escribir después de que Fraenkel le hubiera animado a que lo hiciera tal como hablaba durante sus conversaciones nocturnas. Así surgió *Trópico de Cáncer*.

Tres años más tarde, en 1934, el libro fue publicado por la editorial parisina Obelisk Press e inmediatamente prohibido en Estados Unidos. Su publicación en 1961 por la estadounidense Grove Press desencadenó una serie de juicios por obscenidad hasta que, en 1964, el libro fue autorizado por el Tribunal Supremo. Pero volvamos al París de los años treinta. De la planta baja de Villa Seurat, Miller se trasladó al ático. El repiqueteo de la vieja Remington en la que había comenzado a escribir *Trópico de Capricornio* sólo cesaba para comer, dar grandes paseos por París, atender las incesantes visitas de amigos y los requerimientos de su agitada vida amorosa. Fueron tiempos felices. Alfred Perlès, otro de sus íntimos, escribió que por la casa de Miller desfilaba toda una *troupe* de «excéntricos, chiflados, borrachos, escritores, artistas, gorrones, indigentes de Montparnasse, vagabundos y psicópatas», inmediatamente transformados en material literario por Miller.

A Lawrence Durrell le gustaba contar que había encontrado un ejemplar de *Trópico de Cáncer* en unos urinarios públicos de Corfú. En realidad se lo había prestado su amigo Barclay Hudson, con quien solía mantener discusiones literarias en la isla. Cuando Durrell escribió la primera carta a Miller—«*Trópico* abre el camino hacia una vida nueva que por fin ha recuperado las entrañas»—el estadounidense comprendió inmediatamente que había encontrado a su lector ideal y respondió: «Es usted el primer inglés que escribe una carta inteligente sobre mi libro». Los nuevos amigos no podrían encontrarse en situaciones más diversas. El joven Larry Durrell ansiaba con todas sus fuerzas convertirse en escritor mientras que Henry Miller había encontrado por fin su voz y cierta estabilidad, si no económica, sí al menos vital. En una carta a Durrell expresaba así su situación: «Estoy vivo, alegre, lleno de energía, optimista de una manera disparatadamente pesimista. He absorbido el mundo y ahora lo estoy vomitando». Durrell, a su vez, estaba trabajando en *El libro negro*, profundamente influido por *Trópico de Cáncer* y corroído por las dudas sobre su capacidad para escribir.

Larry Durrell también enviaba a Miller cartas encendidas sobre la belleza del paisaje griego y la vida idílica que llevaba en Kalami, un apartado rincón de la costa al noroeste de Corfú. Invitaba repetidamente a su nuevo amigo a pasar unas vacaciones con él y su mujer, Nancy, en la isla. Pero Miller era demasiado feliz con su vida parisina como para dejarse convencer por unas descripciones que consideraba «demasiado poéticas».

Lawrence Durrell viajó a París, acompañado de Nancy, en 1937. La pareja se instaló en un apartamento de Villa Seurat y, desde el primer momento, su entendimiento con Miller fue total. Plenamente integrado en la comunidad literaria de Miller, Durrell participó en el lanzamiento de *The Booster*, una revista mensual descrita por sus editores como «carente de éxito, de ideas políticas y de cultura, bajo la dirección del célebre cuarteto literario: primer violín, Alfred Perlès; también primer violín, William Saroyan; viola, Lawrence Durrell, y violoncelo y voz, Henry Miller.

A comienzos de 1939, Miller escribió a Durrell: «La gente no compra libros; de hecho, ni siquiera vive, se limita a contener el aliento ante la inminente catástrofe». El consulado estadounidense en París recomendó a sus ciudadanos que abandonaran la capital y regresaran a Estados Unidos. Miller dudaba. Por una parte, se sentía atraído por la idea de volver a su país, especialmente al desierto, «a los grandiosos espacios vacíos donde el hombre es nada y reina el silencio», pero le costaba abandonar Europa.

En mayo de 1939, tras la publicación de *Trópico de Ca-*

pricornio de nuevo en la Obelisk Press, Miller decidió repentinamente viajar a Grecia. Escribió una última carta a Durrell pidiéndole información práctica:

Escríbeme lo más pronto que puedas sobre el asunto del correo y de la censura en Grecia. ¿Abren todas las cartas, las que entran y las que salen? ¿Se quedan los cheques y los giros postales? He escrito a algunas personas pidiéndoles pasta y es posible que algo llegue cuando me haya ido. Es importante saberlo.

También le resume por carta la situación de *Trópico de Capricornio*:

Ha tenido una venta anticipada de unos 800 ejemplares [...]. Mi buen amigo Blaise Cendrars dice que sólo la tercera parte del libro es buena [...] el resto le aburre a muerte, así que me he convertido en el *enmerdeur* número uno.

Miller le volvió a prevenir sobre su falta de interés por los griegos y su venerable civilización. Confiesa que lo que le atrae de Grecia es el sol, el agua, el vino de resina y las pequeñas islas azules. Pregunta si podrán viajar a Lesbos y que daría cualquier cosa por ver el palacio de Cnosos en Creta. Pero no sabe ni una palabra de griego ni conoce nada de los clásicos; «soy muy ignorante—le dice—, incluso en literatura inglesa».

Larry le tranquiliza. Podrá hacer todos los viajes que le apetezcan y tampoco necesita saber nada de griego, salvo algunas frases como «¡Es usted un mentiroso!», «¡Devuélvame esa cartera, es mía!» y «¡Llame a la policía!». Hace extensiva la invitación a cualquiera de sus misteriosas mujeres y confiesa que su círculo de Corfú está muy intrigado por la cantidad de ellas que salen en su libro.

> En Grecia, uno siente el deseo de bañarse en el
> cielo, librarse de la ropa, correr y, de un salto,
> sumergirse en el azul.
>
> HENRY MILLER

En realidad no fue Durrell quien convenció a Miller de viajar a Grecia. Al comienzo de *El coloso de Marusi* leemos que fue una amiga de París, Betty Ryan, gran viajera y aún más extraordinaria narradora de sus viajes, quien le hizo un retrato tan fascinante de una aventura vivida en Olimpia, que Miller se sintió impelido a conocer aquel país. Antes de que la posibilidad de guerra en Europa se fuera haciendo cada vez más real, sus planes de viaje habían sido mucho más ambiciosos. En París, Miller se había interesado profundamente por el budismo zen a través de los libros del maestro D. T. Suzuki. En una carta a su amigo Durrell le hablaba de su descubrimiento de Milarepa, el santo-poeta tibetano y de su pasión por el zen:

El zen es exactamente mi idea de la vida, lo más cercano a lo que soy incapaz de formular con palabras. Soy un auténtico adicto al zen salvo en lo que se refiere al régimen monástico, en el que no creo en absoluto y considero totalmente innecesario. Pero si quieres penetrar en el budismo, lee sobre el zen. Ninguna persona inteligente, ninguna persona sensible puede ser otra cosa que seguidora del zen.

Mucho antes de viajar a Grecia, Miller había decidido escribir un libro gozoso sobre el misticismo y concebido un plan de renacimiento personal que culminaría en un viaje en el que recorrería India, Nepal y Tíbet, donde pensaba instalarse.

El viaje a Oriente nunca llegó a realizarse y en junio de

1939 Miller abandonó París rumbo a Grecia llevando por todo equipaje una pequeña maleta y el diario de Nijinski. Dispuesto a dejarse seducir por todo lo que le saliera al encuentro, su estado de ánimo al embarcar en Marsella en el *Théophile Gautier*, con destino al Pireo, era el de un hombre que se siente ligero y expectante después de cortar todas las amarras con su vida anterior. La guerra cada día estaba más cercana y había que disfrutar el instante.

El viaje duraba cinco días, lo que le permitió conocer a algunos griegos. El primero con el que intimó fue un estudiante de medicina que regresaba de París. Hablaron de Knut Hamsun, uno de los escritores favoritos de Miller. Entusiasmado por el encuentro, llegó a la conclusión de que los griegos eran alegres, apasionados y curiosos:

Era algo que echaba mucho de menos en Francia. No sólo pasión, sino contradicción, confusión, caos, todas esas valiosas características humanas que redescubrí en mi nuevo amigo. Y la generosidad. Casi pensaba que había desaparecido de la tierra. Fue una gran introducción a ese mundo que estaba a punto de descubrir. Ya me había enamorado de Grecia y de los griegos antes de poner siquiera un pie en el país. Podía anticipar que era gente amistosa, hospitalaria y fácil de abordar.

Miller desembarcó en Grecia en medio de una espantosa ola de calor. Tomó un taxi en el Pireo y buscó refugio en un hotel de Atenas hasta la llegada de la noche. Con la fresca, salió a la calle y penetró en los Jardines Nacionales junto a la plaza Sintagma. A partir de este momento comenzó realmente su viaje, durante el que no tendría la sensación de avanzar, sino de ir subiendo escalones, de traspasar umbrales en una especie de éxtasis continuado. «Éxtasis: estado del alma enteramente embargada por un sentimiento de admiración y alegría»: éste será el tono que definirá su viaje, aunque los raptos *millerianos* estarán adecuadamente equilibrados con otras tantas dosis de humor aplicadas tanto al autor como al mundo que le rodea. Los jardines le parecieron la quintaesencia de un parque, lo que se siente cuando uno mira un cuadro o cuando sueña con un lugar en el que desearía estar pero que nunca se encuentra en la vida real. Pese a que eran las once, el parque estaba abarrotado de paseantes que disfrutaban del frescor de la noche. Otros, sentados en mesitas, bebían tranquilamente agua en la oscuridad. Agua… «Allí donde mirara, veía vasos de agua. Comencé a pensar en el agua como en algo nuevo, como en un elemento esencial de la vida». Agua. *Neró*. La primera palabra griega que aprendió aquella noche y que le pareció muy hermosa. Le gustaba la digna pobreza que exhibían los griegos, sus harapos, «las cargas que llevaban sobre la cabeza, pero no en la cabeza». En la noche ateniense, todo respondía a la poética de la pobreza que había desarrollado en sus *Trópicos*, donde había escrito: «No tengo dinero, ni recursos, ni esperanzas. Soy el hombre más feliz de la tierra». Otra causa de deleite que encontró en el parque fue la presencia de niños, porque, según él, en Francia parecía que habían desaparecido o que habían dejado de nacer.

Mientras la guerra estaba a punto de estallar y la oscuridad se iba apoderando de Europa, Miller daba comienzo a un viaje iniciático, un peregrinaje a través de un reino de luz, en el que iría encontrando diversos personajes y experimentando metamorfosis y revelaciones. Un mundo que estaba a punto de desaparecer bajo la ocupación nazi, la guerra civil y la devastación de posguerra.

A la mañana siguiente de su llegada se embarcó rumbo a Corfú. El sol se iba poniendo mientras el barco avanzaba

entre las islas del golfo Sarónico. Un camarero se paseaba
con una bandeja llena de los inevitables vasos de agua. Salieron las estrellas y el ambiente refrescó. El espectáculo
de las islas casi le hizo aullar de alegría. En el muelle de
Corfú le esperaban Lawrence y Nancy Durrell. Para entonces, el urbanita irredento ya reconocía que las cartas que
le enviaba su amigo no eran delirios poéticos. A las pocas
horas los tres amigos estaban nadando desnudos en Kalami, al norte de la isla, donde los Durrell vivían en una ca-
sita de pescadores al borde del agua. Miller se ganó enseguida a los habitantes del lugar, quienes, debido a su cal-
vicie y al poco pelo blanco que le quedaba, le llamaban
«*o iéros*» ('el viejo').

Un día apareció de visita Teodoro Stephanides—«el hombre más sabio que he conocido, además de santo», escribió
de él en *El coloso*—. Stephanides les leyó poemas de Yorgos Seferis traducidos por él al inglés y, luego, con una mezcla de amor, admiración y malicia, pronunció el nombre de
Katsimbalis, que tal vez por su exotismo o sonoridad, causó
una impresión inmediata en Miller. El coloso había hecho
su aparición. Esa misma noche, Stephanides les hizo una
alucinante descripción de su vida en las trincheras junto a
Katsimbalis en el frente de los Balcanes durante la Primera Guerra Mundial. Al día siguiente, Miller y los Durrell le
escribieron una carta expresando su deseo de conocerle.
Mientras esperaban la respuesta, los Durrell llevaron a su
amigo a visitar sus lugares predilectos. Acamparon en calas
solitarias donde el silencio sólo era perturbado por la llegada de un pastor con su rebaño. Navegaron en el pequeño velero de los Durrell y el tiempo era gozosamente dedicado a nadar, leer y dormir.

Todo acabó abruptamente cuando escucharon la noticia
de que el ejército griego había sido movilizado. El regreso

apresurado del rey a Atenas se interpretaba como un mal presagio. Ante los rumores de una inminente invasión de los italianos, el pánico se apoderó de la ciudad de Corfú. Los Durrell y Miller abandonaron la isla y se dirigieron a Atenas poniendo punto final a su estancia en el paraíso.

El 2 de septiembre de 1939 hubo una reunión en casa de Yorgos Katsimbalis, en Marusi. Estaban presentes Lawrence y Nancy Durrell; Henry Miller; el poeta Seferis; la hermana de éste, Ioanna, también poeta ocasional; Teodoro Stephanides; Antoniou el capitán-poeta, y el propio Katsimbalis. El ambiente fue cordial desde el principio y Miller, que ese día habló muy poco, galvanizado por la voz y la poderosa presencia de Katsimbalis, fue rápidamente aceptado por el grupo.

Si alguien le preguntaba a Yorgos Katsimbalis a qué se dedicaba, su respuesta era: «Soy un tábano literario». Acosaba amistosamente a Yorgos Seferis (premio Nobel en 1962) para que siguiera escribiendo. Publicó a Odiseas Elytis en 1935 (premio Nobel en 1979). Fue uno de los dinamizadores de la llamada generación de los treinta, fundador de la prestigiosa revista literaria *Ta Nea Grammata*, además de humanista, bibliógrafo, coleccionista de libros y protector de escritores y poetas. Según Patrick Leigh Fermor, tenía un parecido extraordinario con Federico de Montefeltro, duque de Urbino, pintado por Piero della Francesca: mirada de aguilucho, barbilla prominente y una ligera cojera producto de sus escaramuzas en las trincheras durante la Primera Guerra Mundial. Era experto en tres idiomas y no existía un poeta griego, francés o inglés, por muy exótico o recóndito que fuera, del que no pudiera recitar, sin titubeos o errores, docenas de páginas de memoria. Era una portentosa mina de conocimientos poco comunes sobre Grecia. Y, como Miller, era tremendamente extrovertido, gran conversador, amante del vino y de la buena mesa, divertido, amable con todo el mundo, hospitalario y generoso. Era inevitable que los dos hombres se hicieran amigos de inmediato.

Las veladas en Marusi se fueron sucediendo así como los encuentros en el estudio de Seferis en el barrio de Plaka, en los que escuchaban jazz y hablaban de literatura estadounidense. Miller había sido «adoptado» por sus amigos griegos.

El coloso de Marusi contiene algunos pasajes inolvidables sobre los lugares más emblemáticos de Grecia: Delfos, Tirinto, Epidauro, Micenas, Eleusis, Cnosos. Llama la atención que alguien que se ha confesado ignorante de la cultura griega pueda transmitir la atmósfera malsana del palacio de los Atridas, o la magia del recinto sagrado dedicado al dios de la curación, Asclepio, de una manera tan esclarecedora y emocionante. Con unas sabias pinceladas, Miller es capaz de transmitir al lector toda la inmensa fuerza telúrica de esos antiguos lugares. La clave hay que buscarla en que Miller tuvo unos guías de excepción. En el grupo formado en torno a Katsimbalis se encontraban algunos de los hombres y mujeres más sobresalientes de Grecia; gente cosmopolita, sabia y comprometida políticamente que amaba con pasión su país y conocía como nadie su historia y su cultura. Salvando las distancias, era como si a un visitante de la Atenas de Pericles en el siglo v antes de Cristo le hubieran mostrado la ciudad Sócrates, Jenofonte, Aristófanes y Eurípides, por poner un ejemplo.

La presencia de Katsimbalis y su reverencia por la belleza de las palabras se perciben en la poética salmodia con la que Miller nos dice cuáles son los ingredientes del Ática:

«Tomillo, salvia, toba calcárea, asfódelo, miel, arcilla roja, tejados azules, acanto, luz violeta, rocas calientes, vientos secos, polvo y *retsina*».

Katsimbalis también le hizo conocer las islas. En Hydra le presentó a Ghyka, el pintor más ilustre de Grecia, en cuya casa Miller no dejó de fijarse en una hermosa criada con nombre de cereal. En *El coloso*, libro sobre la amistad masculina, las mujeres apenas aparecen y si lo hacen, son inalcanzables. Pero durante su estancia en Grecia, sí hubo alguna que otra aventura; cuando regresó solo a Corfú, Miller «profanó» a ojos de Durrell su querida ermita de San Arsenio, yendo allí a retozar con una amiga inglesa.

Miller también pudo ver cumplido su sueño de visitar Creta. Allí viajó solo y, por primera vez, subió a un avión, experiencia que encontró aburrida. Lo primero que hizo nada más aterrizar fue visitar las ruinas de Cnosos, la antigua ciudad minoica excavada por Arthur Evans. El lugar le pareció «alegre, higiénico y saludable», todo lo contrario del actual pueblo de Hagia Triada donde se asienta el yacimiento. En Heraclión las fuerzas vivas le depararon un trato de celebridad. Todo el mundo deseaba conocer al estadounidense y recibía constantes invitaciones durante las que su paciencia era puesta a prueba. Desde el que había sido taxista en Nueva York al que se confesaba leñador en Michigan, todos se enzarzaban en la conversación que Miller más detestaba: «Grecia es pobre, no hay dinero. Estados Unidos es rica. ¡Viva Estados Unidos!». Empeñado en no ver en Grecia más que una Arcadia feliz y no la miseria de una gran parte de sus habitantes, Miller solía dejar atónitos a sus interlocutores cuando a la pregunta de qué le gustaba del país, él respondía invariablemente: «La luz y la pobreza».

En Creta, Miller tuvo ocasión de demostrar sus dotes para la interpretación y la pantomima. Invitado a cenar por el vicecónsul británico en Heraclión junto a otras personalidades de la isla, al ser preguntado por el funcionamiento de la Bolsa de Wall Street, Miller se levantó de su asiento y realizó ante los presentes una magistral representación. Transformado en un agresivo agente de Bolsa, Miller tan pronto recorría frenéticamente la habitación comprando y vendiendo acciones, como llamaba a otros brokers por teléfono para que colocaran títulos, al ministro del Interior para preguntarle si ya se había aprobado el proyecto de ley sobre los indios, a su chófer para que cambiara de coche y a su sastre para encargarle dos docenas de camisas rosas y blancas. Los comensales aplaudieron encantados la actuación, más convencidos si cabe de las delicias que deparaba el estilo de vida estadounidense.

A la vuelta de Creta había dinero esperándole en la oficina de American Express en Atenas. Había llegado el momento de regresar a Estados Unidos. La despedida se organizó en casa de Katsimbalis, en Marusi. Seferis recuerda en sus memorias que en aquella ocasión, Miller presentaba un aspecto lozano, como nuevo. Todo el mundo bebía despacio. El vino, ligero, daba pie a contar un montón de cosas inconexas. Formaron un corro a su alrededor. Aquel día era el protagonista. Miller les expresó su gratitud ahora que sabía que iban a separarse. Les habló de su visita a Creta y de su intensa experiencia en las ruinas de Festos, uno de los pasajes más memorables de su libro griego: «A medida que el automóvil avanzaba hacia Festos, mi emoción aumentaba al ritmo de los paisajes que iba atravesando; sentía cada vez más intensamente que arriba, en la acrópolis, me esperaba una revelación». En este punto, escribe Seferis, se detuvo un momento, se rio casi infantilmente y añadió: «Les voy a contar algo: arriba, en la acrópolis, sentí una necesidad tal de comunicarme con Dios, que tuve que masturbarme, no encontraba otra manera…». Se hizo un silencio en la habitación, roto cándidamente por Nancy Durrell con la pregunta: «Perdona, ¿qué has dicho que hiciste?».

Para su despedida privada Miller se dirigió de nuevo a los Jardines Nacionales, donde había comenzado su viaje, y rindió un silencioso homenaje a la pequeña banda de amigos que había hecho en Grecia. A ellos les dedicó las siguientes líneas al final de *El coloso de Marusi*:

Amo a esos hombres, a todos y cada uno de ellos, por haberme revelado las auténticas proporciones del ser humano. Amo el suelo en el que crecieron, el árbol del que surgieron, la luz en la que florecieron, la bondad, la integridad, la caridad que emanan. Me limpiaron de odio, celos y envidia. Y sobre todo, demostraron con su propio ejemplo que la vida puede vivirse magníficamente a cualquier escala, en cualquier clima y cualquier condición.

A finales de diciembre de 1939 Miller embarcó rumbo a Estados Unidos. Sus amigos griegos, Katsimbalis, Stephanides, Seferis y Antoniou participaron activamente en la Segunda Guerra Mundial, primero en la derrota de los italianos en la campaña de Albania y más tarde en la defensa desesperada contra la invasión alemana de Grecia en abril de 1941. Durrell fue enviado por el British Council a Kalamata, para dirigir una escuela. Más tarde desarrollaría actividades en el Servicio de Inteligencia británico en El Cairo y Alejandría.

En marzo de 1940, Larry Durrell escribió a Miller dándole noticias sobre Katsimbalis:

[…] cada vez que recibe noticias tuyas o una carta que le has escrito, se pasa una semana desasosegado, deja de ser él mismo. Parece que para él representas un poco la figura del analista, porque después se transforma en ese coloso ficticio, como una falsa tortuga que saliera de la nada. Luego empieza a tambalearse, a vanagloriarse, a blasfemar y cada vez que cuenta una historia, dice: «Olvidé contarle ésta», o «Ésta sí que le habría gustado a Miller» […] y ahora que sabe que estás escribiendo sobre él se comporta de un modo más irreal que nunca; jamás modelo alguno posó y se revolvió ante un fotógrafo con tanto desasosiego como Yorgos Katsimbalis con su arrabalero traje negro y su ropa interior de cota de malla.

Y un poco más adelante, en junio de 1940, a medida que la situación iba empeorando, Larry le escribió:

Me gustaría darte una pizca de esperanza acerca de Europa, pero no puedo […] todavía nos reunimos con Seferis y Katsimbalis pero parece una reunión de ancianos; intercambiamos silencios y humo de pipa; y el clima, insensible a todo, sonríe verde y azul.

Mientras la guerra se extendía por Europa, Miller, ahora instalado en Big Sur, California, ponía punto final a *El coloso de Marusi*. Las últimas páginas las dedicó a expresar una vez más su agradecimiento por la experiencia deparada por Grecia y su gente, representada en la figura de Yorgos Katsimbalis. Éste le había enseñado que cada acto de la vida era un acontecimiento extraordinario y la luz de Grecia le había abierto los ojos para comenzar su andadura como un hombre nuevo.

A su regreso a Estados Unidos Miller seguía acuciado por la penuria económica. Aunque los *Trópicos* se vendían bien en París y se habían convertido en libros de culto, su autor no podía percibir ni un solo franco a causa de las restricciones de la guerra. Con dinero prestado por los amigos y sentimientos encontrados hacia su país, decidió recorrerlo de punta a punta y escribir un libro con sus impresiones de viaje que tituló *La pesadilla de aire acondicionado*. Las críticas aceradas al materialismo estadounidense y frases como «¿Qué tenemos para ofrecer al mundo aparte del sobreabundante botín que incansablemente robamos a la tierra bajo la falsa ilusión de que esa actividad maníaca representa el progreso y la iluminación?» no le reportaron dinero pero, en cambio, tuvieron el efecto de convertir a Miller en una especie de icono de la incipiente contracultura. Durante el resto de su vida, Miller siempre sería para algunos «The King of Smut» ('el rey de las obscenidades'), mientras que para otros se fue convirtiendo en un gurú, un santón a quien acudir en busca de consejo. Tras un año probando fortuna en Hollywood como guionista sin resultados notorios, una amiga escritora le prestó una cabaña en Big Sur, sin luz eléctrica, ni agua, pero con unas espectaculares vistas al océano Pacífico. Miller había encontrado su Walden.

༉

Cuando mi amiga Alison me invitó a su casa en la bahía de San Francisco supe que había llegado mi oportunidad de visitar Big Sur. Alison y yo nos habíamos conocido dos años antes en la isla griega de Paros, en To Spiti tis Logotexnías ('Casa de la Literatura'), una agradable colonia para escri-

tores y traductores, donde ella intentaba terminar su tercera novela y yo traducía una novela del griego de mi amigo
Yorgos Zarkadakis. En cuanto Alison consiguió unos días
de vacaciones en el consulado francés de San Francisco
donde trabajaba, nos metimos en su viejo Saab y enfilamos
rumbo al sur.

Big Sur es un vasto territorio, sin límites claramente defi-
nidos, que se extiende durante 150 kilómetros aproximadamente desde la península de Monterey hasta San Simeón, a
unos trescientos setenta kilómetros al norte de Los Ángeles, y penetra unos treinta y cinco kilómetros tierra aden-
tro. De norte a sur está surcado por la cordillera de Santa Lucía. El nombre de Big Sur proviene de los explorado-
res españoles, los primeros europeos que pusieron el pie
en esta tierra y que denominaron el gran territorio del sur
o el Gran Sur. Big Sur sigue siendo una de las zonas más
agrestes y despobladas de Estados Unidos. El censo del año
2000 indicaba una población de novecientos setenta y seis
habitantes, aunque el número de residentes permanentes
es mucho menor. La Estatal Número Uno, considerada la
carretera más espectacular de Estados Unidos, no se inau-
guró hasta 1937 y la luz eléctrica no llegó a esos parajes hasta los años cincuenta.

Desde que abandonamos Carmel, el pueblo de Clint Eastwood, una intensa niebla nos obligaba a avanzar a paso de
tortuga y nos impedía percibir el paisaje incrementando la
sensación de que nos dirigíamos hacia un lugar singular.
Cuando llegamos al famoso puente elevado de Bixby Creek,
la niebla comenzó a disiparse y pude tener mi primera visión de Big Sur: hasta donde alcanzaba la vista, una tortuo-
sa sucesión de montañas que caen a pico sobre el mar, ensenadas que dan refugio a focas y leones marinos, árboles,
rocas, acantilados y ni la menor señal de presencia huma-

na. Tras un breve atisbo, la niebla volvió a envolvernos y así continuamos, avanzando lentamente hasta que en un recodo de la carretera apareció Nepenthe, una nota mediterránea en mitad del agreste paisaje californiano. Nepenthe es el alma, el centro social y el lugar al que acudir cuando uno desea tener contacto con los humanos en Big Sur y, de paso, comer maravillosamente. El nombre deriva de una droga mencionada en la *Odisea* como remedio contra la tristeza y, por extensión, significa 'algo que alivia el dolor y ayuda a olvidar la pena'. También, como ya he mencionado en el capítulo de D. H. Lawrence, es el nombre que Norman Douglas dio a Capri en su famosa novela *South Wind*. De ahí lo sacaron los Fasset, que siguen regentando el lugar fundado por sus abuelos, Lolly y Bill, quienes llegaron en 1947 a Big Sur con sus cinco hijos decididos a dar la espalda a la sociedad moderna. Los Fasset compraron la cabaña original a Orson Welles y Rita Hayworth, que se enamoraron de Big Sur, adquirieron un nido de amor por 167 dólares y no volvieron nunca más. La primitiva cabaña fue ampliada para dar cabida a un restaurante, una pista de baile y una gran terraza sobre el Pacífico.

Cuando Alison y yo abrimos la puerta de Nepenthe aquella desapacible mañana de febrero, tuvimos la sensación de viajar en el tiempo. En el interior reinaba una gran animación, dos grandes fuegos ardían alegremente en sendas chimeneas y en el aire flotaba un delicioso olor a comida. En las paredes, fotografías en blanco y negro recordaban momentos memorables, como el rodaje de la película *Castillos en la arena* de Vincente Minnelli, en la que una bellísima Liz Taylor daba vida a una inconformista pintora y madre soltera que se retira a las soledades de Big Sur… hasta que encuentra a un atractivo pastor episcopaliano encarnado por Richard Burton. También había fotografías de Henry

Miller jugando al ping-pong con el abuelo Bill. Se cuenta que éste colocó un telescopio enfocado hacia la cabaña de Miller y cobraba veinticinco centavos por mirar a los muchos curiosos que acudían en su busca.

Tras reponer fuerzas y aprovechando que la niebla se había vuelto a disipar, abandonamos el refugio de Nepenthe y subimos la pista que lleva a Partington Ridge, el lugar donde vivió Miller durante casi dieciocho años. Aunque ahora es una residencia privada y no se puede visitar, la ascensión permite comprender las encendidas cartas que Miller enviaba a su amigo Durrell desde aquí, en las que le describía los pálidos amaneceres lila que despuntaban acompañados de una brillante luz de luna o el placer de sus caminatas por los bosques cercanos. Alison me había reservado una sorpresa para la tarde. Teníamos cita en el cercano Instituto Esalen para recibir un tipo de masaje exclusivo de ese lugar. El Instituto Esalen, nombre que proviene de la tribu india que vivía en estos parajes, surgió en los años sesenta en torno a las fuentes termales de aguas sulfurosas que brotan muy cerca del océano. Con el tiempo ha ido creciendo hasta convertirse en un famoso complejo donde se enseñan disciplinas *new age* y técnicas denominadas de «crecimiento personal». Antes de recibir el masaje hay que permanecer un buen rato a remojo en una piscina comunitaria al aire libre colgada sobre el océano. Una vez que superas la timidez que produce estar desnudo entre desconocidos, se comienza a disfrutar de verdad de la experiencia. En el océano, frente a nosotros, un simpático grupo de nutrias tumbadas boca arriba no parecía tener problemas con la temperatura de las aguas ni con la falta de atuendo.

Uno de los prospectos que nos habían regalado rezaba:

El masaje californiano se compone de una amplia variedad de manipulaciones, amasamientos, tracciones, elongaciones, torsiones, presiones, etc., pero lo que constituye su esencia son los movimientos largos, la presión y el ritmo especiales [...] todo lo cual produce una sensación de olas o de caricias que sume al paciente en un estado «en el que se olvida de todo».

«Es mucho mejor que el sexo», aseveró Alison aquella noche, refiriéndose al masaje, mientras disfrutábamos en nuestra cabaña, junto a la chimenea, de una copa de calvados añejo, cortesía de Deetjen's Big Sur Inn, el albergue de origen noruego más antiguo de la zona. En aquellos apacibles instantes no había absolutamente nada que objetar. A la mañana siguiente, después de un suculento desayuno a base de tortitas con sirope de arce, nos dirigimos hacia la Henry Miller Memorial Library, que, pese a la solemnidad del nombre, es una sencilla cabaña de troncos cercana a la carretera, donde un grupo de entusiastas mantienen viva la memoria del autor. El lugar estaba agradablemente caldeado por una chimenea y el simpático encargado nos invitó a té y a que curioseáramos a nuestro antojo por allí. Además de todos los libros de y sobre Miller, también hay una gran colección de sus acuarelas, algunas de ellas preciosas, a precios prohibitivos. Compré un libro del poeta Robinson Jeffers, el primero en escribir sobre las bellezas de Big Sur y acuñador del concepto de «inhumanismo», con el que expresaba la necesidad de salir de nosotros mismos para poder apreciar la «asombrosa belleza de las cosas». Como recuerdo, también compré *Big Sur y las naranjas de Hyeronimus Bosch*, las gozosas memorias de Miller sobre las alegrías y penurias de los años pasados en Big Sur. Su lectura, pensé, me permitiría seguir disfrutando de este lugar, ahora que para mí también había llegado el momento de regresar a la pesadilla de aire acondicionado.

PATRICK LEIGH FERMOR, LA ALEGRÍA DEL VIAJERO

«SOLVITUR AMBULANDO»

> Golpeé la mesa y grité: «Basta,
> me iré al extranjero».
> ¿Es que siempre voy a suspirar y languidecer?
> Libres son mi vida y mis versos, libres como el camino,
> desatados como el viento.
>
> GEORGE HERBERT

La señora Theanó volvió a entrar en la sala del desayuno. Esta vez traía un bizcocho recién hecho, de esos redondos con un agujero en el centro y que se llaman *amarmolados* por las vetas que forma el cacao en la masa de harina y huevo. Estaba delicioso con el café. En cada mesa había un pequeño ramillete de flores frescas que ella misma había recogido. El de ese día estaba compuesto de prímulas, margaritas y vincas. Le recordé otra composición floral de hace unos años, tal vez la más hermosa que yo haya visto nunca: rosas rojas y ramas de olivo colocadas en recipientes de barro. Sonrió complacida por mi buena memoria. Tiene setenta y tres años y todavía es una mujer hermosa, de andares elegantes y pausados, con una trenza de cabellos que no han encanecido del todo y que lleva graciosamente ladeada sobre un hombro.

Estamos fuera de temporada y apenas hay clientes en el hotel, así que la señora Theanó tiene tiempo de atender mis preguntas. Le pido que me hable de Bruce Chatwin.

«¿Bruce?—Los ojos de la señora Theanó se iluminan al tiempo que todo su hermoso rostro sonríe. Se sienta a mi lado mientras saboreo el segundo café de la mañana—. Era muy guapo y muy buena persona. Καλό ꙩαιδί. Un buen chico. Y muy trabajador. ¿Quieres ver dónde vivía?».

Atravesamos el jardín, atestado de flores a comienzos de la primavera, y llegamos hasta un pequeño edificio de piedra clara con grandes terrazas. Subimos una escalera también de piedra hasta el número dos. Allí se encuentra el apartamento que Bruce Chatwin ocupó durante siete meses en el hotel Theanó, en Kardamyli, Grecia. Es una habitación con una cama, una pequeña cocina, estanterías con libros y una mesa. Nada especial salvo cuando se abre la puerta de la terraza y se vislumbra el golfo Mesénico en todo su esplendor.

«¡Ay, Theanó!—me cuenta mi anfitriona que se quejaba Chatwin—. ¡Aquí hay tanta belleza que no puedo trabajar!».

«Pero bien que trabajaba—añade—. Horas y horas sin parar. —Y acompaña sus palabras con gestos teatrales para expresar una gran laboriosidad—. Luego salía a caminar. Cada día andaba por lo menos veinticinco kilómetros y volvía con un hambre terrible—prosigue admirativa—. Yo le preparaba algo de comer, cordero por ejemplo, que le gustaba mucho. Le llamaba cuando estaba listo y no había terminado de pronunciar su nombre cuando ya lo tenía a mi lado. Bruce no andaba, volaba».

Contemplo una fotografía ovalada que cuelga en la pared del pequeño apartamento, en la que Chatwin aparece con camisa blanca, vaqueros, sandalias y bronceado por el sol. Llaman la atención unas hermosas y largas manos. Realmente está muy guapo.

∂♥

Bruce Chatwin llegó a Kardamyli el primero de enero de 1985. Tenía cuarenta y cinco años y ya estaba enfermo. Andaba obsesionado por terminar su «libro australiano» sobre el nomadismo que se le resistía desde hacía quince años. En 1970 había pasado el mes de agosto como invitado de Patrick Leigh Fermor—conocido como Paddy—trabajando en el borrador de *The Nomadic Alternative*, así que no le había costado aceptar la sugerencia de su amigo de instalarse de nuevo en Kardamyli. «He encontrado el lugar más hermoso que uno se pueda imaginar—escribió en una carta—. Un apartamento situado en medio de un bosque de olivos y cipreses frente al mar. Por detrás se alzan las cumbres de la cadena del Taigeto y puedo ver las águilas flotar en las corrientes térmicas. Trabajo hasta las tres; camino por la montaña, leo y duermo. No es mal plan. Sigo con el libro y he llegado a un punto en que no puedo dar marcha atrás».

Casi todos los días, al terminar el trabajo, Bruce solía ir a encontrarse con Paddy, que vivía a escasos cinco minutos de su apartamento. Ambos se admiraban mutuamente y tenían muchas cosas en común: eran autodidactas, compartían un toque de rudeza y sibaritismo, y eran terriblemente eruditos con un punto de ostentación. Los libros que les habían hecho famosos, *En la Patagonia* a Bruce y *El tiempo de los regalos* a Paddy, habían sido publicados el mismo año (1977) y mientras el primero pensaba que Paddy debería podar su prosa, éste pensaba que Bruce haría bien en dejarla respirar. A los dos les apasionaba caminar. Chatwin tenía la teoría de que el cuerpo humano estaba diseñado para un día de marcha y que todos los males de la humanidad habían llegado con el sedentarismo. Creía que caminar no era algo simplemente terapéutico, sino una actividad poética que podía curar al mundo de sus males. Durante una de sus caminatas, Paddy, que entonces contaba setenta espléndidos años, le habló a Bruce de la expresión latina *solvitur ambulando*, atribuida a san Agustín y que se puede interpretar literalmente como 'todo se resuelve andando' o, también, mediante un experimento práctico. En Grecia terminó su libro sobre el nomadismo, publicado en inglés bajo el título de *The Songlines* o *Los trazos de la canción* en su versión castellana. Cuatro años más tarde murió de sida a los cuarenta y nueve años. Por deseo suyo, sus cenizas fueron aventadas por Elizabeth, su mujer, y por Paddy y Joan Leigh Fermor en uno de sus lugares predilectos, una pequeña iglesia bizantina del siglo X, rodeada de encinas y olivos, que se alza sobre Kardamyli. No mucho antes, en un último acto estético, Chatwin se había convertido a la religión ortodoxa.

«*Solvitur ambulando*» fue el lema que vino a socorrer al propio Paddy cuando a los dieciocho años se encontraba sumido en un mar de dudas respecto a su futuro y tomó la decisión de viajar a pie desde Holanda hasta Constantinopla. Corría el año 1933. Hitler acababa de subir al poder y la vieja Europa estaba a punto de desaparecer bajo el infierno de la Segunda Guerra Mundial.

Patrick Michael Leigh Fermor, había nacido en Londres en 1915. Eran tiempos de guerra y a los cuatro meses de traerlo al mundo, la madre consideró más seguro dejar al pequeño con una familia de granjeros en la campiña inglesa mientras ella se embarcaba con su hija mayor rumbo a la India para reunirse con su marido.

Lewis Leigh Fermor, responsable de la Indian Geological Survey, fue un padre absentista. Apasionado geólogo y naturalista, descubrió un mineral que lleva su nombre, la fermorita, un gusano con ocho cerdas en el lomo y algo tan frágil y poético como una formación peculiar de copo de nieve, lo cual le valió ser elegido miembro de la Royal

Society de Londres. Para su hijo siempre fue un personaje con tintes mitológicos, al que imaginaba trabajando subido a lomos de un elefante y viviendo en la jungla rodeado de tigres y monos.

Lo que iban a ser unos pocos meses de separación se convirtieron en cuatro años durante los cuales Paddy fue creciendo como un asilvestrado hijo de granjero, rodeado de cariño pero con una maravillosa y total falta de disciplina. La vida consistía en corretear todo el día por un paisaje de suaves colinas, almiares y tierras de labor hasta que un día aparecieron dos bellas desconocidas, su madre y su hermana, acompañadas de un malencarado pequinés, para arrancarlo del paraíso. Lo que siguió fue una acumulación de fracasos y expulsiones escolares, no porque no le gustara aprender, sino porque era incapaz de admitir cualquier tipo de disciplina. Cuando tenía diez años, un psiquiatra aconsejó que ingresara en una escuela para niños difíciles que resultó ser un oasis de libertad, uno de esos excéntricos centros educativos experimentales británicos donde los alumnos, de cuatro a veinte años de edad y vestidos con chaquetas marrones y sandalias, sólo estaban obligados a aprender lo que les agradaba bajo el lema «*Fais ce que tu voudras*». Una de las asignaturas del plan de estudios era la euritmia de Rudolf Steiner, divulgada por Isadora Duncan, a la que se entregaban con entusiasmo, desnudos y al ritmo de un piano, tanto el personal docente como los alumnos, formando figuras tan sugerentes como la «recolección de guisantes», la «recogida de palos» o el «viejo topo». Paddy hubiera seguido indefinidamente en este encantador centro si no hubiera sido porque las habladurías que corrían por el pueblo y ciertos escándalos relacionados con profesores y alumnos mayores terminaron con su clausura definitiva.

Aunque esta vez no le habían expulsado, se volvió a ver

de nuevo en la calle a mitad de curso. Afortunadamente, su madre estaba dotada de una imaginación y un humor desbordantes y nunca se abandonaba durante demasiado tiempo al desaliento. Así que no tardaron en encontrar un nuevo lugar que se ocupara de la educación del joven díscolo: la prestigiosa King's School de Canterbury, una de las instituciones más añejas de Inglaterra, fundada en el siglo VI por san Agustín de Canterbury.

Al principio todo fue bien y Paddy se lanzó con gusto al estudio de la historia, la literatura y las lenguas vivas y muertas. También empezó a despuntar como atleta y se entregó con pasión al boxeo y a escribir poesía. Pero los problemas con la disciplina escolar no tardaron en aparecer y los informes que llegaban a casa hablaban de un soñador que trataba con todas sus fuerzas de que la vida se pareciera lo más posible a los libros, un hiperactivo con la cabeza llena de pájaros, peleón y con fama de jactancioso. «Es una peligrosa mezcla de sofisticación y temeridad», escribieron los profesores a sus padres, añadiendo que temían que su influencia fuera muy nociva para el resto de alumnos.

Al poco tiempo, Paddy estaba llamando de nuevo a la puerta de su madre, ya separada de su marido y ocupada en aquel tiempo en aprender a pilotar un biplano Moth y en escribir obras teatrales que nunca se representarían.

Emprender una carrera militar parecía una salida adecuada a la situación, pero para entrar en Sandhurst, el lugar elegido, había que tener un certificado escolar que no había obtenido a causa de su expulsión. Paddy fue instalado de manera adecuada en Londres, donde supuestamente tenía que asistir a las clases preparatorias con profesores particulares. Como era habitual en él, al principio llevó una vida bastante juiciosa. Estudiaba, escribía poesía, leía vorazmente e incluso aprobó el examen de ingreso. Hasta que se unió a un círculo de compañeros de más edad (él tenía entonces diecisiete años), un grupo de jóvenes bohemios y de vida alegre en cuya compañía no tardó en llegar a la conclusión de que su idea de hacerse cadete era bastante peregrina y no encajaba para nada con su espíritu indisciplinado. La aceptación de dos poemas por una revista y la publicación de uno de ellos le hicieron concebir la idea de dedicarse a escribir. Dejó las habitaciones que compartía con otros aspirantes a cadete y se instaló en una casa vieja y destartalada con algunos de sus nuevos amigos en el barrio de Mayfair, que seguía siendo una especie de villorrio dentro de Londres. La desbordante imaginación del nuevo aspirante a escritor le hacía verse a sí mismo acodado a la mesa de trabajo, trabajando tenaz y febrilmente e hilvanando, una tras otra, páginas inmortales. En realidad, lo que se enlazaba en aquella casa era una fiesta tras otra, cosa que al principio resultó muy placentera pero que la larga fue dejando un poso de disgusto e insatisfacción que se agigantó con la llegada del mal tiempo.

Una tarde especialmente desapacible de noviembre tuvo una revelación. De repente, todo estaba claro: viajaría a pie hasta Constantinopla. ¿No quería ser escritor? Pues haría un viaje en solitario y así la ruptura con el pasado sería completa y de paso encontraría el material sobre el que escribir. De allí se dirigiría al Monte Athos, la península sagrada de los bizantinos, y a unas islas griegas que aparecían inundadas de sol en su imaginación.

Muchos años más tarde, en su libro *El tiempo de los regalos*, describió así esa llamada que suelen sentir los «nórdicos» y que les impele a ponerse en camino hacia el sur:

Todos los habitantes del norte teutónico, al contemplar el cielo invernal, son presa de un tirón espasmódico y casi irresistible, cuando toda la península italiana, desde Trieste hasta Agrigento, empieza a actuar como una piedra imán. Refuerza el magnetismo un coro invisible, hay trinos de mandolina en el aire, vaharadas de flores de limonero llaman a las víctimas para que se dirijan al sur a través de los pasos alpinos. Es la ley de Goethe, tan ineluctable como las de Newton o Boyle.

La inspiración y el itinerario en el caso de Paddy procedían de la lectura del libro de Robert Byron, *The Station*, sobre su estancia en el Monte Athos, donde con veintidós años fue a investigar su teoría de que el origen de la pintura occidental reside en el arte bizantino. Su madre no puso obstáculos. No sólo cooperó en los preparativos sino que se desternillaba de risa con su hijo anticipando situaciones durante el viaje. También hizo una aportación decisiva al enviarle a Londres un volumen de las *Odas* de Horacio, editado por Loeb y en cuya guarda había anotado un poema de Petronio en latín: «Abandona tu hogar y busca costas extranjeras, ¡oh, joven! No cedas al infortunio; el lejano Danubio te espera, el viento frío boreal y los lejanos reinos de Canopo…». Si hubiera un concurso de madres geniales, el premio estaría muy reñido entre la señora Leigh Fermor y Louisa Durrell, la impagable madre de Lawrence y Gerald.

Una asignación mensual de cuatro libras le sería enviada semanalmente a las listas de correos que él designara. El muchacho, que iba a iniciar su viaje con dieciocho años recién cumplidos, era alto, con abundante pelo castaño y ondulado, de una guapura de esas que se consideran muy varoniles, con una sonrisa irresistible, don de gentes y una marcada capacidad de hacer el payaso. Bagaje intangible que no pasaría desapercibido para las damas que iría encontrando durante el viaje en forma de posaderas, camareras, estudiantes, condesas o gitanas, y que se iría traduciendo en hospitalidad gratuita y en otros regalos que la caballerosidad le impediría mencionar.

Un día de diciembre de 1933 partió de un Londres que le despidió con una lluvia torrencial mientras él realizaba, como recordaría más tarde, su primer acto independiente y también su primer acto juicioso. El viaje está recogido en dos libros, *El tiempo de los regalos* y *Entre los bosques y el agua*, escritos cuarenta y cincuenta y un años después, respectivamente, y a cual más exquisito.

El lector asiste deslumbrado a un viaje que se inició formalmente un desapacible amanecer en Róterdam, cuando un tabernero invitó al primer *schnapps* del camino a un chico que afirmaba muy serio dirigirse a pie a Constantinopla, en plena tormenta de nieve. Le seguirán miles de encuentros en múltiples lenguas que el caminante absorberá como una esponja; noches en establos y comisarías de policía abiertas a los viajeros humildes que iría alternando con noches en camas de dosel y suntuosas bañeras en los castillos de la decadente nobleza centroeuropea. Tampoco hizo ascos a la hospitalidad de los gitanos en Hungría y convivió con ellos en sus campamentos a medida que se iba desplegando ante sus ojos una Europa en la que se avecinaba una gran tormenta y por la que el poeta errante avanzaba como un despreocupado genio escapado de su lámpara.

Cada mañana se fijaba la distancia que podía recorrer en un día y al llegar a la meta le embargaba la «alegría del viajero», el momento que ansiaba a diario: esos instantes al final de la jornada, en los que después de haberse desembarazado de mochila y bastón, se sentaba al fin en una taberna, encendía un cigarrillo y desplegaba el cuaderno de notas sobre la mesa para apuntar los acontecimientos del día, mientras anticipaba el delicioso sabor de una bien ganada cerveza y del pan y el queso que indefectiblemente la acompañarían. Gracias a su talento como dibujante, comida y cama resultaban a veces gratis a cambio de un boceto o de un retrato improvisado de la idealizada hija de los posaderos. En *El tiempo de los regalos* escribió:

Pasar de la paja a una cama con dosel y volver a la paja es una secuencia muy recomendable. Entre sábanas suaves, sosegado por los aromas de los leños, la cera de abejas y la lavanda, permanecía despierto durante horas, gozando de tales placeres y contrastándolos alborozado con los encantos ahora familiares de los establos para vacas, almiares y graneros.

El día de año nuevo de 1935, después de dos años de viaje, llegó a Constantinopla, que desde hacía un lustro se llamaba Estambul. De allí se dirigió a Grecia, que se convertiría en su país de adopción. Después de atravesar Macedonia se dirigió al Monte Athos, donde celebró su vigésimo cumpleaños en uno de sus monasterios. En su viaje hacia el sur llegó a Atenas, donde conoció a un grupo de artistas, una de los cuales, la pintora rumana Balasha Cantacuceno, sería su primer gran amor. Descendiente de una de las ramas de los emperadores bizantinos, Balasha era doce años mayor que él y, en palabras de Paddy, «era buena, guapa, valiente, artista de talento, imaginativa, culta, amable, divertida y poco convencional. Todo el mundo la quería y yo también». Abandonaron juntos Atenas y se instalaron en un viejo molino en el Peloponeso, frente a la isla de Poros. Allí pasaron el verano y el otoño de 1935. Ella pintaba y él escribía. Con la llegada del invierno tuvieron que buscar un nuevo domicilio. Balasha sugirió que se instalaran en Baleni, la casa familiar de los Cantacuceno en Moldavia, la provincia más septentrional de Rumanía.

La vida en Baleni fue transcurriendo placenteramente hasta que en septiembre de 1939 les llegó la noticia de que los alemanes habían invadido Polonia. Los años de viaje, seis en total, habían sido su escuela y con el tiempo se hizo claro que los desastres que le habían puesto en camino fueron en realidad fantásticos golpes de buena suerte. Había recibido su graduación y su *toga virilis* de manos de aquellos despreocupados caballeros centroeuropeos que le abrieron sus puertas, le trataron como a un igual y compartieron con él sus bien nutridas bibliotecas y bodegas. Había logrado su objetivo de llegar a Constantinopla, la ciudad dorada y verde dragón de sus sueños de adolescente y, cuando el viaje estaba a punto de concluir, había conocido a una auténtica princesa que le había llevado consigo a su castillo de los Cárpatos.

La guerra puso punto final a la ensoñación y Paddy decidió regresar a Inglaterra para alistarse en el ejército. La despedida en la estación de Bucarest fue alegre y lo que todos creían que iban a ser unos pocos meses de separación se convirtieron en veintiséis años. Cuando Paddy volvió a encontrarse con Balasha durante una visita semiclandestina a Rumanía en los años sesenta, ésta sobrevivía junto con su hermana dando clases de francés y de pintura y, aunque parecía que ninguna de las dos había perdido el buen humor, estaba claro que la vida había sido muy dura con ellas.

LA LEYENDA CRETENSE

A primeros de mayo de 1972, en un programa de la televisión griega se reunieron frente a las cámaras los protagonistas de uno los hechos más insólitos de la Segunda Guerra Mundial: el secuestro del general Heinrich Kreipe, comandante de las fuerzas alemanas en Creta después de la invasión de la isla, por un grupo de guerrilleros cretenses capitaneados por Paddy Leigh Fermor y Billy Stanley Moss, que por aquel entonces contaban con veintiocho y veintitrés años respectivamente. En el plató reinaba un gran ambiente y al terminar el programa, todos los participantes, unos veinte cretenses, el general Kreipe, su esposa y Paddy (Billy Moss había fallecido en 1965) disfrutaron de un gran banquete en el que no se escatimó el vino. El paso a los bailes y canciones cretenses fue inevitable y tampoco faltaron canciones folclóricas alemanas entonadas a dúo por Paddy y el general. La noticia del banquete se filtró a la prensa y algunos periodistas lograron colarse en la fiesta. Uno de ellos preguntó a Kreipe cómo había sido tratado por Paddy durante su secuestro, a lo que éste respondió: «*Ritterlich! Wie Ein Ritter*» ('Caballerosamente, como [corresponde] a un caballero'). Al despedirles en el aeropuerto, Paddy entregó a la esposa del general un ramo de rosas y ella le dijo a modo de despedida: «Es usted tal como mi marido me había contado durante todos estos años».

El muchacho que regresó a Inglaterra para alistarse en el ejército después de un viaje de seis años, y de doctorarse en los caminos de Europa, estaba menos capacitado que nunca para llevar una vida convencional. Sabía que quería ser escritor y durante todos estos años había acumulado material de sobra sobre el que escribir, pero todavía le aguardaba un largo período de intensa vida aventurera.

Se incorporó a los Irish Guards pero por sus conocimientos de griego pronto fue nombrado oficial de enlace en Albania. El que Paddy se convirtiera en agente de la SOE o Ejecutiva de Operaciones Especiales era su destino natural.

Incapacitado como estaba para soportar la disciplina militar, se sintió desde el principio como pez en el agua cuando aterrizó en el campo de entrenamiento para voluntarios de la SOE en el monte Carmelo, en Palestina. Los agentes de operaciones especiales tenían por lo general educación universitaria y sus conocimientos de griego antiguo habían sido su mejor bagaje para ser reclutados para realizar misiones en los Balcanes. Abundaban los arqueólogos y los catedráticos, gente fina que redactaba exquisitos informes secretos llenos de datos precisos y valiosos, en los que se colaban comparaciones tan poco militares como «minas cilíndricas del tamaño de una botella Magnum de champán».

En noviembre de 1940 las tropas británicas se establecieron en Creta con el beneplácito del gobierno griego para impedir que fuera ocupada por las fuerzas del Eje. A finales de ese año, Paddy Leigh Fermor fue destinado a esa isla para operar en la parte oriental, en la meseta de Lasithi. Cuando partían para una nueva misión, Creta en este caso, los participantes recibían ropa griega, documentación falsa y se repartían píldoras de suicidio revestidas de caucho, conocidas como «pastillas para la tos» y que se cosían a los cuellos. Las entradas y salidas de la isla se hacían en caique, submarino o paracaídas, generalmente desde Marsa Matruh, en Egipto, ya que en El Cairo se encontraba el centro de coordinación de operaciones de Oriente Medio y el Mediterráneo. Los oficiales de enlace o los operadores de radiotransmisión que lucharon en la batalla de Creta y luego en misiones de la resistencia, nunca olvidaban su primera llegada a la isla por mar. La noche tenía que ser sin luna, así que sólo cuando se encontraban muy cerca de ella se podía distinguir el imponente perfil de las montañas. Las noches de verano, el penetrante aroma del tomillo silvestre les daba la bienvenida a millas de distancia. Una vez en la playa y «disfrazados de época» con los *sariki* negros—un pañuelo con borlas diminutas que se lleva a modo de turbante—, el chaleco bordado, la faja, los bombachos y las botas de caña alta, los componentes del destacamento se dirigían con sus guías cretenses a una cueva de contrabandistas para pasar la noche. Al día siguiente, cretenses y británicos subían penosamente las montañas acarreando pesadas cargas y se dispersaban hacia sus destinos en la isla, cubriendo a pie enormes distancias que se calculaban por el número de cigarrillos fumados por el camino.

Pese a que, vista en retrospectiva, esta vida montaraz pueda parecer romántica y novelesca, en la realidad era muy dura y llena de privaciones y peligros. La comida consistía invariablemente en leche y queso de cabra, castañas y bellotas y el plato fuerte, al que resultaba difícil habituarse, era una hierba de montaña, *jorta*, acompañada de caracoles. La carne de cabra o de oveja se reservaba para los grandes acontecimientos. El aguardiente local, *tsikoudiá*, y el tabaco de la isla, cosas ambas que se consumían en grandes cantidades, servían para acallar las punzadas del hambre y animar un poco la existencia. Las cuevas y grutas que jalonan las montañas cretenses eran las viviendas habituales y las camas se improvisaban con helechos, matorrales y paracaídas para los más afortunados. Junto con las botas de los soldados, la seda de los paracaídas llegó a ser uno de los artículos más preciados en Creta durante la ocupación alemana. A finales de la guerra, casi la mitad de las mujeres de las cordilleras centrales vestían ropa interior de seda amarilla, cortesía del gobierno británico. Pulgas y piojos eran compañeros inseparables de los habitantes de las grutas ante los que no cabía otra cosa que acostumbrarse, ya que tampoco era infrecuente encontrártelos en los colchones de las casas de los pueblos en los que ocasionalmente se dormía.

A principios de 1941 se empezó a temer la invasión de Creta
por los alemanes, que ya habían ocupado Grecia el año anterior. El 20 de mayo de 1941 comenzó la invasión de Creta por aire con el lanzamiento ininterrumpido de miles de
paracaidistas desde Junkers-52 en lo que iba a ser la mayor
operación aerotransportada llevada a cabo por la Wehr-
macht durante la Segunda Guerra Mundial. Las circunstancias se concatenaron para que el ejército británico per-
diera a los pocos días el control de la situación. Los alemanes consiguieron su objetivo de contar con el aeródromo de
Máleme para poder descargar tropas de infantería, armas
y municiones. A los pocos días Creta estaba en su poder.

Paddy participó activamente en la defensa de Heraclión
y fue evacuado de esta ciudad junto con 3845 hombres más
la noche del 29 de junio con rumbo a Egipto. Después de
haber residido durante un tiempo en las inhóspitas depen-
dencias de la SOE en El Cairo, encontró una villa a orillas
del Nilo y la alquiló junto con otros cinco miembros de operaciones especiales y Sophie Tarnowska, la condesa polaca
que había recalado en Egipto en su huida de los nazis. Sophie era una hermosa morena, de rasgos afilados y elegantes
y el bagaje que trajo consigo cuando se instaló en Tara—llamada así por sus moradores en alusión a la residencia his-
tórica de los reyes de Irlanda aunque también por *Lo que el
viento se llevó*—consistía en un traje de baño, un vestido de
noche, un uniforme de la Cruz Roja, con la que colaboraba,
y dos mangostas por mascotas. En cuanto a los habitantes
masculinos de Tara, ninguno llegaba a los treinta años, todos estaban bastante satisfechos de sí mismos y poseían lo
que, después de meses y a veces años de servicio, consideraban una fortuna en el banco en forma de unas pagas atra-
sadas que no solían durarles mucho debido a la velocidad
a la que eran gastadas en los placeres fantaseados duran-

te los largos meses de privaciones. Sus trabajos en operaciones secretas les conferían un halo de glamour que atraía como un imán a las mujeres. Tara se convirtió en el lugar de moda de la ciudad. Por allí pasaban diplomáticos, oficiales, escritores, corresponsales de guerra y juerguistas en general. Para sus moradores, Tara era el hogar al que volver entre misiones, el lugar lleno de amigos y buenos recuerdos de los que echar mano en las horas bajas. Sus fiestas en el enorme salón de baile del *piano nobile* llegaron a ser legendarias en El Cairo y hasta el rey Faruk asistió a una de ellas contribuyendo con una caja de champán. Pero cuando uno o varios de los habitantes de Tara partían para una misión, las fiestas se convertían en cálidas e íntimas despedidas que duraban hasta el amanecer y estaban restringidas a los inquilinos de la villa.

En junio de 1942 Paddy Leigh Fermor regresó a la Creta ocupada bajo la identidad de Michalis Frangiadakis. Paddy-Michalis tenía su centro de operaciones en las Montañas Blancas, al oeste de la isla, y su trabajo iba a consistir en organizar la resistencia a las órdenes del arqueólogo neozelandés Tom Dunbabin, cuya base estaba en una gruta del monte Ida.

Paddy no tardó en acostumbrarse de nuevo a la vida en las montañas, aunque ahora, a las habituales incomodidades del frío, la humedad y los piojos, se sumaron esporádicos ataques reumáticos que las curanderas locales trataban con el método de las ventosas acompañado de los correspondientes conjuros. Un tal lord Gort dijo una vez que el tiempo de guerra se divide en cortos períodos de intenso miedo y en largos períodos de aburrimiento. A pesar de las emociones propias de la vida tras las filas enemigas, los días de inactividad total en una cueva también eran uno de los componentes habituales de la vida troglodítica. Enton-

ces se combatía el tedio leyendo, cantando, respondiendo
a las preguntas de los compañeros cretenses que querían
saber cuántas ovejas tenía un inglés medio o por qué usa-
ban faldas los escoceses o escuchando a su vez las interminables historias de los locales sobre los turcos o sobre las
vendettas heredadas que pasaban de padres a hijos y que
nadie recordaba ya qué las había desatado.

La invasión de Sicilia en julio de 1943 y la caída del régimen
fascista en Italia trajeron consigo una intensificación de las
operaciones de la resistencia en Creta. Lo que hasta entonces no había pasado de ataques a soldados solitarios y escaramuzas aisladas, se convirtió en acciones que provocaban
la muerte de hasta una veintena de soldados. En septiembre
de 1943, los italianos de Creta se rindieron a los aliados y los
alemanes exigieron que les entregaran armas y municiones
antes de abandonar la isla. Ésas no eran las intenciones del
general Carta, comandante de la División Siena, compuesta
de treinta y dos mil soldados. Carta solicitó una entrevista con Paddy Leigh Fermor, durante la cual aceptó entregar
parte de las armas al movimiento de la resistencia. Los meses
que siguieron fueron frenéticos para Paddy, que tuvo que
recorrer la isla de punta a punta para tratar de convencer a
los líderes de las guerrillas cretenses de que, pese a la rendi-
ción de los italianos, todavía no había llegado el momento
de levantarse en armas abiertamente contra el invasor. Pero
el temerario capitán Manoli Bandouvas y sus *andartes* no
eran de la misma opinión y realizaron por su cuenta el ataque contra dos guarniciones alemanas y dieron cuenta también de los efectivos que fueron enviados para restablecer
el orden. La respuesta alemana no se hizo esperar. El general Müller ordenó la destrucción de seis aldeas de la zona

de las escaramuzas y la ejecución de 500 civiles. Y aunque no fueran parientes del capitán, muchos cretenses sufrieron torturas por el mero hecho de apellidarse Bandouvas, nombre que se remonta a la ocupación veneciana y significa 'nativo de Padua'.

Tom Dunbabin y Paddy Leigh Fermor consideraron que había llegado el momento de sacar al general Carta de la isla. Le acompañaron a una cala de la costa sur, donde embarcaría para Egipto. Paddy subió con él a bordo para entregar documentos importantes al capitán del barco. El mal tiempo impidió su regreso a tierra y así se vio inesperadamente rumbo a El Cairo, a tiempo para celebrar las Navidades en Tara. Durante el viaje, comenzó a perfilar el plan de secuestrar al general Müller, comandante de las fuerzas alemanas en Creta. Profundamente afectado por las represalias sobre las aldeas de Vianós llevadas a cabo por Müller, Paddy quería organizar una operación incruenta contra los alemanes que no acarreara represiones sobre la población civil. Al llegar a Tara, encontró que había un nuevo inquilino, Bill Stanley Moss, de veintidós años, que había participado en la batalla de El Alamein y ahora había sido destinado a Creta. Como Paddy, Bill Moss había llevado una existencia vagabunda por Europa, viviendo en una cabaña de madera al borde del mar en Letonia y, cuando la guerra le sorprendió en Estocolmo, se embarcó en un velero rumbo a Gran Bretaña para alistarse en los Coldstream Guards. El plan de secuestrar al general Müller fue ideado por ambos en el concurrido Café de la Chasse, a la sombra de las pirámides.

Antes de que acabara 1943, Sandy Rendel, radiotelegrafista apostado en las montañas de Lasithi, recibió un mensaje de Tom Dunbabin en el que se comunicaba que Paddy Leigh Fermor sería lanzado en paracaídas en su zona junto con un equipo para secuestrar a un general alemán.

Después de unos cuantos intentos fallidos por el mal tiempo, se planeó que el lanzamiento tuviera lugar el 4 de febrero. Paddy fue el primero en saltar y mientras el avión realizaba una gran vuelta, unos nubarrones se cerraron sobre la zona impidiendo saltar al resto del equipo y obligando al avión a regresar a Egipto. Finalmente, el 4 de abril pudieron desembarcar en una playa del sur Bill Stanley Moss, Manoli Paterakis y Jorge Tirakis, los dos hombres de confianza de Paddy y expertos conocedores de las montañas cretenses. Fueron recibidos en la playa por éste y Sandy Rendell, quienes les anunciaron que durante ese tiempo, Müller había sido sustituido por el general de la división Sebastopol, Heinrich Kreipe, del que se sabía que procedía del frente de Stalingrado y poco más. Pero como de lo que se trataba era de asestar un golpe incruento a la tam-

Paddy Leigh Fermor, sentado en el centro y a su derecha Billy Moss, junto a guerrilleros cretenses.

baleante moral alemana, El Cairo dio permiso para que se siguiera adelante con el plan.

Aprovechando los hábitos regulares del general Kreipe, Paddy y Billy Moss detendrían el coche de Kreipe en su camino de regreso desde su despacho en Arjanes a su residencia en la Villa Ariadna, la casa construida por el ilustre arqueólogo Arthur Evans en Cnosos. Después de secuestrarlo, abandonarían el coche en una playa para dar a entender que había sido trasladado en submarino a un lugar seguro. Allí dejarían una carta firmada en la que quedaría claro que la población cretense no era en absoluto responsable de la operación para evitar cualquier tipo de represalias. En la realidad, el plan consistía en atravesar a pie el macizo del monte Ida, y desde allí descender a una playa de la costa sur donde les estaría esperando un barco para llevarles a Egipto.

El día fijado para el secuestro fue el 24 de abril de 1944. Aparte de los cuatro componentes del grupo principal, otros ocho cretenses formaban ahora parte del equipo para solventar diferentes misiones y eventualidades. A las 7:45 horas de la tarde, el grupo ya había tomado posiciones junto al cruce de carreteras de Arjanes y la de Heraclión-Kasteli. Pero ese día el general se había retirado antes de su hora habitual y el grupo tuvo que suspender la operación. El 25 de abril, cuando ya llevaban varias horas de espera en un olivar cercano, se puso a llover. Al poco, comenzaron a aparecer grupos de personas armados de cestas y linternas que buscaban afanosamente caracoles en las cunetas. El plan tuvo que ser pospuesto de nuevo. El día 26 de abril transcurría con un tiempo radiante, de modo que al atardecer ocuparon de nuevo sus puestos junto a la encrucijada. Tomaron sus pastillas de benzedrina y se dispusieron a esperar. Ese día, llevado por su inveterada afición por el bridge, Kreipe se había demorado más de lo habitual y a las 9:30 horas emprendió el regreso a su residencia. En ese momento se oyó la alarma eléctrica que el hombre apostado en las inmediaciones del cuartel general alemán tenía que hacer sonar para avisarles de la inminente llegada del vehículo. Paddy Leigh Fermor y Billy Moss, vestidos de policías militares alemanes, salieron a la carretera e hicieron señas al coche de que parara. Se acercaron uno por cada lado y enfocaron el interior con sus linternas. El chófer, el cabo Hans Frunze, protestó y pidió que le dejaran continuar. A su lado, Kreipe gritaba pidiendo paso para el coche del general. En un minuto todo había concluido. Kreipe fue atado de pies y manos y tumbado en el suelo de la parte trasera del vehículo con tres cretenses sentados sobre él y un cuchillo de monte apuntándole al cuello. Billy Moss se sentó al volante y Paddy, con el kepis del general, ocupó el lugar y la personalidad de éste. Tomaron la carretera de Heraclión y no tardaron en llegar a la Villa Ariadna, cuyos centinelas se cuadraron a su paso. A partir de aquí tuvieron que superar veintidós controles de policía y atravesar a paso de tortuga una calle de la ciudad muy concurrida a esa hora por la multitud de soldados alemanes que salían del cine. Al llegar a la puerta de Janiá se encontraron con un último control que presentaba la enojosa particularidad de tener barreras. Decidieron volver a emplear la táctica que tan buen resultado les había dado hasta entonces, es decir, aminorar la marcha sin llegar a detenerse ante los controles para permitir que los centinelas se percataran de la clase de vehículo que avanzaba hacia ellos. Volvió a dar resultado, las barreras se levantaron y al cabo de unos segundos fueron engullidos por la oscuridad y la soledad de la noche. Siguieron conduciendo hasta el punto donde Billy Moss debía comenzar la marcha a pie hacia Anogia con el general; dos guías cretenses y Paddy, junto con Jorge Tirakis, llevarían el coche hasta una playa para abandonarlo.

Después de interminables horas de marcha con el general quejándose de dolores en una pierna, el grupo, de nuevo al completo, llegó a una inmensa y laberíntica cueva desde la que se dominaba el valle de Amari, conocido por los británicos como «la tierra de los lotófagos», una agreste zona salpicada de blancos pueblecitos que parecen haber existido desde los tiempos minoicos. Los guías confirmaron la presencia de alemanes en la zona. Era evidente que no se habían tragado la estratagema del submarino.

Entonces las cosas comenzaron a torcerse. El aparato de radiotransmisión más cercano se estropeó y quedaron incomunicados con El Cairo y con el resto de agentes de la isla. El general no dejaba de quejarse de su pierna y hubo que mandar en busca de una mula ya que se negaba a continuar la marcha a pie. Los alemanes estrechaban el cerco, por lo que tuvieron que cambiar de escondite y permanecer durante días hacinados en una pequeña cueva, empapados por la lluvia que no cesaba de caer. El general cayó en un estado de profundo abatimiento y no le faltaban motivos. Por ironías del destino, había sido enviado a Creta «a descansar» después de la campaña de Stalingrado y allí esperaba su ascenso a teniente general, que le llegó al día siguiente del secuestro.

Un amanecer, mientras Kreipe contemplaba la salida del sol sobre la nevada cima del Ida, comenzó a musitar para sí las primeras estrofas de la oda IX del Libro Primero de Horacio, titulada *Ad Thaliarchum*, en la que el poeta aconseja pasar el invierno en casa, con buen vino, sin preocuparse del mañana y disfrutando intensamente del presente mientras se pueda: «*Vides ut alta stet nive candidum Soracte...*». Paddy, que conocía de memoria la oda, continuó con las siguientes estrofas: «*Nec iam sustineant onus silvae laborantes geluque...*». Hasta en un ambiente tan tenso e insalubre como el de aquella cueva, las palabras del viejo poeta se abrieron paso y obraron el milagro, haciendo que por unos instantes la guerra se disipara y que unos hombres enfrentados por ideologías irreconciliables se reconocieran por haber bebido en las fuentes clásicas. A partir de ese momento, la relación entre ellos cambió y la poesía griega y latina pasó a ser uno de los temas de conversación durante las largas horas de inacción a las que se veían obligados.

La costa y el final de la operación se sentían cada vez más cerca y hasta Kreipe comenzó a mostrarse más relajado. Pero el optimismo del grupo no tardó en desvanecerse cuando se enteró de que la playa elegida para el embarque había sido ocupada por los alemanes. El grupo tuvo que alejarse rápidamente de la zona en dirección oeste, en busca de una playa despejada desde la que poder ser rescatados. Por fin, a las once de la noche del 14 de mayo, una lancha motora se abrió camino hacia la playa de Rodákino y tras el acostumbrado ritual de dejar botas, armas y alimentos en la playa para los que se quedaban en tierra, el grupo subió a bordo, donde el capitán Brian Coleman les dio la bienvenida con sándwiches de langosta y ron de la armada. El general Kreipe parecía aliviado con el fin de la aventura y, aunque hacía tiempo que el hombre no le molestaba, pidió que se le permitiera desembarcar con el brazo en cabestrillo ante el comité de recepción que aguardaba en Marsa Matruh para llevarle a la cárcel de El Cairo. Por su parte, Paddy cayó fulminado nada más subir al barco. Un fortísimo ataque de fiebres reumáticas le obligó a pasar los meses siguientes en el hospital de El Cairo, temporalmente paralizado. Allí recibió la medalla de la Orden del Servicio Distinguido, que le tuvo que ser prendida al pijama del hospital.

No me canso de mirar una y otra vez las fotos de la resistencia cretense, especialmente las del secuestro de Kreipe. Algunas están tan cuidadosamente preparadas que parecen las fotos del rodaje de una película de aventuras. Sobre todo las de los jefes de las guerrillas y sus *andartes*, de los que se dice que se tomaban su tiempo hasta que se sentían preparados para enfrentarse al objetivo de la cámara. Casi todos son jóvenes, algunos muy guapos, como el propio Paddy con sus botas de caña alta, su bigote y su camisa negra cruzada por las tiras de munición. Recuerda a Errol Flynn a punto de rodar una escena de corsarios. Y Billy Moss, con su casi metro noventa, tan joven, con su mirada lánguida y soñadora. Todos desprenden *levendiá*, esa hermosa palabra griega para describir lo indescriptible pero que, según el estado de ánimo y las circunstancias, se podría traducir por juventud, salud, valor, humor, rapidez de palabra y de acción, destreza con las armas, don de agradar a las mujeres, gusto por el canto y la bebida, generosidad, capacidad de improvisar *mantinades* y de volar como un pájaro en las danzas más rápidas y feroces. Todo eso y mucho más es *levendiá*. Viéndoles, no puedo evitar preguntarme si el resto de sus vidas no les habrá parecido decepcionante a todos ellos al lado de aquellos intensos años de guerra y aventuras durante los que fueron auténticos *levendis*.

En una de mis visitas a Agios Nikolaos, la pequeña ermita bizantina donde fueron dispersadas las cenizas de Bruce Chatwin en Mani, conocí a Andonis Barbayiannakos. De entrada, Andonis me había parecido un británico como los que había encontrado en otras ocasiones en ese, normalmente, solitario lugar. Pero pese a ser alto y rubio, Andonis resultó ser un profesor griego recién jubilado que había dado clases en Kalamata y que ahora disponía de abundante tiempo para cuidar de sus gallinas en la casa familiar, no lejos de la ermita. «¿Viene por el *anglos*?», me preguntó. «Sí», le respondí y tras someterme al cuestionario habitual sobre mis coordenadas vitales, me preguntó si tenía prisa, a lo que respondí negativamente. ¿Quién podría tener prisa en un lugar así? Me dijo que si le esperaba unos minutos a que reparara el gallinero (los zorros hacían incursiones nocturnas en él), me enseñaría algo interesante en su casa. Mientras lo arreglaba, me contó que una vez había venido un equipo de la BBC a filmar allí. «No te puedes imaginar cómo se puso esto. Había gente, cámaras y técnicos por todas partes. También vino Patrick Leigh Fermor y estuve hablando con él», añadió con orgullo. Cuando terminó las reparaciones le acompañé a su casa, intrigada por lo que me quería enseñar, ya que no entendía la palabra griega con que lo denominaba. Entramos primero en un patio lleno de plantas bien cuidadas y a continuación le seguí a través de una pequeña puerta pintada de azul que daba a unas escaleras por las que descendimos. Nos encontramos en una amplia estancia abovedada totalmente vacía que conducía a otra estancia similar. Yo no veía nada extraordinario, salvo una especie de gran bodega vacía. Así que pregunté si efectivamente se trataba de las bodegas. «No exac-

tamente—replicó—. Aquí vivían mis antepasados en caso
de invasión de piratas o de turcos mientras esperaban a que
pasara el peligro. Siempre había alimentos, armas, agua, velas. De todo lo necesario». Era una especie de «habitación
del pánico» en versión antigua y supuse que Andonis había crecido escuchando historias fascinantes a sus mayores sobre bandidos, piratas y ladrones en una tierra famosa por sus enemistades heredadas que se saldaban con sangre y que hasta muy avanzado el siglo XX había estado casi
totalmente apartada del resto de Grecia. De ahí la fascinación con la que lo mostraba. Cuando salimos de nuevo a la
luz y al calor del mediodía quise saber de qué había hablado con Patrick Leigh Fermor.

Le pregunté por qué no se había quedado a vivir en Creta, dada
la cantidad de amigos y conocidos que tenía allí y dado todo lo
que le querían. Me contestó que precisamente por eso. Tenía tantos amigos y conocía a tanta gente que no habría podido disponer
ni de un minuto de tranquilidad. Y que alguien que quería escribir y que era tan lento como él haciéndolo, necesitaba de mucha,
mucha tranquilidad.

Cuando nos despedimos, Andonis me prometió que en
la próxima visita que hiciera a Agios Nikolaos, si le avisa-
ba con tiempo, conseguiría la llave para que pudiera ver las
pinturas bizantinas de su interior.

ॐ

Desde que puso el pie en Grecia, cuando apenas contaba
veinte años, Paddy se enamoró de un país que, como aspirante a escritor, le resultaba absorbente y estimulante y en
el que, como escribió en el prólogo de su libro *Mani*, «ape-

nas había una roca o un arroyo que no estuvieran vinculados a una batalla o un mito, a un milagro o una anécdota o superstición campesinas; un incidente extraño o memorable. Todo ello se iba espesando en torno al viajero a cada paso que daba». Durante la guerra aprendió el idioma griego y terminada ésta, se dedicó a recorrer las regiones más remotas de Grecia ya fuera a pie, en autobús, a lomos de mula o en caique. Fruto de estos viajes fue un montón de manoseadas libretas escritas en letra minúscula que con el tiempo se transformaron en dos exquisitos libros sobre Grecia, *Mani* y *Roumeli*. En vez de centrar su interés en el período grecorromano, que consideraba suficientemente atendido por plumas insignes, Paddy dedicó su atención a la gran variedad de vestigios y costumbres ancestrales provenientes de Bizancio que estaban desapareciendo, absorbidos por el imparable avance de la modernización.

Durante la guerra, en El Cairo, Paddy había conocido a Joan, la que sería su compañera de vida y de viajes durante casi sesenta años. Joan Eyres Monsell, rubia, alta, rica y de espíritu aventurero, había llevado una vida poco convencional para lo que se esperaba de la hija de un vizconde y primer lord del Almirantazgo. Estudió fotografía en Londres y se especializó en arquitectura. Frecuentaba el círculo artístico y literario londinense y Cyril Connolly estuvo perdidamente enamorado de ella. Sus amigos, entre los que se contaban Giacometti y Maurice Bowra, decían que era discreta, inteligente y generosa. En 1939 se casó con un editor londinense del que se separó al poco tiempo. Durante la guerra trabajó como enfermera y en el departamento de codificación en las embajadas británicas de España, Argel y El Cairo.

Terminada la guerra, Paddy y Joan se establecieron en Atenas, donde, de 1946 a 1947, él tuvo el único empleo remunerado de su vida como subdirector del British Council de Atenas, cuyo director era Steven Runciman. La invitación de un amigo fotógrafo griego a realizar un viaje por el Caribe le hizo abandonar el cargo. Al poco, Joan, Paddy y Kostas partían hacia las Antillas. Motivo confesado del viaje: el placer y una insaciable curiosidad. En Barbados se encontró con una de esas rarezas helénicas que tanto le fascinaban. En el cementerio de una pequeña capilla anglicana encontró la tumba de Ferdinando, el último descendiente de la dinastía imperial bizantina de los Paleólogos, llegado en el siglo XVII a aquella remota isla para hacer fortuna en una plantación de piñas. Además de placentero, el viaje resultó literariamente fructífero, ya que su crónica se convirtió en su primer libro, *El árbol del viajero*, que recibió dos premios literarios y le consagró como escritor. A éste le siguió su única novela, *Los violines de Saint-Jacques*, también inspirada en las Antillas y transformada en ópera por el músico australiano Malcom Williamson. En *Un tiempo para callar* narraría sus experiencias en diferentes monasterios franceses cuando buscaba sitios baratos en los que escribir su libro antillano y en los que descubrió «el hechizo lento y acumulativo de la quietud que sana».

A sus viajes de exploración de los lugares menos frecuentados de Grecia, Joan y Paddy añadieron el objetivo de encontrar un lugar tranquilo donde establecerse. Uno de esos viajes les llevó a Mani, que todavía en los años cincuenta era una región remota del Peloponeso, de pasado turbulento y desconocida incluso para los propios griegos. Sus habitantes tenían renombre por su carácter indómito y pendenciero. A ello se añadía el atractivo de que apenas se había escrito nada sobre la zona. Mientras hacían los preparativos del viaje en Esparta, fueron avisados de todas las calamidades que les sucederían si osaban poner el pie en ese tenebroso lugar. «Os robarán», afirmaba un policía de Esparta. «Os robarán y os arrancarán la piel», matizaba un habitante de Arcadia de paso por la ciudad. Estaba claro que los maniotas no contaban con muchas simpatías al otro lado de las montañas. Llegado el día de la partida, el director del banco local les subió en su todoterreno por la zigzagueante carretera que asciende hasta Anavrito. Mientras les ayudaba a descargar sus mochilas en la plaza del pequeño pueblo de montaña, les susurró al oído que estuvieran en guardia porque todos sus habitantes eran judíos. Lo que se encontraron, en cambio, fue una agradable aldea griega cuyos habitantes, entre risas, atribuían esas leyendas sobre sus supuestos orígenes judaicos a la envidia suscitada por su prosperidad, fruto de su laboriosidad en la producción de artículos de cuero y la confección de mantas, mercancías con las que comerciaban por todo el país. Al día siguiente contrataron los servicios del taciturno pero eficaz Yorgos, quien se encargaría de guiarles a través de las montañas y les dejaría en el camino de Kambos, ya en Mani, no sin advertirles una vez más de que se cuidaran de los maniotas.

ຂ໑

El trayecto de montaña que, a través del Taigeto, separa Laconia de Mesenia sigue siendo hoy, cincuenta años después de que lo recorrieran Paddy y Joan, una zona en la que el viajero sensible y predispuesto puede transportarse sin gran esfuerzo al pasado. A ello contribuyen sin duda los restos de los antiguos caminos, los *kalderimi*, nombre griego de las sendas bizantinas construidas a su vez sobre las antiguas calzadas romanas. En mi opinión, no hay un lugar que exhale tantos efluvios de antigüedad como la cor-

La autora en Mistrás, a punto de atravesar la cadena del Taigeto, primavera de 2009.

dillera del Taigeto y los innumerables desfiladeros que la surcan. En estos solitarios parajes cada pisada de las botas parece despertar ecos ancestrales. Cuando en la primavera de 2009 recorrí con Montse, compañera de tantas aventuras griegas, el camino de los Leigh Fermor por estos lugares, descubrí uno de los territorios más solitarios y hermosos de Grecia. Dada su inaccesibilidad, aquí se refugiaron durante siglos las poblaciones de los valles huyendo del invasor de turno. En estas bellísimas montañas, los antiguos espartanos levantaron santuarios a sus misteriosos dioses, a los que sacrificaban caballos, y las gentes de la llanura construían poblados cuando la vida en el llano se hacía imposible. Todavía el viajero puede encontrar a mil setecientos metros de altura eras donde se trillaba, cabañas en ruinas y diminutas ermitas de piedra, mudos vestigios de una

228

vida precaria y agreste. En el desfiladero de Viros, un lugar desolado y claustrofóbico debido a la estrechez y a la altura de sus paredes de piedra, no encontramos campamentos de pastores como los que acogieron a los Leigh Fermor y les ofrecieron un improvisado banquete a base de queso, higos y pan. Ya no habita ningún ser humano en él. La única presencia viva, además de las aves y de los seres acuáticos que pueblan el río, eran animales domésticos asilvestrados—vacas, asnos y cabras—que huyeron o fueron abandonados por sus amos y ahora llevaban una existencia salvaje en esas soledades. A nuestro paso, un ternero recién nacido se levantó torpemente para acudir en busca de su madre, espantado por nuestra repentina aparición. El susto fue mutuo. Pero el recuerdo de ese viaje a pie que más perdura en mi memoria es un simple instante en el que volví la cabeza y contemplé el camino que acababa de recorrer, en realidad un tramo de la antigua calzada romana que unía Esparta con el puerto de Kardamyli. Estaba extraordinariamente bien conservado y esa característica ejerció tal fascinación sobre mí que no podía dejar de mirarlo. Perdí la noción del tiempo y durante unos instantes *percibí* vívidamente el camino poblado con la presencia de los viajeros de antaño. Luego, todo se vació de nuevo y la soledad volvió a adueñarse del lugar, aunque la sensación de que el tiempo tenía allí una *densidad* especial se mantuvo durante todo el trayecto. Mientras apresuraba el paso para reencontrarme con mi amiga recordé una sensación similar vivida en una lluviosa mañana de invierno entre las ruinas del estadio de Delfos, donde la soledad, unida a la majestuosidad del lugar, me hizo sentir próxima a algo lejano, a una historia perdida y largo tiempo olvidada.

Tras nueve horas de caminata, de las que seis habían transcurrido en las profundidades del desfiladero, sentimos un gran alivio al llegar a la pequeña aldea de Exohori en plena oscuridad y disfrutar de una merecida cerveza y de la compañía de seres humanos en su taberna.

જ

A Joan y Paddy, Kardamyli les pareció diferente a cualquier otro lugar que habían visto en Grecia. Pero cuando descubrieron el pequeño promontorio que se alza al borde del mar a kilómetro y medio del pueblo, supieron que habían encontrado el «lugar inevitable». Allí era donde querían vivir y establecerse. El problema era conseguir que los numerosos propietarios del lugar, desperdigados por todo el mundo, estuvieran dispuestos a venderlo. Tras dos años de lentas e interminables negociaciones consiguieron hacerse con el terreno, descrito así por Paddy en una carta a una amiga:

No hay ni una casa a la vista, nada, salvo dos puntas rocosas, una isla enfrente a un cuarto de milla con una capilla en ruinas y una gran extensión de agua brillante, sobre la que puedes ver ponerse el sol hasta su último rayo. Es la Grecia de Homero.

Allí construyeron una laberíntica casa de piedra, de espaciosas habitaciones, abierta a los cuatro puntos cardinales. Mientras duraron los trabajos, Paddy se instaló en una tienda de campaña para supervisar la obra. Enamorado del lugar, no se cansaba de recorrerlo. Podía pasar horas deambulando por él, acariciando los troncos de los olivos o las rocas que lo poblaban, o se zambullía en el mar para, desde la distancia, contemplar mejor el espacio donde poco a poco su casa iba adquiriendo forma.

Este sería su refugio, su monasterio particular, en el que podría escribir y recibir a los amigos. Desde su base en Mani, también hizo incursiones en el cine como asesor de *Emboscada en la noche*, la película que narra el secuestro del general Kreipe, dirigida por Michael Powell, en la que un joven Dirk Bogarde encarnaba el papel de Paddy. Fue rodada en los Alpes de Provenza y después de una semana de tratar en vano que se suprimieran escenas fantasiosas como el asesinato de unos soldados alemanes por el protagonista mientras está en la silla del dentista, abandonó el rodaje.

Patrick Leigh Fermor murió en junio de 2011 a los noventa y seis años tras una vida intensa, llena de amor, amistad, aventuras, libros y viajes por todo el mundo. Una vida acompañada de una forma física que le permitió cruzar a nado el Helesponto a los sesenta y nueve años. Cuando en una entrevista le preguntaron de qué se sentía más orgulloso, contestó sin dudarlo un segundo: «Del aceite. El aceite que producimos de nuestros olivos. Ésa es mi mayor fuente de orgullo».

KEVIN ANDREWS,
EL VUELO DE ÍCARO

Kevin Andrews frente al islote Avgó

Kevin Andrews no fue un personaje popular. Escribió un libro, *The Flight of Ikaros*, en el que describe una Grecia agreste y arcaica, de clanes de pastores, guerrillas paramilitares y luchas fratricidas. Gracias a una beca de la universidad de Harvard, Andrews llegó a Grecia en 1947 con la intención de completar sus estudios de arqueología. En lugar de ello, se convirtió en griego, en un griego montaraz e indómito que no tuvo problema en recorrer a pie el Peloponeso en plena guerra civil para cumplir el encargo de cartografiar fortalezas bizantinas y venecianas. Kevin Andrews amaba la vida al aire libre, los caminos y las montañas. Leer sus descripciones de caminatas interminables por lugares remotos —y peligrosos—, sus acampadas nocturnas en la montaña, sus campamentos improvisados junto a las ruinas que tenía que estudiar, sus largas temporadas con los pastores de Yerania, de los que adoptó costumbres y vestimenta, me sigue produciendo un enorme gozo. Escribió algunos libros más que no tuvieron aceptación. Se involucró en la lucha contra la junta militar griega mientras se iba radicalizando políticamente hasta convertirse en un personaje incómodo para el acomodaticio círculo de expatriados de Atenas. Los datos que aquí se mencionan han sido tomados de sus propios libros y de la persona que le conoció —y amó— poco antes de su trágica muerte. Estas páginas son mi particular homenaje a este Ícaro que también cayó fulminado en el mar.

ॐ

Roy Kevin Victor Andrews vino al mundo en Pekín en 1924. Hasta los treinta años creyó ser hijo del célebre paleontólogo y explorador de China y Mongolia, Roy Chapman Andrews, en el que según parece está inspirado el personaje de Indiana Jones. Su madre, una hermosa estadounidense llamada Yvette Borup, le confesó tardíamente que su padre no era el famoso explorador, sino un oficial británico que no quiso saber nunca nada de su supuesto hijo.

La infancia y adolescencia de Andrews transcurrieron en internados de élite en Gran Bretaña y Estados Unidos. Se matriculó en Harvard en estudios clásicos y literatura estadounidense, pero la Segunda Guerra Mundial le obligó a abandonar la universidad. Pasó un año en campos de entrenamiento en Colorado y Texas y dos en el norte de Italia como explorador de la Décima División de Infantería de Montaña. Cuando concluyó sus estudios en Harvard lo único que sabía era que deseaba algo más estimulante y aventurero que convertirse en profesor universitario.

A Kevin Andrews le gustaba contar que mientras paseaba por los solitarios pasillos de la universidad el día de su graduación, se paró frente a un panel de anuncios que ofrecía una beca de investigación de un año en la Escuela Estadounidense de Estudios Clásicos de Atenas. La solicitó y se la concedieron, según él, por ser el único interesado. La realidad era que se había licenciado con la máxima nota pese a la perplejidad de sus examinadores ante el tema de la tesis: «Prometeo y Ahab, un estudio sobre la claridad y el caos».

PRIMER AÑO EN GRECIA

La historia de amor de Kevin Andrews con Grecia comenzó en el buque en el que cruzó el Atlántico. Sus vecinos de cabina eran una familia compuesta por una mujer de cabello gris y rostro bronceado que regresaba por primera vez con sus hijos a su isla griega de Paros después de treinta años en Brooklyn. Como tenía una semana libre antes de incorporarse al curso académico, el joven becario decidió aceptar la invitación de la familia para asistir a una boda en la isla y celebrar de paso la llegada de un pariente que estaba luchando en el frente de Macedonia. La semana transcurrió entre fiestas, bailes y comidas multitudinarias. Pero durante el trayecto de vuelta a Atenas conoció por primera vez las facetas en absoluto amables de un país sumido en la guerra civil: el barco iba lleno de estudiantes que eran conducidos a la prisión de la isla de Makrónisos, frente a la costa del Ática. Todos estaban terriblemente demacrados y sus cráneos afeitados no hacían sino resaltar su aspecto aturdido y asustado. Kevin Andrews nunca había visto un grupo de gente que tuviera menos aspecto de estudiante. Alguno parecía no haber cumplido siquiera los dieciséis años. Cuando se acercó a ellos para preguntarles por el futuro que les aguardaba, los prisioneros, una vez convencidos de que era estadounidense y no inglés, le hablaron con toda franqueza: «Churchill es un maldito hijo de puta y por su culpa estamos prisioneros», le espetó uno de ellos con aire sombrío. Otro prisionero, de cara macilenta y mirada vacía, le contó una apasionada historia de engaños, traiciones y falsas promesas. Aquella conversación y la suerte de aquellos chicos, convencidos de que una vez derrotados los alemanes empezaban para Grecia días de reconciliación y que lejos de ello iban camino de una temible prisión militar donde acabarían siendo fusilados, impresionó tanto a Kevin Andrews que años después la reproduciría casi literalmente en su libro *The Flight of Ikaros*, subtitulado «Viajes por Grecia durante una guerra civil».

La llegada a Atenas tampoco fue prometedora. En el puerto del Pireo se alzaba una extraña selva de mástiles que sobresalían del agua. Eran los vapores, buques de carga, caiques o barcos de guerra hundidos por los alemanes en retirada o bombardeados por las tropas británicas apenas tres años antes.

La ciudad estaba sumida en el caos. En Atenas, y en general en toda Grecia, había una gran escasez de agua potable. Casi nada funcionaba. El Estado había desaparecido y no se podía viajar por el país. El cadáver de un periodista estadounidense acababa de ser encontrado en las montañas de Macedonia. Pero en medio de la confusión y el desorden, la Escuela Estadounidense de Estudios Clásicos de Atenas volvía a abrir sus puertas. Situada en las perfumadas laderas de la colina del Licabeto, con su jardín de enormes coníferas y bancos ornamentales, disfrutaba de una notable vista sobre el monte Himeto y los suburbios orientales de Atenas y disponía de agua corriente gracias a la proximidad de un importante hospital. Aparte de Andrews, sólo había otros cuatro estudiantes estadounidenses más en aquel enorme edificio del residencial barrio de Kolonaki.

Al día siguiente de su llegada tuvo la primera entrevista con el subdirector de la escuela, que le puso en antecedentes de lo que podía esperar. «Olvídese de viajar», es lo primero que le dijo. Y con expresión de desaliento en el rostro tras escuchar las pretensiones del recién llegado, añadió:

Justo lo que me temía. Todos los estudiantes que llegan aquí con esta beca esperan pasar el año leyendo a los clásicos en su hábitat natural: Hesíodo en Beocia, Esquilo en la Argólida, Platón a orillas del Iliso y, por supuesto, también esperan leer *Las bacantes* en los bosques de Macedonia. Eso es lo que hacen los británicos de la escuela de aquí al lado. Nada más llegar se van a Tebas a pie. Pues entérese bien: nadie puede caminar por las montañas, porque ahí fuera hay una guerra. En cambio—aclaró—lo que ofrece la escuela es un interesante curso de arqueología.

No obstante le tranquilizó prometiéndole que visitaría Micenas, Argos y Tebas haciendo uso de los todoterrenos de la escuela. También le prometió que tendría trabajo suficiente para mantenerse ocupado en la biblioteca, donde le aguardaban montañas y montañas de aburridos informes de excavaciones, algunas de las cuales databan de hacía más de cien años.

Desde el principio chocó con el ambiente remilgado de

la institución y todos sus sueños se disiparon ante la realidad académica. Según cuenta en *The Flight of Ikaros*, esperaba que la arqueología fuera un derroche de revelaciones y de información confidencial sobre cómo vivían realmente los antiguos, un lenguaje palpitante que mostrara lo que éstos más valoraban, aquello que amaban o las cosas por las que mataban y morían. En la escuela, en cambio, la arqueología era infraestructura y burocracia, y cuanto más aburridas mejor.

Hacían viajes a las excavaciones de Eleusis, Micenas, Argos y Olimpia en los todoterrenos de la escuela bajo la tutela del subdirector (una autoridad en los ingredientes de la terracota). Todas le resultaron odiosas. En ellas los alumnos asistían a escuetas charlas ante pilas y pilas de fragmentos amontonados en las estanterías de polvorientos museos provinciales cerrados al público. El día también se iba en detallados exámenes de bloques de mármol o bases de columnas; en medir y tomar notas para luego redactar informes sobre los diferentes tipos de lutróforos protoáticos.

El mundo clásico se le apareció desprovisto de magia. Al menos en lo que a él concernía, el dios Pan estaba bien muerto. Las bahías de Salamina y Áulide permanecían silenciosas y, lo que es peor aún, resultaban insípidas y nada evocadoras. Tebas era ahora una ciudad polvorienta en la que Sófocles ya no era recordado; Maratón, un simple montículo desde el que se divisaban campos agostados. En Olimpia, las esculturas del frontón del templo de Zeus—maravillosas imágenes de centauros y un dios Apolo de gesto sombrío—eran explicadas en términos de desarrollo gradual de la representación anatómica. Las visitas a los yacimientos de las islas solían ser más animadas gracias a una zambullida furtiva o por los alegres encuentros con pescadores al atardecer.

Corinto era diferente. La casa en la que se alojaban estaba dirigida por un tipo simpático que les permitía gozar de libertad. Sobre las ruinas clásicas, se alzaba la montaña fortificada sobre impresionantes acantilados amurallados; el horizonte almenado de las defensas bizantinas, el torreón de los príncipes de Villehardouin y las troneras venecianas. Comenzó a pasar más tiempo vagando en torno a las cisternas y almenas medievales que junto a los restos del elegante museo estadounidense donde le pidieron que diera una opinión original sobre el origen y desarrollo de los *lekitos* de figuras negras protocorintios. Sin todavía saberlo, su alma se había quedado prendida de los torreones cubiertos de hiedra de las desmoronadas fortalezas medievales, levantadas a toda prisa con las piedras de los viejos templos.

Pero no todo fueron piedras durante aquel primer año en Grecia. Si la diosa Arqueología le había decepcionado por su frialdad, otra diosa, Afrodita, acudió a su encuentro para compensarle de tanto tratado académico y complicarle de paso la vida. A través de la escuela conoció a Kimon Friar, un grecoestadounidense muy célebre en aquella época, poeta y editor de revistas en inglés que difundían la cultura griega. Friar le introdujo en un interesante grupo de exiliados filohelenos. Una de ellos, Olga, una siberiana madura y experta en las artes amatorias, debió de encontrar irresistible al intrépido muchacho estadounidense, muy versado en historia y literatura pero totalmente inexperto en las materias que ella dominaba.

Pese a las prohibiciones, los fines de semana comenzó a explorar la ciudad y sus alrededores. Cada domingo subía al monte Himeto. Muy temprano, seguía el curso del Iliso convertido ahora en un inmundo hilillo de agua y atravesaba el barrio de Kaisarianí, donde seguían viviendo todavía los refugiados de Asia Menor en chozas y cobertizos exquisitamente pintados, pero en condiciones sanitarias que no habían cambiado desde los años veinte. Kaisarianí había sido un baluarte del ELAS ('Ejército Popular de Liberación Nacional') durante la ocupación germana y los alemanes nunca se atrevieron a entrar de noche, ni siquiera en expediciones de castigo; más adelante, en diciembre de 1944, algunas partes del barrio habían sido bombardeadas y totalmente arrasadas por los británicos. Llegó noviembre y con él el presagio de un mal invierno. El país seguía destruido y sumido en el caos desde la Segunda Guerra Mundial. Al menos el ocho por ciento de la población había perecido en los cuatro años de contienda; un millón estaba sin hogar después de la quema de casi dos mil pueblos; la mitad de las carreteras del país y un tercio de la riqueza nacional habían sido destruidos. Tras la retirada de los alemanes, las unidades del ELAS trataron de impedir que los colaboracionistas escaparan, juzgándoles en tribunales populares y ejecutando a varios cientos de ellos, mientras que los hombres de los batallones de armados por los alemanes comenzaron a contraatacar o se alistaron en la policía, que estaba siendo reorganizada.

En el curso de ese primer invierno en la Escuela Estadounidense sucedieron varios hechos sin relación entre sí pero que iban a cambiar la vida de Andrews para siempre. Después de Olga había conocido a otra mujer, esta vez griega y también mayor que él, además de casada. Se enamoraron y vivieron un apasionado romance: fruto de ese amor nacería su primera hija, que fue legalmente adoptada por el esposo de su amante, un profesor griego, y con la que Andrews mantuvo relaciones conflictivas durante toda su vida.

Andrews escribía en su diario todos los días y por aquella época aparecen las primeras menciones de un oscuro trastorno nervioso que sería diagnosticado como epilepsia, por lo que tuvo que pasar varios meses en observación en un hospital de Atenas. Sus relaciones amorosas habían creado en él una compleja mezcla de culpabilidad, furia y miedo, e incluso llegaría a identificarlas como la causa de su nuevo mal:

Los ataques comenzaron por aquella época y pensé que los tenía, y que todavía los tengo, siempre que trato de demostrar algo a los demás, cuando les fallo, cuando miento. En cierto modo son mi conciencia. Y tengo mucho de lo que avergonzarme,

solía decir hacia el final de su vida. A partir de entonces comenzó a llevar un diario paralelo en el que hacía un minucioso recuento de todos los ataques, anotaba los medicamentos que tomaba, qué doctores había visitado, con cuánta frecuencia se habían producido, etc.

Cuando parecía que su estancia en Atenas estaba a punto de terminar, la directora de la escuela le ofreció realizar la *editio princeps* de una serie de planos de fortalezas que ella había comprado en Venecia en 1938. Esos planos, realizados por Francesco Grimani, comandante destacado en Morea durante el llamado segundo período veneciano (1685-1715), correspondían a diecisiete fortalezas del Peloponeso, y a otras dos de Creta y Evia. Además de otra beca de la Escuela Estadounidense, la oferta venía acompañada de una beca Fulbright que le permitiría pasar en total otros tres años en Grecia. El trato consistía en viajar en primavera y verano para examinar los restos de las fortalezas y, durante el invierno, estudiar y registrar en la biblioteca los hallazgos realizados. No tardó ni un segundo en aceptar.

El primer año había transcurrido en un agitado suspiro. Andrews no podía ocultar su satisfacción mientras observaba a sus compañeros de curso hacer las maletas para regresar a casa. Él no sólo se quedaba sino que, por primera vez, *pertenecía* a un lugar. Como escribiría más tarde, cuando le quitaron la ropa de calle y le pusieron el pijama en el hospital en el que iba a pasar varios meses en observación, sintió que le despojaban de su condición de *extranjero* y que le dotaban de un punto de referencia, de una patria y de unas raíces. Kevin Andrews se había convertido en griego.

La historia de esa metamorfosis puede leerse en *The Flight of Ikaros*, en el que narra sus aventuras y encuentros durante esos cuatro años de vagabundeo juvenil y muestra su profundo amor por la tierra griega y sus gentes. Según Patrick Leigh Fermor, se trata de uno de los mejores y más emocionantes libros de viajes sobre Grecia. Su trabajo académico, *Castles of the Morea*, hoy convertido en un clásico y referencia obligada para todos los estudiosos de la Grecia medieval, fue publicado en 1953 como cuarta monografía de la prestigiosa Biblioteca Gennadeion de Atenas. En su a veces apasionada prosa, el petromaníaco Andrews demuestra su fascinación por la turbulenta historia del país:

En lugar de brillantes piedras cinceladas con perfección, estas fortalezas de la Grecia medieval yacen agazapadas en los contornos del terreno, con sus muros construidos bajo el signo de la prisa, desmoronados y reducidos a escombros, como si no hubiera habido tiempo suficiente entre una invasión y la siguiente para levantarlos.

Hay una foto de Kevin Andrews plantado frente a la Acrópolis de Corinto poco antes de emprender su primer viaje: es la imagen de un muchacho alto, guapo, fuerte y con una mirada cargada de expectativas. Nadie diría que los médicos le habían recomendado evitar el café, el alcohol, el té cargado, las preocupaciones, la tristeza, el insomnio, la irregularidad en las comidas, conducir, hacer ejercicio intenso, nadar largas distancias, escalar y, sobre todo, exponerse al sol. Curiosa lista para alguien que iba a dedicar tres años a recorrer, preferentemente a pie y en los meses estivales, todos los pueblos del Peloponeso donde quedaran ruinas medievales. Su equipo consistía en mochila, saco de dormir, brújula, cuaderno de notas, cinta métrica, cámara fotográfica, una flauta de caña y algo imprescindible: salvoconductos del gobierno y una combinación de temeridad, inocencia y entusiasmo a partes iguales.

En aquella turbulenta época, las ruinas y excavaciones relacionadas con el mundo clásico contaban con la protección del gobierno y del ejército. En cambio, los restos pertenecientes al pasado medieval y bizantino yacían en el más completo abandono. Lo que quedaba de sus paredes servía en algunos casos de refugio para familias que lo habían perdido todo. Hace muy poco, viajando por Grecia, yo misma encontré en un desvencijado monasterio de la isla de Ioannina a una viejecita que vivía sola entre las ruinas y que tras interrumpir por mí un frugal almuerzo a base de espinacas, me mostró unos frescos maravillosos que cubrían de arriba abajo todas las paredes.

El primer destino de Kevin Andrews fue la ciudadela de Mistrás. Cinco kilómetros al oeste de Esparta, en una estribación de los montes Taigeto (*Taígeto* en griego) y dominando el valle del Eurotas, se encuentra el último bastión del Imperio bizantino, uno de los lugares más bellos y evocadores de Grecia. En Mistrás fue coronado emperador Constantino XI Paleólogo, el último de los ochenta y ocho emperadores de Bizancio herederos del césar Augusto de Roma. La ciudad fue fundada en el siglo XIII por el príncipe franco Guillermo de Villehardouin, que la ocupó diecisiete años; durante dos siglos perteneció al Imperio bizantino y durante tres al Imperio otomano. Su apogeo tuvo lugar en 1740, cuando los venecianos se la arrebataron a los turcos; entonces llegó a contar con más de cuarenta mil habitantes y se convirtió en centro del comercio de la seda del Peloponeso.

Mistrás posee una belleza sutil y absorbente que las actuales restauraciones están haciendo peligrar. Robert Byron, que acudió allí en 1927 para fotografiar los frescos bizantinos de las iglesias y monasterios, le dedicó palabras conmovedoras en *The Station*:

Para aquellos epicúreos del paisaje que exigen no sólo forma sino color [...] el Levante es incomparable. Y de todo el Levante [...] no hay un lugar donde el alma divina de la tierra pueda de tal modo llenar el corazón, arrasar tanto los ojos de lágrimas [...] como Mistrás en el valle del Eurotas...

Sin embargo, cuando Andrews llegó en 1948, Esparta estaba cubierta de violentas pintadas: «¡Helenos decidíos: si no sois monárquicos, sois comunistas!» o «¡Muerte a serbios, albaneses y búlgaros!». En Mistrás, los lugareños acogieron con recelo al angloestadounidense que se pasaba el día recorriendo las ruinas, tomando notas y haciendo fotografías, y que además dormía al aire libre mientras ellos montaban guardia en torno a sus casas por si aparecían los comunistas. Por la mañana acudía a tomar café bajo el gran plátano de la taberna, donde también pasaba las horas de más calor leyendo historias bizantinas y una larga crónica en verso del siglo XIV escrita en romaico como ayuda para fechar e identificar los edificios. A lo lejos, columnas de humo se levantaban de los cercanos montes Parnón. Era el ejército quemando pueblos para acabar con la guerrilla.

Ese primer verano llegó pronto a su fin. Aunque tenía prisa por regresar a Atenas, no pudo resistir la tentación de atravesar los montes Taigeto y llegar a Kalamata a pie. Había vivido casi cuatro meses bajo esa imponente muralla rocosa y, para un apasionado montañero como él, hubiera sido demasiado doloroso marcharse sin hacerlo.

Atravesó el paso de Langada en compañía de un pastor y desde allí prosiguió en solitario. Alcanzó el primer pueblo de Mesenia, desde donde ya se podían contemplar el mar y la ciudad de Kalamata a lo lejos. Comenzó el descenso a grandes zancadas para que no le sorprendiera la noche en el camino y cuando ya creía haber pasado lo peor, tres individuos le gritaron desde atrás que se detuviera. Le hicieron la retahíla de preguntas habituales: ¿De dónde era? ¿A qué se dedicaba? ¿Por qué viajaba solo y a pie?

Esta vez no le sirvió de mucho decir que era extranjero y arqueólogo. Sus interrogadores no habían visto nunca uno y ni siquiera conocían la existencia de tal profesión. Después de un verano de trabajo al aire libre su aspecto era harapiento y llevaba la cabeza rapada. Le acusaron ser un huido de la cárcel e insistieron en que debían llevarle ante la policía del pueblo. Él recurrió una vez más a su estrategia para estas ocasiones: aparecer natural y despreocupado, amable en las respuestas, paciente y no demasiado inteligente. Para demostrar su inocencia fue sacando una tras otra las cosas que llevaba en la mochila, pero nada de todo ello fue de mucha ayuda. Sólo cuando extrajo la flauta, los tres individuos cambiaron de actitud como por ensalmo. De pronto, sus recelos de poco antes se convirtieron en gestos amables y frases que ensalzaban su manera de caminar por la montaña. Pero Andrews aceptó el cambio de actitud

con naturalidad porque ya estaba acostumbrado a este des-
concertante comportamiento de los griegos. Y se despidió
de sus captores como un hombre libre.

Al cabo de otras cuatro horas llegó a las afueras de Kalamata. Desde un cuartel cercano le echaron el alto y le con-
dujeron ante el comandante del puesto. Cuando éste se enteró de que había llegado caminando desde Mistrás, le so-
metió a un nuevo interrogatorio. ¿No sabía que un autobús
comunicaba Esparta con Kalamata diariamente? ¿Por qué
alguien podía querer hacer a pie los cincuenta kilómetros
que separaban ambas ciudades? El comandante era aficionado a la historia y puso a prueba los conocimientos del
medioevo griego de aquel goliardo aparecido en mitad de
la noche. Satisfecho con sus respuestas, no sólo le dejó mar-
char después de haberle convidado a cenar, sino que ordenó que le acompañaran al hotel en un coche del ejército.

A medida que se fueron acabando las fortalezas que debía
estudiar, también llegó a su fin la estancia en la Escuela de
Estudios Clásicos. Aunque sin ganas, Andrews entendió
que había llegado la hora de regresar a Estados Unidos y
lo dispuso todo para la marcha. Pero aún le quedaba una
última cosa por hacer: subir el monte Olimpo. Después de
embalar bien el manuscrito de *Castles of the Morea*, se dirigió al Club de Alpinismo Griego para recabar información.
Sus amigos pastores ya le habían advertido que no viajara
al norte «porque está lleno de lobos y de búlgaros», y en
el propio club le desaconsejaron el viaje porque ese mismo
verano todavía llegaban noticias de movimientos de guerrillas y la zona estaba tomada por el ejército. A pesar de todo
subió al tren de Salónica y se apeó en plena noche en Li-
tójoro, el pueblo base para iniciar la ascensión. Durmió al

raso y cuando todavía no había amanecido sorteó sin grandes problemas los puestos de vigilancia y se puso en camino hacia la cumbre. No se divisaba un alma. Pasó de largo el monasterio de San Dionisio, que hasta no hacía mucho había sido cuartel general de las tropas alemanas, y llegó al refugio, cerrado ahora a cal y canto; sin pararse a descansar, al anochecer ya había alcanzado la cumbre, llamada el Trono de Zeus. A sus pies se extendían la llanura de Macedonia y el mar Egeo, de donde comenzaba a surgir una enorme luna roja. Inmerso en semejante escenario parecía imposible que sólo unas semanas después fuera a estar caminando por las calles de Nueva York, donde a su vez parecería imposible que todo lo que había vivido en esos cuatro intensos años hubiera sido real. ¿Le creería alguien allí cuando contara la historia de la niña de Kalamata que presenció cómo sus padres eran enterrados vivos mientras escuchaba sus gritos hasta que la tierra los sofocó para siempre? ¿O la de aquel pobre maestro que le ofreció su humilde hospitalidad en un pueblo de los montes Parnón y que le contó, mientras compartían una parca cena, que durante una breve ausencia del pueblo unos vecinos habían matado a su hija embarazada y quemado su casa y que no sólo seguía conviviendo con ellos, sino que se los encontraba diariamente en las calles de la diminuta aldea? ¿Le creerían cuando contara que había vivido temporadas enteras en la montaña en compañía de los pastores trashumantes que le habían acogido como a un hijo adoptivo o que uno de sus amigos de Mistrás se vanagloriaba de haber matado con sus propias manos a más de sesenta comunistas?

En aquella cima se despidió de su juventud: tenía veintisiete años y se sentía muy viejo. Y mientras devoraba sus magras provisiones se preguntó acerca de un futuro que vislumbraba incierto.

Finalmente abandonó Grecia, pero sólo para redactar su libro sobre las fortalezas medievales y tratar mientras tanto de encontrar trabajo en el Programa Estadounidense de Ayuda a Grecia o cualquier otro empleo que le permitiera volver de inmediato.

UN GRIEGO POCO ORTODOXO

Al llegar a Estados Unidos Kevin Andrews conoció a Nancy Cummings, hija del poeta E. E. Cummings, divorciada, madre de dos hijos y también objeto de abandono paterno. Kevin y Nancy se casaron en Nueva York y en 1955 nació la hija de ambos, Ioanna. Durante este tiempo, Andrews trató sin éxito de lograr un empleo en el Programa Estadounidense de Ayuda a Grecia y todo hace pensar que Nancy nunca sospechó que bajo la afable apariencia del joven arqueólogo licenciado en Harvard se ocultaba un griego apasionado cuyo deseo de regresar a Grecia a toda costa ocultaba un amor desmedido por aquel país que, como él mismo escribió más tarde en *The Flight of Ikaros*:

[...] se había convertido en algo así como una presencia, una compañía íntima; en algo fiable como una fuerza magnética [...] toda Grecia se había vuelto un ser amistoso. Estar solo en un país extranjero hace que uno tienda a ver lo que le rodea como una relación personal y directa.

En 1956, la familia Andrews viajó por fin a Grecia y en 1960, ya en Atenas, nació su hijo Alexis.

A mediados de los años sesenta, la situación política griega dio un giro radical a la derecha y en 1967 se produjo el golpe de Estado de los Coroneles y el establecimiento de la

Junta, que se mantuvo en el poder hasta 1974. Fueron tiempos difíciles para Andrews, que se radicalizó cada vez más aunque nunca llegó a militar en ningún partido. Se enemistó con la Escuela Estadounidense de Estudios Clásicos, a la que acusaba de no airear la supuesta complicidad de la CIA con el golpe militar acogiéndose a su tradición de no implicarse en la política griega. Antes de la Junta ya había tenido sus más y sus menos con la escuela por sus devaneos con la monarquía. Durante estos años, Andrews publicaría feroces artículos en la prensa extranjera recogidos en *Greece in the Dark: 1967-1974* en los que, con la vehemencia de un Byron, recriminaba a los líderes occidentales por su pasividad ante la situación griega. Participó en el encierro del Politécnico de Atenas del 14 de noviembre de 1973 en el que los estudiantes convocaron una huelga general contra la dictadura militar de los Coroneles. La noche del 17 de noviembre los tanques entraron en el campus causando innumerables muertos y heridos. Para entonces Nancy ya se había marchado a Inglaterra con los niños. El fracaso de su matrimonio, el alejamiento de sus hijos y los problemas de Grecia sumieron a Andrews en la tristeza y la soledad. A ello había que sumar el hecho de que se iba convirtiendo en un personaje molesto, tanto para la colonia angloestadounidense, ante la que hacía esporádicas apariciones vestido como un pastor de las montañas, como ante los propios griegos, por su empeño en recordarles un pasado de pueblo balcánico, alejado de ese ideal de serenidad y tranquila belleza de los antiguos helenos que las autoridades trataban de imponer como imagen oficial desde que el país se independizara de los turcos. Donde se sentía realmente feliz era entre sus amigos los pastores de la Yerania o en la apartada isla egea de Kárpatos, en la que algunos de los versos que improvisaba durante las fiestas, han pasado a formar parte del acervo local.

Tras la caída de la dictadura renunció a su pasaporte estadounidense y solicitó y obtuvo la nacionalidad griega: «Éste es el lugar de mi elección. Ha sido hecha libremente y debe ser total y para siempre», escribió en una carta publicada en la prensa.

Participaba en tertulias literarias mientras seguía escribiendo libros, entre ellos una especie de «anti-guía» de Atenas en la que desmontaba todas las ideas aceptadas sobre la Grecia moderna y constituía una vigorosa respuesta a la conversión del país en un parque temático del mundo clásico para solaz de los turistas.

Sabía que se había convertido en ciudadano de una Grecia desaparecida; la que él había amado: «Llegué a tiempo a Grecia para conocer una forma de vida antigua e íntima. Es imposible olvidarla ahora que ya se ha ido para siempre. Me sentí abrumado por la generosidad de su gente, por el interés que el viajero solitario despertaba en quienes no habían visto en su vida un extranjero, ni aprendido a leer, ni viajado jamás a una ciudad o que habían emigrado a los suburbios de Atenas llevados por una necesidad que escapaba a mi comprensión... Olvidarlo sería faltar a la palabra, traicionar a aquellos que en su gran mayoría están ya muertos», escribió en un artículo sobre los motivos que le habían llevado a ser ciudadano griego.

Una desapacible tarde de noviembre de 1988 abandonó su espartano apartamento del centro de Atenas, donde vivía casi retirado del mundo para asistir a la presentación del libro de Patrick Leigh Fermor, *Entre los bosques y el agua*. Allí se había dado cita toda la comunidad literaria de expatriados de la ciudad. Entre los asistentes se encontraba Elizabeth Boleman-Herring, periodista y escritora estadounidense de treinta y siete años que, como él, llevaba mucho tiempo viviendo en Atenas. En el conmovedor relato de su relación titulado *A Farewell to Ikaros*, Elizabeth recuerda a Andrews ese primer día, vestido para la ocasión con chaqueta de *tweed*, jersey, camisa de franela y una bufanda roja en torno al cuello. Tenía sesenta y cuatro años y todavía conservaba un cuerpo musculoso y atlético además de una abundante cabellera ondulada. Durante la velada hicieron planes para verse de nuevo. Elizabeth era editora y, como antigua admiradora de sus escritos, enseguida mostró interés por publicar una novela que Andrews confesó tener encerrada en un cajón desde los años cincuenta: *Old Rising Sun*. Las relaciones profesionales dieron paso a una intensa y apasionada relación amorosa. En su primera cita, Andrews confesó no haber estado con ninguna mujer ni haber sentido el contacto de otra piel desnuda desde hacía veintiún años. También le reconoció su desengaño con Grecia, su sentimiento de inutilidad con respecto a su *cruzada literaria*, la sensación de no tener nada por lo que luchar y de vacío absoluto en torno a él. El país le parecía un lugar que disfrutaba de su propia podredumbre, que dejaba que sus bosques fueran consumidos por el fuego, que no tomaba medidas para prevenir la creciente contaminación. Para él Grecia era ya un dios muerto, una pasión extinguida, una forma de vida que había dejado de tener sentido.

A finales de agosto de 1989, Kevin y Elizabeth decidieron tomarse un respiro y abandonar la ciudad. Eligieron la isla de Citera porque ninguno de los dos había estado antes allí y nadie les conocía. Llevaban consigo la novela para terminar de ponerla a punto, abundantes libros para leer y las botas de senderismo, ya que planeaban una excursión a pie hasta el cabo Trachylos en el sur de la isla. Antes del viaje, Elizabeth le hizo acudir a un doctor para asegurarse de que no había peligro en pasar unas semanas en una isla nadando, tomando el sol y caminando. El doctor afirmó que Kevin tenía la presión sanguínea y el cuerpo de un veinteañero y que no veía razón para que no realizara todas esas actividades. La medicación que tomaba para la epilepsia también parecía correcta y le pidió que volviera a visitarle a la vuelta.

Se instalaron en el hotel Margarita, en la capital de la isla, y durante los primeros días apenas abandonaron la habitación. Hicieron planes de comenzar una nueva vida en Inglaterra, incluso contemplaron la posibilidad de casarse y tener un hijo. El día uno de septiembre decidieron hacer la excursión hasta el cabo Trachylos. Desde allí se divisaba el pequeño islote de Avgó ('el huevo') distante unos cinco kilómetros de la costa y habitado por colonias de focas. Kevin soñaba con hacer a nado esa travesía desde hacía años y había llegado el momento. Ya en el cabo, Elizabeth tomó una foto de Kevin en la que, debido al fuerte contraluz, apenas se distingue un rostro que se adivina sonriente. El sol lo inunda todo y a su espalda aparece el islote, invitador y engañosamente cercano a la costa.

Cuando a las cuatro se despidió de Elizabeth, le entregó un brazalete y la cruz copta que llevaba al cuello. «Guárdalos como si fueran tu talismán—le dijo—. Cuando esté a medio camino te saludaré para que veas que estoy bien», añadió. Los recuerdos que conserva Elizabeth del resto de ese día son confusos. Sobre las seis de la tarde le pareció verle muy lejos, saludándole, aunque más tarde confesaría que no sabía si eran movimientos de saludo o de alguien que se estaba ahogando. Nunca lo sabría. Comenzó a levantarse un gran viento y con él a rizarse el mar. Presa del pánico, se dirigió corriendo a la ciudad en busca de ayuda. En el puerto, los pescadores se negaban a salir porque el temporal arreciaba, aunque uno se apiadó de ella y se ofreció a llevarle en su lancha. Llegaron hasta el ominoso islote. Nada. Sólo el ruido del viento y del mar cada vez más ensordecedor. Ya era noche cerrada y el pescador optó por regresar. A la mañana siguiente el cuerpo de Kevin Andrews apareció flotando en una playa cercana, casi irreconocible salvo por el reloj que seguía aferrado a su muñeca.

ॐ

Cuando viajo me gusta visitar los cementerios. Suelen ser lugares recoletos, remansos de paz y de silencio, algo muy apreciable en las grandes ciudades. Hace unos años, durante una estancia en Atenas decidí visitar el llamado Primer Cementerio y colocar unas flores en la tumba de Kevin Andrews. Había leído que estaba adornada con piedras emulando las montañas que tanto amó. Me dirigí al barrio de Mets, que toma su nombre de la fábrica de cerveza Metz establecida allí por un bávaro en 1870, donde se encuentra el cementerio. No hubo suerte. El empleado me informó de que sus restos habían sido trasladados por la familia, aunque no me supo decir adónde. Antes de marcharme, deambulé por el recinto en busca de las tumbas de otros conocidos. Allí reposan, en una ostentosa tumba en forma de templo, los restos de Schliemann, el descubridor de Troya y del tesoro de Príamo; muchísimo más discretamente descansan los poetas Yorgos Seferis y Odiseas Elytis, así como el director de cine Jules Dassin y su mujer, la maravillosa actriz y activista política Melina Mercouri. Las flores se quedaron con Melina.

La casa de Andrews estaba a tiro de piedra del cementerio, en una tranquila calle de casas de una sola planta y jardincito trasero. Ésta fue su cabaña de ermitaño en medio de la ciudad; aquí escribía libros incendiarios e incómodos sobre la deriva que estaba tomando Grecia que no com-

placían ni a griegos ni a expatriados; y aquí se ganaba mal
que bien la vida haciendo brazaletes y otras joyas de bronce y cobre. Era sábado por la tarde y no se veía un alma por
el barrio. Mientras fotografiaba la casa observé que dentro alguien corría las cortinas. Se abrió la puerta y apareció en el umbral una mujer joven griega secándose las manos en el delantal. Me preguntó qué quería y si estaba buscando a alguien. Le dije que hacía tiempo había vivido allí
un amigo y había venido a conocer su casa. No me invitó a
entrar, pero a través de la puerta entreabierta pude observar un interior primorosamente pintado y limpio, nada que
ver con aquella sombría cocina-taller llena de humedades
que había visto en una foto de Andrews. El barrio se había
aburguesado y ya no era aquel pueblo dentro de la ciudad
habitado por campesinos desarraigados en el que él había
vivido en su elemento.

El escritor y experto en el mundo balcánico Robert D. Kaplan cuenta en *Invierno mediterráneo* que visitó a Kevin Andrews en su casa de Atenas a mediados de los años ochenta:

Vestía la zamarra de cordero negra propia de los pastores griegos dentro de su casa sin caldear, rodeado del mohoso olor de las
conchas que había coleccionado y de las simples joyas que había
hecho a mano […] en torno a él había una desparramada y contaminada ciudad que apenas guardaba parecido con la que a él
le había enamorado en los años cuarenta.

Y continúa Kaplan:

Si bien lo admiraba por sus escritos, sentí temor de acabar como
él. La belleza de Mistrás—y la de algunos cuantos lugares más—
lo había obsesionado de tal modo que parecía no haber hecho
mucho más el resto de su vida, aparte de evocarla.

LAWRENCE DURRELL, EL REY
DE LAS ISLAS

Sobre Lawrence Durrell—Larry para los amigos—se han escrito miles de páginas de ensayos y voluminosas y detalladas biografías en las que no se omite algún que otro detalle escabroso. Yo voy a escribir sobre el Larry filoheleno e islomaníaco y sobre su incoherente, por poética, trilogía de las islas griegas: Corfú, Rodas y Chipre, con una escala, no tan incoherente, en un lugar que sin ser una isla ocupa un puesto de honor en el imaginario mediterráneo: Alejandría.

Los años que Larry Durrell pasó en aquellas islas fueron, en sus palabras, unos años dorados «cuyos fantasmas surgen y me acosan cada vez que veo una carta con un sello griego, o cada vez que en algún remoto puerto del mundo me encuentro con un buque cisterna vagabundo que enarbola la bandera blanca y azul del Egeo».

Durrell se definía a sí mismo como «islomaníaco»: «Persona a la que las islas le resultan irresistibles. El simple conocimiento de que se encuentra en una isla, en un pequeño mundo rodeado por el mar, la llena de una indescriptible embriaguez». En el caso de Larry, su islomanía sólo se aplica a las islas griegas. Y el mar que baña las islas de Grecia es también el verdadero mar Mediterráneo: «Un mar con profundidad y tono que devora y devuelve el cielo, un mar que pertenece a las islas sin agua y a los molinos grises, a los olivos y a las estatuas». Los islomaníacos suelen estar perseguidos por la mala suerte. Cuando han descubierto la isla que colma los deseos de su corazón, se ven obligados a abandonarla y a vivir como desterrados el resto de sus días en tierra firme.

Las tres obras que componen la trilogía de las islas es de lo mejor que escribió Durrell, pese a que él las considerara libros alimenticios para pagar facturas. Los tres libros—*La celda de Próspero* (Corfú), *Reflexiones sobre una Venus marina* (Rodas) y *Limones amargos* (Chipre)—tienen una dimensión poética que los hace irresistibles. El narrador no quiere ser objetivo. Habla con la misma tranquilidad de la diosa que mora en Rodas como de los funcionarios británicos, miembros como él del servicio secreto. ¿Cómo se puede ser objetivo cuando uno habla del paraíso terrenal? En el Servicio de Inteligencia británico del Mediterráneo oriental se dieron cita en la primera mitad del siglo xx casi todos los que serían alguien en el mundo literario de posguerra: Lawrence Durrell, Patrick Leigh Fermor, Evelyn Waugh,

E. M. Forster, Graham Greene, Robert Liddell... por citar sólo a unos pocos. Leer ahora sus informes sobre los puertos o sobre el cultivo de la remolacha tiene que constituir una auténtica experiencia literaria: «En esos informes derramábamos los tesoros conjuntos de nuestros intelectos nada insignificantes», dice un bastante inmodesto Larry en *Una Venus marina*.

Las islas griegas también son para Durrell escuelas de frugalidad. Sumidas en una perenne escasez, uno se da cuenta al vivir en ellas de que no necesita todos esos trastos de la civilización para alcanzar la felicidad y el bienestar físico. Es más, llega a considerarlos un auténtico estorbo. En cada isla hubo una casa especial, así como una mujer, también especial. En Corfú, Larry y Nancy, de veintiún años y recién casados, alquilaron a un pescador una espaciosa vivienda, la Casa Blanca, en una tranquila bahía al norte de la isla. Y allí, como dos dioses recién estrenados, se pusieron a crear. En Rodas fue Villa Cleóbulo, escondida entre adelfas y pinos en el jardín de la mezquita de Murad-Reis desde cuyas ventanas se veían las lápidas del pequeño cementerio turco. Allí vivió con Eve *Gipsy* Cohen, a la que metamorfoseó en Justine, diosa inalcanzable para los hombres, que se podía entregar a todos porque no era de nadie. La casa turca de Chipre estaba en Bellapais, junto a la abadía en ruinas de los Lusignan y, en aquella isla, conoció a Claude, la mujer tranquila que le acompañó al destierro de Provenza.

En cada isla hubo también una hermandad masculina, un selecto grupo de amigos, aficionados como Durrell a desentrañar la historia del lugar según el método de la incoherencia islomaníaca. Los libros de Larry Durrell sobre las islas griegas enseñan a ver cosas que pasan desapercibidas para la mayoría de ojos mal entrenados pero no para la mirada de un poeta. Son libros inútiles para quien busca una guía de viajes, pero un tesoro para quien desea conocer cosas tan imprescindibles como el origen de la famosa expresión homérica «aurora de rosáceos dedos» o la cualidad única de las puestas de sol en Rodas o el porqué de atar a los gatos a las puertas de las casas en las islas. En ellos, la idea de Grecia resplandece con un brillo triste, como un capitel roto, como el torso de una estatua desmembrada. Te suscitan el deseo de dejarlo todo y acudir allí, a ver con tus propios ojos aquella tierra milagrosa. ¿Qué, si no, se puede hacer después de leer el siguiente pasaje de *La celda de Próspero*?:

Todo el Mediterráneo—las esculturas, las palmeras, los héroes con barba, el vino, las ideas, los barcos, la luz de la luna, las gorgonas aladas, los hombres de bronce, los filósofos—parece surgir del sabor agrio y picante de las olivas negras entre los dientes. Un sabor más frío que la carne, más viejo que el vino. Un sabor tan viejo como el agua fría.

EXPULSIÓN Y REGRESO AL PARAÍSO (1912-1935)

Lawrence George Durrell nació el 27 de febrero de 1912 en Jalandhar, Punyab, al norte de la India, cerca de la frontera con el Tíbet. Su padre, Lawrence Samuel, ingeniero de ferrocarriles, era un probo funcionario de la administración británica que mantenía pegado junto al espejo frente al que se afeitaba cada día el poema «If» de Kipling. La madre, Louisa Florence Dixie, de origen irlandés, pertenecía, como su marido, a una estirpe de expatriados que consideraba la India su hogar. Con el tiempo, Louisa llegaría a convertirse en una de las madres más famosas de la literatura británica gracias a *Mi familia y otros animales*, obra de su hijo pequeño Gerald, en la que fue inmortalizada como una madre abnegada, cariñosa y un tanto despistada. Pero mientras vivió en la India, Louisa estaba siempre alerta protegiendo a sus cuatro hijos—Larry, Leslie, Margo y Gerald—de multitud de peligros en forma de epidemias de cólera, disentería, tifus, serpientes y escorpiones. Desde muy pequeños, los niños Durrell tuvieron que aprender a observar atentamente la flora y la fauna que les rodeaba y saber afrontar el ataque de una cobra real, evitando siempre su mirada hipnótica. Cuando de adulto recordaba su infancia, Larry se comparaba con Kim, el personaje de Kipling. Como él, recorría la India en ferrocarril acompañando a su padre, mientras éste supervisaba la construcción de la línea del norte y, como Kim, acampaba en la jungla de noche y montaba en elefante. La India de la infancia de Larry era un mundo bello y cruel en el que la vida y la muerte se vivían con tanta naturalidad como el paso de las estaciones. India era una fiesta de colores y olores, de visiones sublimes y de personajes deformes y horrorosos, un escenario de belleza y fealdad extremas donde la muerte lo impregnaba todo. Este marco exótico y exuberante permanecería como una parte esencial de su topografía mental y le llevaría más tarde a desarrollar una teoría según la cual el carácter y la cultura de un país eran el resultado de lo que él llamaba el *espíritu del lugar*. A los seis años Larry fue enviado a estudiar al colegio de los jesuitas en Darjeeling, un centro tolerante en el que convivían alumnos budistas, hinduistas, taoístas, sufíes, protestantes y católicos. El colegio estaba rodeado de plantaciones de té y a lo lejos se divisaba el monte Everest. Cuando a los ocho años Larry anunció a su profesor que de mayor sería poeta y escritor, éste le animó alabando sus primeros balbuceos sobre el papel y fomentando su ya insaciable gusto por la lectura, suministrándole historias impregnadas de épica colonial y moral victoriana. Pero su padre tenía otros planes para él. Con apenas once años y sin la aprobación de Louisa, le envió a estudiar a Inglaterra para que siguiera sus pasos en la administración. La última visión de la India que tuvo Larry desde el vapor *City of London* fue la de cadáveres flotando en el Ganges rumbo al mar. Larry Durrell fue abruptamente arrancado del mundo de su infancia, de la protección y el cariño de su madre, de la vida que amaba y de un colegio en el que se sentía apreciado y, arrojado con igual violencia, al mundo adulto de la responsabilidad, el trabajo y la disciplina que a veces podía implicar castigos físicos. La vivacidad y el colorido de la India se transmutaron en la seriedad y grisura del colegio junto al Támesis en el que fue encerrado. Nunca se recuperó del golpe y para él Inglaterra sería siempre «Pudding Island», un lugar lóbrego del que conviene mantenerse lo más alejado posible. A medida que iba creciendo, los colegios se fueron sucediendo unos a otros, sin grandes diferencias salvo en el emplazamiento. En ninguno de ellos destacó por sus buenas notas sino que se limitaba a cumplir el expediente. En su corazón ya había tomado la decisión de hacerse poeta y escritor. En lugar de ir adquiriendo las habilidades propias de un buen funcionario, cultivaba las correspondientes a un perfecto juglar: aprendió a tocar el piano con bastante maestría, era un bailarín consumado, cantaba bastante bien, componía versos y canciones y la mayor parte de su tiempo libre lo pasaba leyendo en la biblioteca. Su padre no llegó nunca a saber qué sería de ninguno de sus hijos; murió de un derrame cerebral a los cuarenta y tres años mientras se encontraba trabajando. Tras enterrarlo, Louisa abandonó la India para siempre con su familia y se instaló primero en Londres y, más tarde, compró una casa en la ciudad costera de Bournemouth. Mientras tanto, Larry seguía esforzándose por superar los exámenes para entrar en la universidad sin lograr nunca aprobar los de matemáticas. Paralelamente, sus visitas a los clubes de música de Londres se fueron haciendo cada vez más frecuentes. Durante un viaje que supuestamente tenía motivos académicos hizo el descubrimiento decisivo que le permitiría encauzar su vida, libre ya de la presencia del padre: Europa. Pasó unos días en Suiza, donde la visión de las cumbres nevadas de los Alpes le devolvió a los paisajes de la infancia y, de vuelta, tuvo tiempo de recalar en París, donde le esperaba el descubrimiento del sexo en la persona de una estudiante que redondeaba sus magros ingresos con la prostitución. Según cuenta en su último libro, *Visión de Provenza*, Gabrielle, a la que conoció en los jardines de Luxemburgo, le llevó a su destartalado ático, donde cocinó para él una excelente cena regada con vino antes de seducirlo. Luego pasaron el tiempo hablando de comida y de acuarelas. Larry conservó siempre un enorme cariño por las prostitutas de París y escribió una triste elegía sobre ellas cuando el gobierno francés ordenó cerrar los prostíbulos tras la Segunda Guerra Mundial. El escolar sumiso, soñador y solitario dio paso al nuevo Larry Durrell: un joven de apenas dieciocho años, bajito, muy rubio, vivaz y extrovertido y, con una risa tan contagiosa, que alguien dijo que cuando entraba en una habitación, era como si hubieran descorchado una botella del mejor champán. Su aspecto también cambió y por aquella época comenzó a lucir chalina negra *à la Lautreamont*, bebía absenta como Baudelaire y solamente escribía a partir de medianoche. De hecho, llegó a confesar que, entre los diecisiete y los veinticuatro años, apenas había dormido y no se explicaba cómo había sobrevivido. Una vez abandonados los estudios, probó suerte en el mundo de la música. Escribía canciones y encontró trabajo como pianista de jazz en el Blue Peter

Nightclub de Londres sumergiéndose de lleno en la vida bohemia de la ciudad por cuyos pubs rondaban también por entonces gente como Malcolm Lowry o Dylan Thomas. En 1931, mientras iniciaba la que sería su primera novela, *Pied Piper of Lovers*, sobre su niñez en la India y la noche londinense, un amigo publicó su primer libro de poemas, *Quaint Fragment*. Ambas obras las recordaría más tarde Durrell como las de un terrorista cultural, dispuesto a acabar con ciertos iconos y tabúes sociales. A principios de 1932 Larry conoció a Nancy Myers, una chica rubia, alta y tímida, con cierto parecido a Greta Garbo, dos meses más joven que él y estudiante de arte en la Slade School. Nancy, a quien debido a su altura Larry apodaba cariñosamente «la Farola», quedó deslumbrada por la personalidad bulliciosa y efervescente de él y no tardó en unirse a su vida bohemia. Al poco de conocerse, Larry y Nancy comenzaron a llevar juntos una desorganizada vida de artistas en una habitación alquilada en Guilford Street donde él tecleaba en su máquina de escribir y ella pintaba. No les sobraba el dinero pero, gracias a una pequeña asignación anual de Nancy y a empleos esporádicos, podían ir tirando. Por aquella época Larry se tomó en serio su autoeducación y solicitó el carné de la biblioteca del Museo Británico, donde pasaba largas horas leyendo indiscriminadamente sobre temas tan dispares como las vidas de los autores isabelinos, medicina, historia de las religiones, Freud, Wyndham Lewis, el marqués de Sade o la teoría de la relatividad. Cuando su siguiente volumen de poemas, *Ten Poems*, recibió una crítica (no demasiado halagüeña) en el *Times Literary Supplement*, Larry comenzó a verse a sí mismo como un auténtico autor.

El Mediterráneo comenzó a enviarles atrayentes reclamos a través de las cartas que desde la isla de Corfú les enviaban sus amigos George y Pamela Wilkinson, aspirantes como ellos a escritor y pintora. En comparación con Londres, decían, la vida allí resultaba muy barata, el clima era delicioso y el paisaje, una fuente continua de inspiración artística. Larry y Nancy se casaron en secreto en Londres. Ambos tenían veintiún años. Si estaban casados, pensaron, los padres de Nancy no podrían oponerse a un viaje que ya estaban totalmente decididos a realizar. En cambio, convencer a la madre de Larry de que se trasladara con la familia a Corfú no les llevó ni un minuto y decidieron que la pareja de recién casados iría como avanzadilla para encontrar una casa adecuada para todos.

El 2 de marzo de 1935 zarparon de Londres en un vapor rumbo a Italia. En Brindisi se quedaron varados por la interrupción del tráfico marítimo con Grecia debido a un intento de golpe de Estado contra la restauración de la monarquía griega. Deambulando por el puerto, Larry conoció a un capitán griego que accedió a llevarles a Corfú. El trayecto hasta la isla fue una epifanía para Larry. Mientras el barco navegaba hacia el este, sintió que volvía a atravesar el espejo, esta vez en la dirección correcta, lo contrario de cuando, de niño, le obligaron a abandonar la India. «En algún lugar entre Calabria y Grecia se encuentra el azul», escribió más tarde en *La celda de Próspero*, su libro homenaje a Corfú. Ese azul simbolizaba los vastos espacios abiertos que su alma de poeta y escritor necesitaba y no había encontrado en Inglaterra. Cuando pisó suelo griego por primera vez en el puerto de Corfú, Larry supo que había regresado a casa.

ISLA DE CORFÚ:
EL CONVERSO A LA RELIGIÓN DE PAN

La isla de Corfú en la que desembarcaron Larry y Nancy Durrell aquella primavera de 1935 era todavía la isla mágica que pintó Edward Lear a mediados del siglo XIX, llena de inmensos bosques de olivos salpicados de cipreses, herencia veneciana; de playas donde la leyenda decía que había desembarcado Ulises y encontrado a Nausícaa; de acantilados, cuevas y bahías intactas. Al sur, las islas Jónicas aparecían envueltas en la niebla y en mitos antiguos mientras Albania, cercana e inquietante, acechaba desde su horizonte de montañas. Los ingleses se habían marchado en 1864 y dejado como huella el críquet (que todavía se sigue jugando los veranos en La Espianada) y el cuarto de baño con retrete, aunque las casas que lo poseían eran contadas y costaban el doble. La isla apenas recibía visitantes y los que llegaban eran fundamentalmente arqueólogos o artistas en busca de inspiración. Corfú había pertenecido a Roma, Venecia, Italia, Francia y Gran Bretaña antes de unirse a Grecia en 1864. La antigua ciudad veneciana, encantadoramente decrépita y con sus casas pintadas en alegres tonos pastel, había sucumbido a pestes e invasiones pero se conservaba milagrosamente intacta gracias a los desvelos de su patrón, san Espiridión, un simpático santo de origen chipriota cuyos restos momificados son sacados solemnemente en procesión cuatro veces al año.

Semanas más tarde desembarcó la bulliciosa familia Durrell con Louisa a la cabeza, seguida de Leslie, Margo, Gerald y de su terrier *Roger*. Louisa traía para su hijo Larry un cheque de cincuenta libras de la editorial Cassell & Co. por su primera novela y la mejor de las noticias: deseaban una opción sobre las tres próximas que escribiera. La familia

Durrell se instaló en la Villa Agazzini, en Pérama, primera de una serie de villas que irían alquilando durante su estancia en Corfú. Como pareja recién casada y artistas en ciernes, Larry y Nancy pronto se dieron cuenta de que necesitaban un espacio propio. Mientras exploraban la isla descubrieron Kalami, una bahía remota e idílica al norte de la isla, mal comunicada por carretera y a la que un caique llevaba provisiones y noticias del mundo exterior dos veces por semana. Alquilaron a una familia de pescadores, los Athenaios, una vivienda espaciosa al borde del agua, y que contaba además con cuarto de baño. Con las quinientas dieciséis dracmas que les daban por una libra era fácil sentirse rico, pero aprendieron a llevar una vida sencilla: cocinaban con carbón, se alumbraban con velas, se calentaban con leña en invierno, seguían los ritmos impuestos por el sol y se alimentaban con la dieta de la isla: pan casero, aceite de oliva, sopa de pescado y verduras. «Está claro que no se necesita mucho para vivir—escribió Larry a un amigo—, te las puedes arreglar con un cuchillo, un tenedor, una cuchara y un vaso». Hasta el final de su vida conservaría ese gusto por la simplicidad. Larry descubrió también el placer de madrugar y de acostarse temprano y se levantaba con el alba a escribir. Era una vida idílica. Eran jóvenes, artistas y estaban enamorados. Se bañaban desnudos junto a la pequeña ermita de San Arsenio, donde siempre brillaba una lamparita de aceite como en los tiempos paganos. Vivían espartanamente aunque nunca les faltaba comida, vino y cigarrillos. A los libros traídos de Inglaterra se fueron sumando nuevas adquisiciones y también tenían un gramófono, en el que durante una época sonaba obsesivamente el concierto n.º 4 para piano de Beethoven. Un día, Nancy le sorprendió a su regreso de la capital con un pequeño cúter de velas color ocre con el casco negro, con el que explorar la bahía y acceder a las calas más remotas. Larry fue aceptado en un círculo de intelectuales de la isla que se reunía una vez por semana en un restaurante de Corfú, compuesto por Teodoro Stephanides, médico, científico y poeta, nacido en la India como Larry y a quien éste pidió que se hiciera cargo de la educación de su hermano pequeño Gerald para evitarle las experiencias traumáticas que había sufrido él. También estaban Constant Zarian, poeta armenio; Max Nimiec, un acaudalado poeta polaco, y el doctor en derecho Constantinos Palatianos, el rico y bohemio conde D. de *La celda de Próspero*, dueño de una hermosa villa italiana en el valle de Ropa en la que el grupo celebraba reuniones una vez al mes y a las que no estaban invitadas las mujeres. En ellas el grupo de amigos hablaba de filosofía, de literatura y de la historia de Corfú, y también hacía expediciones en busca de ruinas arqueológicas. Stephanides introdujo a Larry en el círculo de poetas e intelectuales venizelistas de Atenas: Yorgos Katsimbalis, Seferis, Sikelianós, etc., quienes a su vez le iniciarían en la obra de un poeta que iba a ser decisivo en su vida: Kavafis.

En Corfú convivían Larry el fauno y Larry el escritor. El primero era el amante de Nancy, el amigo de sus amigos que organizaba interminables comidas y cenas en Kalami en las que fluían el vino y las conversaciones jugosas; el que nadaba, dibujaba, bebía y pasaba las noches pescando con sus vecinos o contemplando las estrellas. Henry Miller describiría así años después a Larry en Corfú:

Te recuerdo en la terraza de tu casa de Corfú, con tu lápiz y tu cuaderno, garabateando, garabateando, puliendo tu estilo, escribiendo otra vez, escribiendo un poco más, bañándote, bebiendo, cantando, riendo, pero siempre volviendo al lápiz y al cuaderno...

Junto a este Larry epicúreo, convivía un espíritu agónico, que se construía a sí mismo como escritor y aspiraba a ser reconocido como artista; de la misma forma que se desanimaba ante una crítica tibia o condescendiente y pensaba abandonarlo todo, se dejaba llevar por el entusiasmo y se olvidaba del mundo cuando estaba enfrascado en la escritura de un nuevo poema que le gustaba.

En Corfú comenzó a desarrollar lo que él denominaba su universo heráldico, incomprensible para el mundo salvo para el propio Larry, siempre interesado en lo que sucedía en los pliegues de la realidad, en los estados alterados de conciencia y en los estados de percepción que van más allá de la mera cognición. Producto de sus estudios autodidactas, esa teoría heráldica que trataba de aplicar a su literatura, mezclaba ciencia (teorías de Einstein) con budismo y más tarde con gnosticismo. El relato de Dickens y Dostoievski, producto de una concepción lineal del tiempo y del espacio, debía dar paso a otro tipo de narración, capaz de mostrar una realidad fragmentada que respondía a la creencia en un espacio curvo y en una dimensión, el tiempo, que era «maya» o ilusión. Por supuesto los críticos no podían acceder a este ámbito privado que pertenecía sólo al artista. Era un mundo que únicamente podía ser experimentado, no explicado. En *Mi familia y otros animales* su hermano pequeño Gerald presenta con cariño e ironía la imagen de un Larry presuntuoso y pedante, inmerso en la definición de su universo heráldico, según el cual, no se podía cazar grullas, porque son heráldicas, pero sí patos, porque no lo eran.

En su segunda novela, *Panic Spring*, un grupo de personas (nórdicos) se retira a una isla griega. Allí tienen ocasión de reflexionar sobre sus vidas y adentrarse en otra realidad liberadora. En esta novela, de acuerdo con su teoría sobre el espíritu del lugar y la importancia del paisaje sobre la personalidad humana, el joven Durrell ve a sus personajes casi como productos de un paisaje conformador del carácter y la cultura. Mientras avanzaba a duras penas e insatisfecho con lo que escribía, se produjo un hecho que sería decisivo en su vida y en su obra. Un amigo estadounidense, Barclay Hudson, le prestó *Trópico de Cáncer* de Henry Miller, recientemente publicado en París por Obelisk Press, editorial especializada en libros pornográficos y prohibidos en otros países. Larry lo leyó de un tirón. Lo leyó una segunda vez y quedó deslumbrado por el Miller rabelesiano y proveedor de gozosas obscenidades. «No hay palabras para describir su excelencia—escribió a un amigo urgiéndole a que lo leyera—, es el libro más importante de los tiempos modernos, el libro que esta generación estaba esperando. Te digo que este libro me ha liberado de las limitaciones impuestas por una educación inglesa más que ninguna otra cosa». En sus dos primeras novelas Larry había imitado a sus autores favoritos: Huxley, Graves, Lawrence, Aldington. Después de leer a Miller anhelaba más que nunca encontrar su propia voz. En Miller descubrió un espíritu libre y, lleno de entusiasmo, cogió la pluma para enviar una elogiosa carta al autor de *Trópico* en la que le proclamaba digno sucesor de Lawrence y de su lady Chatterley. Miller se sintió halagado por el entusiasmo del joven inglés y le contestó con una larga carta, dando comienzo así a una amistad y a un prolífico intercambio epistolar que duraría hasta la muerte de Miller.

Trópico de Cáncer supuso un revulsivo para Larry. Sus dos primeras novelas le parecían ahora insulsas y, las objeciones que le habían hecho sus editores por algunos pasajes considerados escabrosos, tremendamente ridículas. Influido por Miller, comenzó la escritura de *El libro negro*, una perturbadora experiencia personal, un viaje de autodescubrimiento y de autoterapia.

«Me hicieron falta el ajo, el vino y el mar azul para quitarme todo aquello de encima y convertirme en escritor», dijo Durrell en una entrevista a un medio francés cuando ya era un autor consagrado. Pero la escritura de *El libro negro*, en el que Durrell luchó por matar a su viejo yo y descubrir si había algo dentro de él que valiese la pena expresar, supuso una lucha que le dejó exhausto y bordeando la locura. Su relación con Nancy quedó gravemente afectada y las peleas entre ellos comenzaron a ser continuas. La convivencia con un genio en ebullición debía de ser cualquier cosa menos sencilla. *El libro negro* fue publicado por Obelisk Press en París en 1938. Por su contenido sexual no fue publicado en Inglaterra hasta 1973 —nada extraño si tenemos en cuenta que hasta 1960 no se publicó la versión íntegra de *Lady Chatterley* de D. H. Lawrence debido a la ley sobre publicaciones obscenas— pero Larry consiguió lo que buscaba: T. S. Eliot, el hombre de letras más prestigioso de Inglaterra, hizo una crítica muy elogiosa donde presentaba a Durrell como la promesa literaria del momento. Y el prestigioso crítico Cyril Connolly se unió a las alabanzas.

La publicación de *El libro negro* supuso el final del idilio en Corfú. Negros nubarrones de guerra se iban acumulando sobre Europa: después de la invasión de Etiopía, Italia amenazaba con invadir también Grecia desde Albania. Corfú había dejado de ser un paraíso para convertirse en un lugar peligroso. A principios de septiembre de 1939 estalló la guerra y, con extraordinaria oportunidad, el día 28 del mismo mes apareció en la revista inglesa *New Eng-*

LAWRENCE DURRELL

lish Weekly la traducción de Durrell y Stephanides de «Esperando a los bárbaros» de Kavafis.

Tal vez en un postrer intento de salvar su matrimonio, Nancy se quedó embarazada y Larry comenzó a buscar un empleo fijo en Atenas. A ello le ayudó su amigo Robin Fedden, agregado de prensa y traductor de la legación británica de Atenas. El trabajo que le asignaron consistía en reunir información sobre la opinión callejera y suministrar propaganda británica a la prensa griega. Era un trabajo de espionaje que implicaba escuchar a escondidas conversaciones en los cafés, mantener reuniones clandestinas en las esquinas y editar un boletín informativo, tarea que no siempre resultaba sencilla. Cuando su amigo Fedden renunció a su cargo declarándose pacifista, el nuevo director de propaganda, Mackworth Young, decidió que la sección de Durrell no era necesaria y le despidió. El 18 de junio de 1940 nació en Atenas Penélope Berengaria Nausícaa, más conocida como Pinky. El 28 de octubre de 1940 Grecia entró en la Segunda Guerra Mundial cuando el ejército italiano invadió el país desde Albania. Por entonces, Larry y Nancy acababan de instalarse en Kalamata, donde él enseñaba inglés en el British Council. En el aire flotaba una sensación de mundo acabado, de grupo de amigos que se dispersaba para siempre, agudizada por la continua ansiedad de los bombardeos de los aviones italianos. Larry envió una solicitud a la RAF y también consideró alistarse en el ejército griego: «En el intervalo me paseo como un hombre libre, aspiro el aire y vuelvo a vivir mis anteriores encarnaciones como cabra, árbol y centauro», escribió a su amigo Miller desde Kalamata. Siguió dando clases mientras sus cuadernos de notas comenzaban a bullir con ideas para un nuevo libro que provisionalmente denominaba «El libro de los muertos». El 6 de abril de 1941 el ejército alemán invadió

Grecia y Yugoslavia y el 25 del mismo mes, Larry, Nancy y la pequeña Penélope abandonaron Kalamata con lo puesto y se dirigieron a toda prisa a Navarino, desde donde efectuaron una peligrosa huida a Creta a bordo de un caique en mal estado cuyo motor no dejaba de echar chispas durante la noche, convirtiéndolo en un objetivo fácil para los Stuka. Navegaban de noche lo más cerca posible de la costa. Pese a lo dramático de la situación no faltó alguna anécdota divertida o entrañable, como cuando los pasajeros del abarrotado caique confundieron una bandada de patos salvajes con una alineación de aviones enemigos, o como cuando en la isla de Citera los isleños mataron los dos únicos corderos que les quedaban y celebraron con los fugitivos un banquete, seguido de una animada fiesta. Cuando dejaban atrás el cabo Matapán, hacia Creta, tendido en el puente a oscuras del caique, Larry se encontró pensando en la vida que dejaba

con un pesar tan lujurioso y profundo que no agitaba para nada las emociones. Mirado a través de la lente transformadora de la memoria, el pasado parecía tan encantado que incluso el pensamiento era indigno de él [...]. Sólo pienso que la pequeña ermita con los tres cipreses negros y el diminuto estanque de rocas donde nos bañábamos deben de estar todavía [...] el tembloroso paisaje debe de yacer todavía en las largas tardes, resplandeciente y cambiante como una acuarela china donde se filtra la luz del cielo. Pero ¿pueden acaso estas páginas apresuradamente escritas crear de nuevo algo más que una fracción de todo?

Creta estaba bajo el constante ataque aéreo de los alemanes, por lo que no era prudente detenerse allí. Tras muchas dificultades consiguieron ser admitidos en uno de los últimos barcos de pasajeros que partían para Egipto, tripulado, según Larry, por soldados australianos borrachos. Cuando dijeron que no tenían leche para Pinky, los australianos irrumpieron en un comercio y robaron leche en polvo suficiente para varias semanas. Dos días antes de que los tanques alemanes ocuparan Atenas e izaran la bandera con la cruz gamada en el Partenón, los Durrell llegaron a Alejandría. Tras un corto período en Egipto, Nancy se marchó a Palestina con la niña, desapareciendo para siempre de la vida de Larry. A su hija tardaría largo tiempo en volver a verla mientras que para él daba comienzo una etapa que le aportaría la fama literaria que tanto ansiaba.

ALEJANDRÍA: OSCURA, HÚMEDA Y SENSUAL (1941-1945)

Instalado provisionalmente en El Cairo, Larry comenzó a auscultar al espíritu del lugar, analizando las señales que éste le enviaba. No era un espíritu sanador como el de Grecia, sino lleno de efluvios oscuros y misteriosos, que le atraían y repelían por igual, provocándole una reacción alquímica que, al principio, sólo aportaba ganga.

El Cairo en tiempo de guerra era una ciudad de contrastes brutales. Junto a los mendigos con las deformidades más monstruosas, los piojos, la miseria, la suciedad y los burdeles baratos, coexistía una ciudad de opereta que encendía cada noche todas sus luces y por la que corrían el champán y el caviar; los casinos funcionaban a tope y actuaban orquestas y ballets europeos para un público compuesto de oficiales y soldados de permiso, farsantes, asesinos, *femmes fatales*, pervertidos y buscavidas de todo tipo. La primera reacción de Durrell fue de rechazo. Extrañaba la belleza y vivacidad de Grecia. En Egipto, en cambio, todo le parecía exhausto, decadente, plano y sin facciones. Grecia seguía siendo un resonante cielo azul, un paisaje maravillosamente conformado a las dimensiones de una existencia humana. Decididamente, Larry Durrell creía encontrarse en la orilla equivocada del Mediterráneo.

Después de la victoria aliada de El Alamein y tras la retirada de los alemanes de Egipto, el ejército británico trasladó sus cuarteles de invierno a Alejandría. Durrell fue nombrado agregado de prensa en esa ciudad por el Foreign Office. Su cargo consistía en dirigir la Oficina de Información británica en la rue Toussoun Pacha, responsable de que Gran Bretaña y su esfuerzo bélico tuvieran una imagen favorable ante la prensa local. Cuando Larry fue a tomar posesión de su cargo se alojó en el mítico hotel Cecil, en cuyos espejos, Darley, su álter ego en *El cuarteto de Alejandría*, vería por primera vez reflejada a Justine. Al poco se trasladó a un piso rematado por una torre en la que escribía, recibía visitas y donde comenzó a llevar una despreocupada vida de soltero.

En las primeras cartas que escribió a sus amigos, Alejandría era descrita sin entusiasmo o incluso denigrada. A Henry Miller, por ejemplo:

No, creo que no te gustaría [...] esta sórdida, derruida y acabada ciudad napolitana, con sus montículos levantinos de casas desconchándose al sol. Un mar plano, sin olas, de un sucio color marrón, rozando el puerto. Hay árabes, coptos, griegos, franceses; no hay arte ni verdadera alegría [...] y la infelicidad personal y la soledad reflejadas en todos los rostros.

Pero Alejandría tenía para Larry una cualidad muy especial: era una ciudad heráldica. Todo en ella adquiría una dimensión mítica y todo lo que de ella extraía se convertía en oro literario. Exploró la ciudad de la mano del viejo poeta, Kavafis, que había inmortalizado su época bizantina, y de otro gran escritor, E. M. Forster, que vivió en ella durante la Primera Guerra Mundial y era autor de *Alejandría: historia y guía*.

Grecia le había dado la belleza del paisaje. Alejandría le dio lo que necesitaba en ese momento: «Una atmósfera de sexo y muerte que asombra por su intensidad». Una atmósfera creada por los personajes que pululaban por sus calles y garitos, arrastrados por la guerra, restos de naufragios procedentes de todos los rincones de Europa y que Larry iba convirtiendo en actores de la obra que iba creciendo en su cabeza. Cuando Larry iba al barbero, paseaba por las calles, tomaba café en Pastrudis, amaba a una mujer o hablaba de los coptos con uno de sus empleados, estaba trabajando en su obra. Y también estaban las mujeres de Alejandría,

más bonitas que las de ningún otro lugar, aparte de Hollywood. Incomparablemente más bonitas que las de Atenas o París; la mezcla de coptos, judíos, sirios, egipcios, marroquíes y españoles da esos ojos de mirada profunda, la piel pecosa y aceitunada, los labios y narices aguileñas y un temperamento que es como una bomba.

Así se las describe a su amigo Miller, urgiéndole a venir a conocerlas.

Una noche conoció en una fiesta a la que transformaría en el personaje principal de su novela *Justine* y, más tarde, en su segunda esposa. «En estos momentos estoy en medio de la corriente, abriéndome camino entre los rápidos de una historia amorosa con Gipsy Cohen, una griega judía atormentada», escribió Larry a Henry Miller. Eve *Gipsy* Cohen era la hija mayor de un judío de Cartago y de una griega de Esmirna, de origen sefardí. En sus cartas a Miller la describe como una fabulosa y extraña mujer de ojos negros, totalmente perdida en ese mar de venalidad y dinero que era Alejandría.

A Eve Cohen le gustaba hacer de Sherezade y pasar las horas sentada en la cama contándole crudas experiencias e historias sobre la vida sexual de los árabes, sus perversiones, el hachís, el incesto, la crueldad y el crimen, que Larry escuchaba con delectación. Según le confiesa a Miller, Eve había conocido «hasta la última capa de escoria y putrefacción de la obscenidad. Sus experiencias infantiles ponen los pelos de punta a cualquiera». Larry está fascinado y la deja hablar; cree que es la forma de ayudarla a superar sus experiencias, de curar sus terrores. Lo que transmite en las cartas a su amigo es que Eve es una mujer frágil, que ha sufrido y está herida. Pero sobre todo está fascinado por su relación sexual con ella: «Ha sido una experiencia increíble encontrar a una mujer cuyas respuestas sexuales van ascendiendo desde la planta de los pies sin ninguna de las tonterías del romanticismo anglosajón que las corrompa. Me ha curado de las mujeres inglesas para siempre». Larry está enamorado y Gipsy Cohen le está enseñando cómo aman las alejandrinas:

El sexo aquí es violento hasta la locura... no es preconcebido, sino profundamente aceptado como en una especie de guerra; no como la lánguida amistad de la gente del norte, sino una lucha de buitres y águilas, feroz y apasionada, con uñas y dientes.

Esto último era literal, porque Eve le dejó marcado después de descubrir ciertas infidelidades con una prostituta inglesa y con una chica con *caderas de acróbata*.

Terminó la guerra y, después de cuatro años, había obtenido todo cuanto Alejandría podía darle. Comenzó a soñar con volver a Grecia, a una isla donde pudiera escribir todo lo que tenía que decir «con una muchacha que realmente ama con el corazón, el alma y las nalgas; un olivo, una máquina de escribir y unos cuantos amigos verdaderos».

RODAS: IDILIO EN LA ISLA DE LA VENUS MARINA (1945-1947)

> Su premio es la vida libre de cuidados [...]
> Una vida en la que no hay más lágrimas.
> En torno de esas islas bienaventuradas
> suaves brisas soplan, y flores de oro,
> brillan en los árboles,
> y también en las aguas.
>
> PÍNDARO,
> Oda olímpica II, versos 61-73

El sueño de instalarse en una isla griega con su nueva musa y su máquina de escribir se cumplió en julio de 1945 cuando Durrell fue nombrado director de Relaciones Públicas del Servicio de Información en la isla de Rodas, recién liberada de la ocupación alemana. Eve le acompañaba como secretaria, pero existían dos importantes obstáculos para ello: carecía de pasaporte y su padre estaba decidido a casarla con un miembro de la comunidad judía. La huida de ambos de Alejandría parece sacada de un guión de película en blanco y negro. Con la excusa de ir a El Cairo por cuestiones de trabajo, Eve tomó el tren y se bajó en la estación alejandrina de Sidi Garb, a pocos kilómetros del centro urbano. Allí le esperaba en un coche un amigo de Larry para ocultarla en su apartamento durante unos días hasta que pudiera trasladarse al piso de éste en Moharrem Bey. Aunque en el último momento todo estuvo a punto de irse a pique por culpa de un policía puntilloso que hacía demasiadas preguntas, al fin consiguieron llegar a Rodas en un buque cisterna noruego con Eve oculta en la bodega.

La situación de la isla, devastada por los efectos de la guerra, sembrada de tanques destruidos, alambradas, minas y edificios desmoronados, no empañó el júbilo que sintió Durrell al regresar a Grecia. La experiencia volvió a adquirir la categoría de epifanía. Mientras ascendía hacia la recepción del en otro tiempo glamuroso Albergo Della Rosa, en la capital de Rodas, «los escalones parecían interminables… Era como subir al cielo», escribió en *Reflexiones sobre una Venus marina*, su libro dedicado a Rodas. Antes de incorporarse a su puesto de trabajo, que ahora dependía del ejército y en medio de una penosa escasez de alimentos, Larry y Eve disfrutaron de unos días de vacaciones nadando y descansando en la «que debía ser una de las playas más bellas del mundo», frente al hotel. La belleza del Egeo volvió a ejercer su efecto beneficioso sobre el ánimo de Durrell, de nuevo en su elemento. Al principio de *Una Venus marina*, se puede leer este pasaje:

Hace tiempo que trato de describirle (a Eve) el paisaje del Egeo, pero siempre he tenido conciencia de una expresión de suspicacia en sus ojos mientras me escuchaba. Era evidente que consideraba que yo me permitía una licencia poética. Pero ahora está muda y dice: «¿Por qué no me dijiste que era tan maravilloso?». «Traté de hacerlo. Pero no me creíste».

Para guardar las apariencias, cada uno ocupaba una habitación en el Albergo della Rosa, hasta que un día, Larry descubrió una pequeña casa medio oculta en un jardín de adelfas en la mezquita de Murad Reis. Desde las ventanas de la casa, cuya entrada estaba guardada por un gran plátano, se veían los remates de las lápidas del cementerio turco. Larry se trasladó a la casa que bautizó como Villa Cleóbulo, en memoria del tirano de Lindos que gobernó ejemplarmente la isla en el año 600 antes de Cristo, mientras Eve permanecía en el hotel, al otro lado de la calle.

Larry Durrell comenzó a trabajar en la sede del Ministerio de Información, un austero edificio de sillares de piedra adornado con seis arcos ojivales por los que ascendían enormes arbustos de buganvilla. Disponía de una espaciosa oficina con una terraza desde la que se veía el mar y cuya tranquilidad sólo se veía ocasionalmente rota por los gritos procedentes de un psiquiátrico cercano. Su trabajo consistía en recibir a la prensa extranjera y en editar tres periódicos: dos diarios en inglés y griego y uno semanal en turco. Pusieron a su disposición un flamante coche alemán abandonado durante la evacuación y consiguió que le nombraran «pasajero oficial» en todos los barcos del ejército que navegaban por las islas del Dodecaneso, lo que le permitió conocer a fondo el archipiélago del que llegaría a sentirse el gobernador oficioso. El Egeo era ahora un mar sembrado de minas. Por momentos, había que navegar con desesperante lentitud, siguiendo a un curioso instrumento llamado paraván, que iba a cientos de metros por delante del barco con objeto de enredarse en las minas y hacerlas explotar. Un tipo de operación que justificaba alguna que otra ronda de ginebra a bordo.

Pese a lo caótico de la situación, Larry se las arreglaba para llevar una vida agradable. Acudía puntualmente a su oficina, editaba los periódicos y cuando las prensas estaban desocupadas publicaba poesía, propia o de sus amigos. La ortodoxia y disciplina militares ponían freno a la novela gestada en Corfú y que en Alejandría había ido tomando cuerpo. En su estudio de Villa Cleóbulo consiguió terminar *Cefalú*, novela que él consideraba fallida pero que permitió pagar el divorcio de Nancy para que ésta se casara con alguien que había conocido en Palestina. *La celda de Próspero* estaba recibiendo buenas críticas y ello le animó a escribir un libro sobre Rodas. Como lo fuera el libro sobre Corfú, *Reflexiones sobre una Venus marina* es una celebración de la belleza de Grecia, un libro feliz escrito por un hombre, que, como los primitivos, era capaz de tener una experiencia numinosa e intuitiva del mundo que le rodeaba. También es la crónica de los extraños meses de transición de la desolación de la guerra a la recuperación de la normalidad. Tras la ocupación alemana e italiana, la isla había sido abandonada y estaba cubierta de minas que los zapadores hacían explotar añadiendo más destrucción al caos. Los que no habían huido estaban desnutridos y enfermos y rebuscaban en los cubos de basura. No había servicios públicos, ni luz, ni agua corriente. El paraíso griego está destruido pero sigue siendo bello. La visión de Rodas, dispersa en un millón de fragmentos esperando a ser reconstruida y simbolizada en la estatua de una Venus, rescatada por unos pescadores del fondo del puerto, servirán de inspiración a Durrell para evocar su historia. La Rodas de Larry Durrell es ese paisaje soleado y azul «cuyo vino y cuyas frutas sólo pueden conducir a un hombre a la pereza, a dar largas a todas las cosas e incluso a mentir». Pero también nos recuerda que el Mediterráneo es un escenario sangriento, uno de los enclaves más violentos de la tierra en el que han dejado su huella a lo largo de los siglos, conquistadores, piratas, comerciantes, mercenarios y corsarios. A estas dos últimas estirpes pertenecía la Orden Militar de Caballeros Hospitalarios de San Juan de Jerusalén que se trasladó a Rodas en 1310, para establecer su poderosa flota y, desde allí, poder vigilar la cercana costa de Anatolia. Poco después de su asentamiento en Rodas, el papa Clemente V les hizo un inusitado regalo: entregó a los caballeros hospitalarios las enormes riquezas de la Orden de los Templarios que acababa de abolir. Resultó ser un regalo envenenado: la estructura moral de la organización se debilitó y las irregularidades comenzaron a acumularse tras los espesos muros de sus fortalezas. Según sus reglas, los caballeros debían vivir de acuerdo con los votos de castidad, pobreza y obediencia. Pero en el siglo XIV la orden llegó a ser tan rica como toda la Iglesia en su conjunto. Se decía que los propios caballeros, disfrazados de turcos, asaltaban las naves venecianas y practicaban la trata de esclavos. Más de doscientos años después, en 1522, Solimán el Magnífico conquistó Rodas después de seis meses de asedio con un ejército de doscientos mil hombres. Los caballeros fueron autorizados a partir con armas y bagaje y el día de año nuevo de 1523 pusieron rumbo a Chipre en su maltrecha flota. Según Durrell, Rodas había incorporado el islam a la verde y dulce personalidad de la isla, pero no así el legado norteño de los caballeros, «cuyas torres y alcázares se levantan hacia el cielo, oscuros con las premoniciones de una tierra y unas costumbres extrañas». La cultura de la que eran herederos los caballeros arraigó muy débilmente y apenas sobrevivió a su partida. Jamás penetró en el modo de vida mediterráneo y hoy apenas pervive en algunas baladas populares y en algunas supersticiones de una isla que, en cambio, es rica en leyendas sobre el dios Pan. Según Durrell, en Rodas ha sido el paciente paisaje mediterráneo quien casi ha logrado domesticar al norte gótico,

enviando oleada tras oleada de mandarinos al ataque de los negros riscos de piedra del castillo del Gran Maestre. Ha cegado el foso con capullos de almendros y melocotoneros. Ha cubierto los severos revellines con el brillo irisado del musgo mantenido húmedo por alguna fuente oculta que se infiltra a través de las piedras...

En Rodas también se rodeó de un selecto grupo de amigos, entre los que destacaba Mills, médico militar, cuya erudición e infinita curiosidad intelectual recuerdan a Theodoro Stephanides. Durrell escribe:

Cada vez que se abría una ventana de su despacho volaban por el aire manuscritos de ensayos sobre sexo, sobre bioquímica, sobre poesía isabelina. Su mujer lo consideraba un problema encantador.

El grupo emprendió un viaje a pie para visitar las ruinas de tres ciudades extintas de la época clásica: Ialisos, Lindos y Cámiros. Con la mochila al hombro y durmiendo al raso, los caminantes debían avanzar con cuidado en ciertos lugares donde todavía quedaban grandes zonas minadas. En una casa campesina se encontraron con la extraña visión de un piano de cola que había sido encalado para alejar la mala suerte. Había llegado allí por la costumbre adquirida durante la guerra por la gente de la ciudad de intercambiar objetos y muebles con los aldeanos a cambio de comida.

En la antigua ciudad de Cámiros, donde en la época clásica había existido un gracioso acceso arbolado adornado con estatuas para dar la bienvenida al viajero, la ahora descarnada ladera mostraba las horribles huellas del emplazamiento de cañones antitanque y un cementerio de soldados alemanes, construido según Durrell, con vandálica precisión. El equilibrio se restableció cuando los caminantes llegaron a la ciudad en ruinas, «dorada como la miel a la luz de la tarde». Mientras paseaban por la pequeña necrópolis y examinaban las inscripciones de las lápidas, encontraron repetidamente la palabra Χαίρετε: 'Sed dichosos'. Esta palabra, escrita en las modestas tumbas, servía tanto de despedida como de admonición para los vivos. Para Larry Durrell simbolizaba la actitud griega ante la vida y la muerte, en claro contraste con la fe de los caballeros nórdicos que encaraban la muerte de forma tan sombría como se enfrentaban a la vida en la tierra.

En cumplimiento de la inexorable ley de la islomanía, según la cual cuando uno ha descubierto al fin la isla que colma los deseos de su corazón es obligado a abandonarla, Larry Durrell se vio desterrado de Rodas a los dos años de su llegada. La isla iba a ser devuelta a Grecia y sus servicios como oficial de prensa dejarían de ser necesarios. Tras infructuosas gestiones para permanecer en el Dodecaneso o conseguir un puesto en Atenas, le ofrecieron un destino en Estambul que rechazó, tal vez por fidelidad a su tierra de adopción. Lo único que consiguió fue un contrato de dos años como profesor y conferenciante del British Council en Córdoba, Argentina. Antes de abandonar Rodas, Eve y Larry se casaron para que ella pudiera contar con un pasaporte y papeles en regla. A partir de entonces comenzó una desastrosa etapa en el continente y el hemisferio equivocados. Argentina le desagradó desde el primer momento y no había transcurrido un año cuando Durrell decidió que ya no aguantaba más: «Cambiaría una vida entera en Argentina por tres semanas en Grecia», escribió a Miller. Al dimitir de su puesto en el British Council, el Ministerio de Relaciones Exteriores le contrató como responsable de Asuntos Culturales y Comunicados de Prensa en Belgrado, capital de la Yugoslavia del mariscal Tito. Los tres largos años que permaneció en los Balcanes los resumió como «una caída total: no escribo, no pienso, sólo trabajo sin parar». En su cuaderno de notas de la época, junto a poemas como «Cartas desde la oscuridad» o «Lesbos», comenzó a intercalar pasajes en prosa con el nombre de «Justine» o «Balthazar»: había nacido *El cuarteto de Alejandría*. El 30 de mayo de 1951 Eve dio a luz en Oxford a Sappho-Jane mientras el descontento de Larry como funcionario del gobierno alcanzaba el cenit: o se liberaba o sucumbía, al menos como escritor.

El Foreign Office se lo puso fácil. Cuando finalizó su tercer año en Belgrado no le renovaron el contrato. Había llegado la hora de convertirse en escritor a tiempo completo.

CHIPRE: LA ISLA DE LOS LIMONES AMARGOS (1953-1956)

«He escapado a esta isla con unos pocos libros y la niña... he venido a curarme», escribió Larry Durrell en la primera página de *Justine*, el libro que abre la tetralogía de *El cuarteto de Alejandría*. Como un baqueteado Ulises, Durrell desembarcó el 26 de enero de 1953 en el puerto de Limasol, Chipre, acompañado de Sappho, de año y medio de edad, y de su máquina de escribir. El que iba a ser su año dorado, cuidadosamente planificado en Belgrado, comenzó con mal pie. Eve había caído enferma y se recuperaba de una crisis nerviosa que fue diagnosticada como un brote de esquizofrenia, seguido de depresión profunda. Se hallaba ingresada en el hospital militar de Hannover y después de que los médicos le aseguraran que su presencia y la de la niña no ayudarían a Eve a restablecerse había decidido seguir adelante con su plan. Larry había elegido Chipre por razones puramente prácticas. Junto al Durrell bohemio y artista cohabitaba un hombre ordenado que creía en las virtudes del imperio y Chipre, al ser una colonia británica, debía de contar al menos con un servicio de correos fiable, algo que necesitaba para mantenerse en contacto con amigos y editores de Inglaterra.

Mientras se dirigía a Kirenia, un pintoresco puerto al norte de la isla, donde pensaba establecerse hasta que comprara una casa, las maniobras del arzobispo Makarios y de sus partidarios a favor de la Enosis o unión con Grecia no formaban todavía parte de las preocupaciones de Larry. En febrero compró una casa turca en la aldea de Bellapais, situada a unos ocho kilómetros de Kirenia. La casa tenía tres plantas, un jardín de árboles frutales y una espaciosa terraza con espectaculares vistas a la costa y a los lejanos montes Tauro. Estaba situada en la parte superior del pueblo, no tenía luz ni electricidad ni, por supuesto, cuarto de baño. La casa lindaba con una abadía gótica del siglo XIII construida por la dinastía de los Lusignan, un valor añadido que debió de resultar irresistible para Larry a la hora de decidir establecerse en la, por otra parte, remota aldea de Bellapais (corrupción de *Abbaye de la Paix*). La abadía estaba en ruinas, por lo que se podía pasear entre los naranjos y limoneros que crecían asilvestrados en el claustro, poniendo una nota sensual entre las tumbas donde reposaban caballeros hace tiempo olvidados. En su libro *Limones amargos*, Larry Durrell cuenta que estaba tan asombrado por su hallazgo que había comenzado a sentirse culpable por instalarse en un lugar tan fantástico. ¿Sería posible trabajar teniendo semejante escenario para maravillarse?, se preguntaba. En cambio, las primeras impresiones de Chipre que transmitió a su amigo Miller no eran demasiado entusiastas:

Es una isla misteriosa y bastante maléfica, *nada* que ver con las islas griegas. Palmeras, camellos, olor a Siria [...] aún no he entendido por qué Afrodita nació aquí, con este clima nada sensual y estos habitantes de lánguido aspecto mongol [...] Ahora estoy tratando de escribir un buen libro sobre Alejandría, por la noche, cuando acuesto a la niña...

Pero restaurar una casa a la que había que trasladarlo todo a lomos de mula y cuidar de una niña de dos años no propiciaba el ambiente más adecuado para escribir. Además, el regimiento de albañiles y fontaneros y los gastos de mantenimiento de Eve en Inglaterra, adonde se había trasladado para recuperarse, iban consumiendo sus ahorros. A los cuatro meses de su llegada a Chipre, Larry dio por finalizado su año sabático y encontró trabajo como profesor de inglés en el instituto de Nicosia. A finales de mayo su madre Louisa acudió en su ayuda para ocuparse de la niña y de la supervisión de las obras. Los tres se instalaron como pudieron en la casa de Bellapais, cuya restauración proseguía con desesperante lentitud. Los habitantes de la aldea recibieron con los brazos abiertos a aquel inglés que hablaba griego perfectamente, al que llamaban «señor Darling», y se mostraba siempre dispuesto a sentarse con ellos en la taberna a la sombra de un gran plátano conocido como el «árbol de la holgazanería», porque quien se sentaba bajo sus ramas perdía para siempre la capacidad de trabajar. Louisa alcanzó también gran popularidad entre los obreros que restauraban la casa por su generosa tendencia a sobrealimentarlos y a distribuir continuamente pastelillos y café como si estuvieran en un *garden party*.

El árbol no ejerció su influjo sobre Larry, que dio comienzo a una etapa de frenética actividad. Daba clases en Nicosia, distante cincuenta kilómetros, de siete de la mañana a dos de la tarde. Se levantaba cada día a las cuatro y media, escribía alguna carta y, mientras conducía hacia Nicosia, veía amanecer en las montañas y elaboraba mentalmente su novela. Escribió a Miller que dedicaba cada minuto de vigilia a «su libro sobre Alejandría» y a la semana le iba añadiendo unas mil quinientas palabras. A medida que el libro se iba destilando gota a gota, su euforia iba creciendo al sentirse de nuevo escritor. Ahora que Louisa le había liberado de las tareas domésticas, su aprecio por Chipre iba aumentando: «No es tan hermosa como Grecia—escribió a Miller—pero es muy exótica, muy voluptuosa [...] esta mezcla de templos y fortalezas de los cruzados es realmente especial». Y con Eve lejos, también había comenzado a apreciar el elemento femenino de la isla. Escribió a su amigo:

Todas las esposas del ejército inglés están aquí y se aburren como ostras. Si me tomara mi vocación en serio abriría un pequeño despacho para ellas. Pero soy tan feliz volviendo a ser artista que sólo muy de vez en cuando y con fines puramente medicinales, mordisqueo la fruta esparcida, sólo para dormir mejor.

La tarea de dar treinta horas semanales de clases de inglés a los alumnos de secundaria era ardua pero sumamente interesante, porque allí podía medir la verdadera temperatura del sentimiento nacionalista entre los estudiantes que apenas un año después integrarían los grupos terroristas. En el instituto de Nicosia, Larry vivió de primera mano el desgarro de los jóvenes entre su fervor hacia la unión con Grecia y su irracional amor a Inglaterra, personificado en los enormes retratos de Byron y Churchill que presidían el despacho del director.

A finales de 1953 la casa ya estaba prácticamente terminada y en abril de 1954 Eve regresó curada de Inglaterra. Se mostró encantada con la casa y por reunirse con su hijita, que ya había cumplido tres años. Louisa, una vez cumplida su misión en Chipre, regresó a su hogar en Bournemouth. Pese a iniciales intentos de reconciliación, la pareja estaba rota y se limitaba a mantener una relación «educada y fría», como confesó Eve a una amiga. Además de los problemas matrimoniales, la vida de Larry en Chipre comenzó a enre-

darse peligrosamente con los acontecimientos que se aveci-
naban cuando el Instituto Estadounidense de Relaciones In-
ternacionales pidió una serie de artículos sobre la situación
política de la isla y, aunque detestaba escribir sobre política,
aceptó el encargo. Sus relaciones con Eve se habían deteriorado por completo y habían pasado a ser tormentosas. Había dejado de mencionarla en sus cartas. En cambio, confesó
a su amigo Miller, su círculo de amistades femeninas se iba
ampliando poco a poco, aunque en sus cartas también dejaba traslucir que su principal obsesión era acabar su novela.

En julio de 1954 aceptó el delicado puesto de director de
los Servicios de Información del gobierno británico. Una
vez más, el dinero debió de jugar una baza importante a la
hora de tomar la decisión. El sueldo era muy superior al que
ganaba en el instituto y su cometido era encargarse de los
comunicados de prensa y publicaciones oficiales, así como
de los Servicios de Radiodifusión de la isla. Su nuevo empleo le exigía estar siempre bien comunicado, por lo que
tuvo que instalarse en Nicosia de forma permanente. Los
amigos griegos de Larry no se mostraron en absoluto con-
tentos con su nombramiento y compartían una sensación
de traición por parte de quien había proclamado tantas veces su amor por Grecia y que ahora, según ellos, se revela-
ba como mero sentimentalismo útil para componer algunos poemas. Algunos grecochipriotas se preguntaban si esa
transformación de escritor y profesor de inglés en jefe de
los servicios de información no había estado planeada desde el principio, si sus clases en el instituto no habían sido
una mera tapadera para sondear los sentimientos naciona-
listas de la juventud. En los periódicos locales se publicaron cartas en las que se cuestionaba su nombramiento e incluso se amenazaba con una recusación ante el Parlamen-
to de Londres.

Su nuevo cargo también exigía a Larry dirigir la revista *Cyprus Review* y convertirla en un instrumento útil para el gobierno. O para decirlo de otro modo, la misión de Larry era convencer a los grecochipriotas de que aceptaran la perpetuación de un benevolente mandato británico en lugar de luchar por la unión con Grecia. Los griegos críticos con Larry ponen como ejemplo la condescendiente actitud colonial que se transpira en *Limones amargos*, aunque hay que decir que el libro también contiene mucha crítica a la política seguida en la isla por los británicos. Larry amaba y admiraba muchas cosas de los griegos: su valor, su generosidad, su actitud ante la vida, pero, ya fuera por egoísmo—pensaba establecerse en la isla—o por ideología, en aquella época estaba convencido de que a los chipriotas les iría mucho mejor si seguían bajo mandato británico—o quizá, como sugerían sus cartas a Henry Miller, simplemente no consideraba que Chipre fuera griega—. Muchos años después comentaría que «la desagradable situación de Chipre fue totalmente maquinada por nosotros» y admitía su parte en la política de engaños e hipocresía.

El gobierno británico abrió fuego contra una manifestación de estudiantes en Limasol en diciembre de 1954, hiriendo a tres de ellos. Esta acción puso en marcha la EOKA, organización anticolonialista y antiimperialista cuya declaración de intenciones fue propagada por toda la isla el primero de abril de 1955, cuando Makarios dio la señal para que comenzara la insurrección. Ese mismo día estallaron bombas por todo Chipre. En *Limones amargos*, Larry cuenta que comenzó a tener indicios de que las cosas iban a tomar un cariz violento cuando detectó, en una playa solitaria a la que le gustaba ir a nadar, un caique del que se descargaban mercancías en plena noche. De vuelta a casa, entre los olivares, se topó con dos camiones cargados de hombres que esperaban en silencio y ninguno de ellos *fumaba*.

No tardaron en caer las primeras víctimas, soldados y policías que por lo general eran turcos. Ante la escalada de violencia, que comenzó a afectar también a civiles acusados por la EOKA de colaboracionistas, el gobierno británico nombró gobernador de la isla al duro veterano de las dos guerras mundiales y héroe de Tobruk, sir John Harding, que recientemente había sido asesor en el conflicto de los Mau Mau. Harding tomó una serie de medidas sin precedentes que incluían el toque de queda, el cierre de escuelas y la apertura de campos de concentración, la prisión incondicional de sospechosos sin derecho a juicio y la pena de muerte para quienes fueran descubiertos portando armas o explosivos. Una de las ejecuciones más controvertidas fue la de Michalis Karaolis, que había asesinado a plena luz del día a un oficial de policía chipriota. Harding eligió para anunciar la sentencia el día 28 de octubre, una de las fechas más señaladas del calendario griego por conmemorar la negativa de Grecia a rendirse ante el Eje. Los disturbios y manifestaciones se propagaron como la pólvora por todo Grecia. Sólo en Atenas hubo siete muertos y más de doscientos heridos. Para empeorar las cosas, Harding desterró y confinó durante dos años a Makarios en las islas Seychelles.

En agosto de 1955 Eve y Sappho abandonaron la isla y se fueron a vivir a Inglaterra, lo que supuso la separación definitiva de la pareja. La ruptura de su matrimonio y, según su amigo cercano Maurice Cardiff, la subsiguiente campaña de seducción que emprendió Larry crearon una especie de pánico en la comunidad inglesa: «Las esposas fueron enviadas a Inglaterra apresuradamente por unos maridos que de repente no veían ningún motivo para que se quedaran allí».

En noviembre de 1955 Larry narraba así a Henry Miller su situación en Chipre:

Nos encontramos en medio de una pequeña y horrible revolución, con bombas y asesinatos al estilo palestino [...]. Eve y la niña están en Inglaterra. He tenido que cerrar la casa turca, pero a la orilla del mar hay una mezquita abandonada (Los Siete Durmientes) donde suelo ir el fin de semana a refrescar la mente [...]. Casi he terminado mi segunda novela, *Justine*, [...] me parece que es muy buena [...]. Es probable que me divorcie de Eve y me vaya a vivir una temporada a la mezquita [...] donde siete tumbas de soldados turcos duermen su sueño de piedra bajo una marquesina verde. Es posible alcanzar la felicidad; lo que ocurre es que este trabajo me está matando. Tendré que dejarlo pronto y quitarme la novela de encima medio muerto de hambre.

Al poco de escribir esta carta, Larry conoció a Claude Vincendon, una joven rubia, menuda y aventurera, que se presentó en su oficina a pedir trabajo. Fue inmediatamente contratada para la sección francesa de la radio chipriota. Claude, de origen francés, había nacido en Alejandría, había viajado mucho y estaba escribiendo una novela sobre la época en que regentó un pub en Irlanda. Estaba casada con un marino inglés y tenía dos hijos. En la época que conoció a Larry se había ido a vivir por su cuenta alejada de su familia. Parecía uno de los personajes de la novela que Durrell estaba escribiendo. La presencia de Claude tuvo la enorme virtud de sacar a Larry de la caótica realidad que vivía la isla y transportarle a su universo literario privado—las calles y los olores de Alejandría—empujándole a terminar el libro. Por las noches, cada uno en su máquina de escribir, ante un mapa desplegado de la ciudad, recorrían con los dedos las calles,

tratando de recuperar lo que yo había olvidado, los prostíbulos y los parques, los amaneceres en el lago Mareotis [...]. Fueron unos días extraños y estremecedores, tristes, repletos de asco y de inutilidad, y sin embargo, es maravilloso poder vivir inmerso en un libro mientras todo se desmorona a tu alrededor y los toques de queda se apoderan de las ciudades muertas.

A principios de 1956, Larry comunicó a su amigo Henry Miller que había terminado la novela y que estaban pensando, Claude y él, en irse a vivir a Francia.

El comienzo de la aventura chipriota estuvo marcado por el desaliento, pero el recuperado placer de escribir vino en auxilio de Larry y le ayudó a sobrellevar todas las caóticas experiencias que le brindó la isla. Encontró la belleza del Mediterráneo en la aldea de Bellapais junto a una abadía gótica salpicada de escudos de olvidados caballeros y en una playa solitaria donde se levantaba una mezquita turca. En Chipre escribió su novela en las circunstancias más adversas y planeó otras tres, descubrió el budismo zen y se volvió a enamorar. No volvió jamás a Chipre, ni vivió nunca más en una isla griega, así que toca abandonarle. Vivió el resto de su vida en el sur de Francia, alcanzó la fama literaria con la que tanto había soñado y no tuvo que preocuparse por el dinero nunca más, aunque, según un amigo que le conocía bien, su risa se había vuelto un poco más amarga.

Larry Durrell murió en su casa de Sommières en 1990, pero sus amigos del monasterio budista que solía frecuentar en Francia, dicen que se ha reencarnado como viñador y que ahora vive felizmente en Borgoña.

UNA VISITA A CORFÚ, LA ISLA «DURRELLIANA»

«Los nórdicos hallan siempre el misterio en la oscuridad, en la noche, mientras los griegos lo hallamos en la luz, que para nosotros es algo absoluto», dijo en una entrevista Odiseas Elytis, poeta y premio Nobel de Literatura de 1979. Pocos escritores y poetas no griegos han sabido captar y transmitir la belleza de la luz mediterránea como Lawrence Durrell, que calificaba a los habitantes de las islas del Egeo de «bebedores de luz». A la hora de expresar su adoración por las islas griegas, Durrell no mostraba ninguna moderación y se recordaba a sí mismo—recién llegado de las brumas del norte—electrizado por la luz griega, intoxicado para siempre por la blanca luminiscencia del sol sobre el mar. Reconocía, desde luego, que en el mundo hay islas tan bellas como las del Egeo, pero tienen la característica de estar «vacías». «Existe una clase especial de presencia aquí, en estas tierras, en esta luz, y no es raro que el visitante con sensibilidad tenga la incómoda sensación de que el mundo antiguo está ahí todavía, muy cerca, casi al alcance de la vista», escribió Durrell en *Las islas griegas* (1978). El escritor estadounidense Don DeLillo, que vivió unos años en una isla griega, pone las siguientes palabras en boca de uno de sus personajes: «Uno de los misterios del Egeo es que las cosas parecen poseer allí una significación mayor, más profunda, más completa en sí misma [...]. Es una sensación inquietante. Metempsicosis».

De las aproximadamente mil novecientas islas que hay en el Egeo, Larry Durrell confesó conocer bien únicamente las tres en las que había vivido, aunque, ya fuera por placer o por trabajo, había puesto el pie en muchas de ellas. Tenía una clara lista de favoritas, como Ítaca, Santorini, Patmos o Paros. Y otra de islas que no le gustaban nada o que incluso calificaba de «lugaruchos». Pero no me cabe ninguna duda de que la isla durrelliana por excelencia es Corfú. Los hermanos Durrell, cada uno a su manera, me habían hecho creer que Corfú era lo más parecido al paraíso en la tierra. Y cada vez que yo contemplaba los lienzos y acuarelas de Edward Lear en el museo Benaki de Atenas no podía evitar preguntarme si existirían realmente esos paisajes.

En octubre de 2007 tuve por fin ocasión de visitar Corfú aunque no puedo decir que me deparara una bienvenida triunfal. Acababa de pasar unos días maravillosos en el monte Olimpo con mis amigos Yorgos y Xaris. Habíamos ascendido a su cima—que lleva el sugerente nombre de Mítikas—, dormido en su confortable refugio y charlado con montañeros de todo el mundo atraídos, como nosotros, por el aura de mitos y leyendas de la montaña. Después de visitar las ruinas de la antigua ciudad de Dion y de bañarnos en una playa cercana, nos dijimos adiós. Mis amigos regresaron a Atenas y yo proseguí viaje hacia Ioánnina, capital de Epiro. En esta solitaria región montañosa del norte de Grecia, en la frontera con Albania, realicé una travesía largo tiempo soñada: la del cañón de Vikos, uno de los lugares más agrestes y espectaculares de Europa. Durante unos días recorrí los deliciosos pueblos de la región llamada Zagoria, como Monodendri o Pápingo, y de allí me dirigí a la costa.

Larry Durrell solía decir que no había mayor gozo que arribar a una isla por mar, avistar su silueta rocosa y anticipar sus sobrios placeres. Tras la paz de las montañas, mi ánimo no estaba preparado para el griterío que armaba el gentío del ferry que hacía el trayecto de Igoumenitsa a Corfú. El barco iba hasta los topes: además de turistas y de los nativos que regresaban a sus casas, iba atestado de familias rusas que acudían a la isla, según me enteré más tarde, a participar en un homenaje a Ioannis Kapodistrias, diplomático griego del Imperio ruso y primer jefe de Estado de la Grecia independiente, oriundo de Corfú. Nada más atracar, toda esa multitud de señoras enjoyadas, maridos fornidos con Rolex de oro y niños gritones, desapareció como por ensalmo. En pocos minutos, el puerto se quedó desierto. Ni un autobús, ni un taxi a la vista. Los pasajeros debían de tener alguna información privilegiada de la que yo carecía. Tras esperar cerca de quince minutos en un muelle desierto, cargué con mi mochila y recorrí a pie los kilómetros que me separaban del centro. Por el camino llamé a unos cuantos hoteles de mi guía sin éxito. Por fin encontré una deprimente habitación con vistas al muro de un patio interior en un hotel levantado sobre un McDonalds. Una huelga de basureros ponía una nota catastrófica a la ciudad. Me atrincheré en mi habitación y, para darme ánimos, releí *La celda de Próspero* mientras esperaba la llegada de un nuevo día.

A la mañana siguiente me pude trasladar al hotel Cavalieri, uno de los de más solera de la ciudad. Después de una temporada en la montaña, pensé que una dosis de lujo moderado no me vendría mal. Tras instalarme en una habitación con vistas a la bahía y tomar un copioso desayuno en la terraza, me sentí preparada para visitar la capital de Corfú. Declarada patrimonio de la humanidad en el verano de 2007, Corfú, o Kérkyra en griego, es un intrincado laberinto de estrechas callejuelas que esconde un impresionante legado arquitectónico veneciano de casas pintadas en diferentes tonos pastel. Durante su breve paso por la isla, los franceses tuvieron tiempo de construir la elegante avenida Liston, cuyas arcadas recuerdan la rue du Rivoli de París, donde se encuentran los mejores cafés y terrazas de la ciudad. La herencia británica continúa viva en la pasión por el críquet, que se sigue jugando cada temporada de verano en la Espianada, la plaza más grande de Corfú, junto al paseo marítimo. Esta encantadora mezcla veneciana, francesa y británica está debidamente salpimentada con un toque de especias griegas que la terminan de hacer irresistible.

Lo primero que tiene que hacer uno cuando llega a Corfú,

Durrell dixit, es ir a presentar sus respetos a san Espiridión, auténtico *capo* de la isla. Se dice que si gritas «*Spiros!*» (diminutivo de Espiridión en griego) en cualquier lugar de la isla, acudirán casi todos los varones que se encuentren por allí. De origen chipriota, Espiridión llevó una vida relativamente tranquila en su isla natal, primero como pastor y luego como obispo. Su condición de santo se reveló cuando abrieron el sepulcro que contenía sus despojos y encontraron su cuerpo incorrupto del que brotaba una planta de albahaca. A partir de entonces, su existencia como momia resultó bastante agitada. Venerado primero en Chipre, los restos de Espiridión fueron trasladados a Constantinopla, de donde fueron sacados, *in extremis*, en 1453, antes de que los turcos conquistaran la ciudad, por un monje griego que traficaba con reliquias. A lomos de una mula y en compañía de los restos de una dama virtuosa, de nombre Teodora Augusta, Espiridión recorrió Epiro hasta recalar en la capilla de San Miguel de Corfú, donde fueron adquiridos por la familia Voulgari. Aquí comenzó la meteórica carrera del santo como protector de la isla. Su primera proeza fue librarla de la peste, venida desde Nápoles bajo la forma de un gato negro. Al abandonar la isla, en un gesto de rabia, la peste arañó las piedras de la vieja fortaleza, donde todavía se pueden encontrar sus huellas. Cuando los turcos quisieron apoderarse de Corfú, san Espiridión atemorizó a la soldadesca de los barcos adoptando la forma de un monje que recorría, antorcha en mano, los acantilados de la isla. Como esta estratagema no resultó suficiente, el santo decidió adoptar la forma de una terrible tormenta del sudoeste, que terminó por dispersar a la flota turca, la cual desistió para siempre del intento. De Teodora se cuenta que salvó al barrio armenio de un azote de epilepsia, hasta que poco a poco fue cayendo en el olvido, eclipsada por su intrépido compañero. En 1590 el pueblo de Corfú le construyó una iglesia en el centro de la capital, graciosamente rematada por una cúpula bizantina en forma de cebolla pintada de rojo, donde hoy se encuentra la plaza del mercado.

Cuando por la mañana temprano entré en la iglesia del santo, pude comprobar que Espiridión se sigue haciendo querer. En la capilla en la que reposa en un elaborado sarcófago de plata ya había una considerable fila de personas dispuestas a cumplir con el ritual: besar por tres veces el sepulcro y encender una vela en uno de los enormes candeleros que lo rodean. El día del santo, el ataúd abandona la capilla y es paseado con gran pompa por la ciudad. A través de una mirilla de cristal se puede ver su cabeza ennegrecida apoyada sobre el hombro izquierdo, con la boca ligeramente entreabierta en expresión de dolor. En ocasiones menos solemnes, se abre el sarcófago para que los fieles besen sus zapatillas. Aunque su tarea es hacer frente a las grandes catástrofes, Espiridión también atiende peticiones personales. Me senté en la penumbra de los últimos bancos para observar con discreción a los fieles que murmuraban fervorosamente sus plegarias. La bailoteante luz de las velas acentuaba el dramatismo de la capilla, creando una densa atmósfera en la que se podía palpar la pesadumbre de la condición humana.

Cuando abrí la puerta de la iglesia para salir a la luz del sol que inundaba la plaza del mercado, sentí que regresaba al siglo XXI tras un viaje al pasado. Para reponerme, me senté en una terraza a tomar el segundo café de la mañana y a hojear el periódico: en primera plana se anunciaba el fin de la huelga de basuras. Gracias, san Espiridión.

La segunda visita programada de la mañana era al museo arqueológico. Allí me aguardaba la Gorgona o Medusa, guardiana del antiguo mundo griego, como Espiridión lo es del mundo bizantino y moderno. La visita a Corfú ya está más que justificada con la visión de esta arcaica figura de piedra. La Medusa era la escultura central del frontón occidental del templo de Artemisa construido en el 600 antes de Cristo. en lo que actualmente es el barrio de Garitsa de la capital. Los restos del templo y el frontón fueron descubiertos durante las guerras napoleónicas por soldados franceses mientras excavaban trincheras para protegerse del enemigo. Del templo quedan apenas algunos vestigios, pero su prodigioso frontón es la joya del museo arqueológico corfiota. Pese a esa tristeza que emana de todo objeto desplazado del entorno para el que fue creado, la Medusa de Corfú, de tamaño mayor que el natural, sigue ejerciendo una fascinación tan poderosa que enmudece la mente del observador y le traslada inconscientemente al lejano mundo de los mitos, haciéndole olvidar que se encuentra en la fría sala de un museo, por otra parte, totalmente desprovista de visitantes cuando yo penetré en ella.

Considerada un monstruo, la de Medusa es una historia muy desdichada. Ovidio cuenta que era una hermosa joven sacerdotisa del templo de Atenea y propietaria de una envidiable melena. Tras ser violada por Poseidón en el suelo del recinto sagrado, Atenea la emprendió con ella y transformó su cabellera en una ristra de sibilantes serpientes. No contenta con ello, la diosa virgen la castigó haciendo que cualquiera que la mirase quedase convertido en piedra y, para remate, encargó a Perseo que la diera muerte. Encinta de Poseidón, Medusa trató de ocultarse del semidiós, pero éste la persiguió y le cortó la cabeza. Del sanguinolento cuello de Medusa nacieron dos hijos: Pegaso, el caballo alado, y el gigante Crisaor. La Medusa de Corfú fue congelada en piedra por el escultor mientras huía de Perseo. Sus piernas están dando una gran zancada y tiene el rostro desencajado por una expresión demente, con enormes ojos desorbitados y una terrible mueca por sonrisa. Pese a que no ha muerto todavía, la rodean sus hijos Pegaso y Crisaor. A cada lado de esa estrambótica familia, dos leonas acostadas montan guardia, acechantes. La cabeza de Medusa, leí en mi guía, se llegó a convertir en la antigua Grecia en un importantísimo elemento apotropaico, es decir, algo que por su carácter mágico alejaba el mal y propiciaba el bien y ésa era, precisamente, su función en el templo de Artemis: conjurar los espíritus malignos y alejarlos de allí.

Larry Durrell, cuyo entusiasmo por la Medusa de Corfú me había llevado hasta aquel museo, se entregó a divagaciones jungianas mientras contemplaba aquella extraña figura y creía hallar en ella reminiscencias hinduistas en las dos serpientes entrelazadas que rodeaban su cintura, recuerdo de antiguas vías de perfeccionamiento de los hombres y de los peligros que han de arrostrarse para alcanzar un estado de conciencia superior. De cualquier forma, la Medusa constituye una intensa experiencia y cuesta desembarazarse del recuerdo de su demente sonrisa. Hasta que uno se da cuenta de que no está allí para provocar la locura, sino para prevenirla.

Hay otras cosas interesantes en el museo, como una escena de simposio—ese otro gran invento griego que significa literalmente 'beber en compañía'—en la que un jovencito desnudo comparte triclinio con un adulto barbado y le ofrece de beber. Pero hasta esta maravilla queda eclipsada por la fuerte vibración de la Medusa. En momentos así es cuando eres consciente de la magia que emana del antiguo mundo griego y comprendes por qué vuelves una y otra vez a esta tierra, para entrever, tal vez, durante unos instantes, la sombra de aquel mundo antiguo desaparecido para siempre en la rueda del devenir.

De regreso al hotel me senté a reponer fuerzas en una de las terrazas bajo las arcadas de la avenida Liston, el centro de la vida social corfiota y lugar en el que hay que sentarse para ver y ser visto. A pesar de ser octubre había mucha animación y gran número de turistas, sobre todo jubilados británicos, desembocaban en la amplia calle desde las callejuelas de la ciudad antigua. A mi alrededor, las mesas fueron llenándose poco a poco. Mientras saboreaba una cerveza e influida tal vez por el ambiente, en lugar de perderme en divagaciones sobre las implicaciones psicoanalíticas o feministas del mito de Medusa, me encontré a mí misma lanzando miradas críticas a algunas turistas, muy entradas en años, quienes, al parecer, aprovechaban la tregua de las vacaciones para vestirse de quinceañeras y desfilaban en minifalda, pantalones cortos y camisetas con escote «palabra de honor». De ahí pasé a meditar sobre la patética tiranía que nuestro aspecto físico nos impone a las mujeres. ¡Qué bien sabía lo que hacía Atenea al ponerle un peinado de serpientes ondulantes a la pobre Medusa! El sonido de mi móvil me sacó también de estas divagaciones. Mi familia quería saber si todo iba bien por Corfú. Bien, muy bien, respondí. No podía ir mejor. Hasta se había acabado la huelga de basuras. Y para celebrarlo pedí otra cerveza.

La tercera visita del día era a personas de carne y hueso. Con ayuda del mapa no me costó demasiado encontrar el número 11 de la calle de los Filohelenos donde se encuentra la Durrell School of Corfu, en pleno corazón de la ciudad antigua. La Durrell School organiza seminarios todos los años para profundizar en la cultura y la historia del Mediterráneo y, por supuesto, en las figuras de los hermanos Durrell. En cuanto me identifiqué como durrelliana, fui amablemente invitada a pasar por el escaso pero entusiasta personal que se encontraba en aquel momento. Desde su inauguración en 2002, me informaron, cada año acuden botánicos, profesores, científicos, escritores, periodistas y estudiantes de todo el mundo, interesados en el particular universo de los dos hermanos Durrell. Curioseé libremente por la biblioteca y me despedí prometiendo asistir a algunos de los seminarios que se celebran cada verano. De regreso al hotel pude observar que algunas casas estaban a punto de caerse de puro viejas y de algunos rincones se desprendía un acre olor a basuras y orines. Los perros callejeros, omnipresentes en toda Grecia, parecían buscarse bien la vida. Esa noche cayó una enorme tromba de agua acompañada de aparato eléctrico sobre Corfú. Desde la seguridad confortable de mi habitación pensé en san Espiridión. ¿Estaría ojo avizor en su lecho de plata por si se producía una emergencia en el mar? Entre truenos y relámpagos, me dormí recordando que a la mañana siguiente me tocaba visitar los *santos lugares durrellianos*.

Alquilé un pequeño coche para llegarme hasta Kalami, el edén en el que habitaron Larry y Nancy en los años anteriores a la guerra. La lluvia había cesado pero el cielo estaba plomizo y amenazaba con volver a descargar. Por el camino recordé la carta que Larry dirigió a Henry Miller contándole su primera visita a Kalami después de la guerra y su consternación al enterarse de que su casera, Eleni, se había dejado morir de hambre para salvar a sus hijos. Se preguntaba si habían hecho bien al escribir aquellos libros que describían una Grecia paradisíaca.

Kalami ya no es ese universo cerrado y casi autosuficiente, esa tierra de leche y miel que evoca Durrell en *La celda de Próspero*. Desde que alcanzó la fama con *El cuarteto de Alejandría*, quienes visitaban Corfú se acercaban en barco a Kalami para observar desde el mar la Casa Blanca. La familia Athenaios, propietaria de la casa, decidió comprar una nevera que llenó de Coca Cola para vendérselas a los cada vez más abundantes turistas literarios. Luego comenzaron a enseñar la habitación donde Larry escribía, más tarde la alquilaron. Ahora poseen un pequeño emporio hotelero compuesto de cinco establecimientos y la planta baja de la Casa Blanca es un restaurante en el que cuelgan fotos de la familia Durrell y Henry Miller. El resto de familias de pescadores siguieron el ejemplo de los Athenaios y, o bien vendieron sus propiedades y se marcharon, o bien construyeron nuevos edificios de apartamentos. Ahora hay un supermercado, un centro de alquiler de coches y tiendas en las que comprar un cocodrilo de plástico verde para surcar la bahía. Decididamente, Kalami ya no es un lugar heráldico.

En el restaurante de los Athenaios pregunté cómo se llegaba a San Arsenio. Entonces conocí a Mona y William, una simpática pareja de escoceses que viven en Corfú. Al oírme inquirir por San Arsenio, Mona se acercó a mí y me preguntó si era una durrelliana. Sorprendida, no supe qué responder. «Es que se trata de un lugar que sólo *nosotros* conocemos», me dijo en tono conspirador. Estuvimos hablando un rato y prometí reunirme con ellos si a mi regreso todavía estaban de sobremesa en el restaurante, adonde habían acudido con unos amigos. Compré una *spanakópita* (hojaldre de espinacas y queso feta) para hacer un picnic en San Arsenio, la diminuta ermita al borde del mar y la cala de los baños felices de Larry y Nancy. Larry Durrell regresó a San Arsenio en 1966, la última vez que visitó Kalami y encontró el lugar intacto. En previsión de que la llamita de la lámpara votiva estuviera apagada, había llevado consigo aceite de sus olivos del *midi* francés. Por mi parte, a falta de olivos propios, había comprado una botellita en la tienda de recuerdos del aeropuerto de Atenas. Tras caminar unos veinte minutos en

dirección sur siguiendo la costa, avisté de lejos la pequeña iglesia rodeada de los cipreses-centinelas. El cielo se iba
despejando, volvía a hacer calor y la pequeña ensenada de
arena blanca refulgía invitadoramente con su agua transparente de un vívido turquesa. Entré en el pequeño recinto religioso. Para mi sorpresa, la lamparita estaba encendi-
da e iluminaba la severa imagen de san Arsenio, monje ana-
coreta del desierto y segundo patrón de Corfú. Es algo que
siempre me llama la atención en Grecia. Puedes encontrar
ermitas en la cima de las montañas, en las profundidades de
un cañón de río o en la costa y, cuando entras en ellas, por
muy remotas que estén, parece como si alguien acabara de
limpiarlas y de reponer el aceite de las lámparas.

Se cuenta que la aparición del icono de san Arsenio flotando por estas aguas motivó la construcción de la ermita,
aunque el aspecto del paraje permite pensar que, en aquel
lugar, nuestros antepasados llevaban encendiendo lamparitas votivas desde tiempos inmemoriales a distintas dei-
dades que son siempre la misma: aquella que nos ayuda a
conjurar nuestros miedos. Dejé la botellita de aceite junto
al encendedor y las mechas y me despedí del santo. Afue-
ra, me quité la ropa y me zambullí en el agua. Buceé en busca de la cueva donde Larry y Nancy guardaban los trajes
de baño para ponérselos en caso de que se acercara alguna
indiscreta barca de pescadores. La pequeña oquedad también había contenido una estatua de Pan que habían escul-
pido en arcilla y que hacía mucho tiempo se había llevado
el mar. Después del baño mi pastel de hojaldre me supo delicioso y lamenté no haber comprado otro. Tumbada al sol
sobre una roca plana, con los ojos cerrados, no me resultaba difícil evocar las voces, las risas, los ruidos de los cuerpos zambulléndose en el agua. Tampoco costaba imaginar
la esbelta silueta de Nancy, excelente nadadora, lanzándo-

se al fondo para coger con la boca las cerezas que arroja-
ban al lecho de arena.

Desanduve el camino y regresé al restaurante. Mis nuevos amigos seguían allí. Me estaban esperando. Comenta-
mos la magia que sigue conservando ese remoto rincón,
quintaesencia del paisaje griego. A ese primer y agradable
encuentro siguieron otros. En su compañía descubrí lugares que de otra forma no hubiera conocido nunca y com-
probé que todavía quedaban bosques de cipreses y olivos
que Edward Lear hubiera reconocido como suyos. Gracias
a la hospitalidad de William y Mona, pude conocer una de
esas deliciosas villas de herencia veneciana, discretamente
encaramada en las colinas del fértil valle de Ropa, que ellos
mismos habían restaurado con mimo. También me enteré
de que todavía existen seis millones de olivos en Corfú y
pude pasear por bosques en los que se encuentran ejemplares de estos árboles de cuatrocientos años de antigüedad
que tienen la característica de ser altísimos.

En mi última tarde en Corfú fui a despedirme de san Espiridión y agradecerle que la isla me hubiera tratado tan
bien. Esta vez me puse en la cola y cumplí con el ritual,
besé tres veces su sarcófago y encendí un cirio, pidiéndole
regresar a Corfú. Cuando me senté en la capilla me llamó
la atención una mujer todavía joven, vestida de negro de
arriba abajo, que permanecía en pie y con los ojos abiertos
de par en par. De su rostro sobresalía un enorme tumor, un
bulto espantoso y desproporcionado. ¿Qué hacía allí en lugar de estar en un hospital o en la consulta de un médico?
¿Estaría desahuciada y acudía a Espiridión como último
remedio? Un terrible castigo, pensé, como el infligido a la
pobre Medusa. Impresionada y avergonzada de la frivoli-
dad de mi petición, abandoné la iglesia y me dirigí al restaurante donde mis amigos me aguardaban para celebrar

mi despedida. Brindamos por Lawrence Durrell, que nos
había reunido allí. Alguien sacó a relucir alguno de los puntos oscuros que se airean en una de las biografías de Larry Durrell, pero, afortunadamente, nadie le prestó mucha
atención. Cada uno de los allí presentes teníamos nuestra
propia e intransferible imagen de Larry Durrell. Para mí,
pensé, siempre sería el que me enseñó, como nadie, a apreciar la belleza del paisaje griego, y en su paisaje, la historia griega y, en su historia, a percibir, en los recodos de sus
caminos, el espíritu del lugar, el que mantenía encendidas
las lamparitas en aquellos lugares remotos. Era sobre todo
quien me había enseñado que «toda la belleza del mundo
está contenida en una gota de aceite griego recién prensa-
do». A ver en las cosas más allá de las cosas.

Cuando el avión sobrevolaba Corfú rumbo a Atenas,
busqué con la mirada la costa donde se encuentra la pequeña capilla rodeada de cipreses. Mientras las lámparas
votivas continúen iluminando su interior, pensé cuando el
avión enfilaba rumbo a Atenas, el espíritu del Mediterráneo seguirá vivo.

EPÍLOGO
CON PERSONAJE INVITADO

En la ciudad adriática de Rímini se encuentra uno de los edificios más singulares de Europa. Se trata del templo Malatestiano, mandado erigir en 1446 por Segismundo Malatesta a León Battista Alberti para que encarnara los ideales clásicos de belleza y búsqueda desinteresada de la verdad. Al papa Pío II Piccolomini no le gustó el proyecto y excomulgó a Malatesta, acusándole de construir un templo pagano para oficiar en él ritos sacrílegos.

El flanco exterior derecho del templo contiene siete sarcófagos. En el tercero de ellos está enterrado el filósofo bizantino Yorgos Gemistos Pletón. Aunque ahora es una figura apenas conocida, cuando contaba más de ochenta años protagonizó en Florencia unos hechos que le convirtieron en uno de los principales inspiradores del Renacimiento.

Todo comenzó en el concilio de Florencia, organizado en 1438 por las Iglesias de Oriente y Occidente en un nuevo intento de solventar las diferencias que las separaban desde hacía siglos. El emperador bizantino Juan VIII Paleólogo, más interesado en recabar ayuda para detener el avance otomano que en las cuestiones religiosas, reunió una comitiva de más de setecientos eruditos y clérigos para que arroparan al patriarca de Constantinopla. El solemne acontecimiento ha quedado inmortalizado en los bellísimos frescos de Benozzo Gozzoli del palacio Médici-Riccardi de Florencia, popularmente conocidos como *El cortejo de los Reyes Magos*.

En la comitiva se les coló un pagano, el sabio y erudito de ochenta y tres años Yorgos Gemistos Pletón, que difundía secretamente junto a un grupo de adeptos en la ciudadela bizantina de Mistrás las ideas de los antiguos filósofos griegos y celebraba ritos en honor a Apolo. Sabedor del hambre de manuscritos clásicos y del casi total desconocimiento que tenían los estudiosos de Occidente de las obras de Platón, el viejo sabio no dudó en llenar su equipaje con las obras de este filósofo. Me gusta imaginar los baúles del viejo Pletón—abarrotados de los gérmenes infecciosos que propagarían el Renacimiento en Italia—desembarcando en el muelle de San Marcos de Venecia una inclemente noche de abril de 1438, tras, según cuentan las crónicas, una azarosa travesía. También me gusta imaginar la mirada de mudo reproche que el sabio dirigiría hacia los cuatro hermosos caballos que adornan la fachada de la basílica de San Marcos, robados en 1204 en Constantinopla—ciudad natal de Pletón—por Enrico Dandolo, dogo de Venecia y perpetrador de uno de los mayores saqueos artísticos de la historia.

Aunque Florencia ya era uno de los centros de estudios humanistas más importantes de Europa, se diría que la ciudad estaba esperando al sabio bizantino. Eximido de tareas religiosas, Pletón era libre de circular a sus anchas y de reunirse con eruditos y humanistas, uno de los cuales era Segismundo Malatesta. Durante los dos años que duró el concilio, en Florencia se sucedieron con frecuencia dos escenas bien distintas. Por un lado, el papa se entregaba a interminables discusiones con el patriarca de Constantinopla en torno a la procedencia del Espíritu Santo, la conveniencia de poner o no levadura al pan de la misa y de que los clérigos llevaran o no barbas, acompañadas, dice la leyenda, de los ininterrumpidos ladridos de los perros del emperador. Entretanto, Pletón y los humanistas florentinos se reunían en la hermosa Villa Careggi, donde, presididos por Cosme de Médicis, retomaron la gratificante práctica del simposio. Se reunían al atardecer en torno a la mesa y allí comían, bebían y practicaban el supremo arte griego de la conversación. Hablaban de arte, ciencia, política, religión y filosofía en un ambiente distendido y respetuoso. Animado por el interés de sus interlocutores, Pletón escribió en Florencia *De differentiis*, que difundió en forma de conferencias ante un entregado auditorio. De su influencia ha dejado constancia Marsilio Ficino:

Cosme de Médicis escuchaba con frecuencia a un filósofo griego de nombre Gemistos hablar, como un Platón redivivo, de los misterios platónicos [...] y quedó tan inspirado, tan profundamente conquistado que desde aquel momento concibió crear una Academia Platónica en Florencia a la primera ocasión favorable.

Pletón también tuvo ocasión de frecuentar al geógrafo Paolo Toscanelli, a quien dio a conocer la hasta entonces desconocida geografía de Estrabón que tan decisiva sería en la planificación de los viajes de Colón. Desde Florencia, las ideas humanistas propagadas por el Renacimiento irradiaron hacia toda Europa impregnando las conciencias y sentando las bases del mundo moderno.

El viejo Pletón regresó a Mistrás, donde murió en 1452 a los noventa y siete años, uno antes de la caída de Constantinopla. Sus enemigos quemaron gran parte de sus obras y lo que se salvó, más de setecientos manuscritos, fue depositado por el cardenal Besarión en la biblioteca Marciana de Venecia, donde se conservan hoy en día. Fue el propio Malatesta, quien, tras abrir una brecha en la muralla de Mistrás, arrebató los restos de su maestro que estaban enterrados en la catedral y los trasladó al templo de Rímini para que «el gran maestro pudiera encontrarse entre hombres libres».

La escritura de este libro me ha llevado a innumerables rincones y lugares de Grecia e Italia, algunos de ellos únicamente alterados por el tiempo; otros, devastados por la codicia humana. Si tuviera que elegir uno solo me inclinaría sin duda por el templo Malatestiano de Rímini. El bello edificio inacabado, transfigurado ahora en catedral católica y para el que Alberti había diseñado una cúpula que debía superar en grandeza a la de Florencia, constituye a mi entender el símbolo más elocuente de ese ideal inalcanzable de perfección física y espiritual que brilló fugazmente en las estatuas de Fidias y en las palabras de Sófocles y que surgió hace siglos en las riberas del Mediterráneo.

AGRADECIMIENTOS

Mientras escribía este libro mi sueño era que se publicara en la editorial Acantilado. Mi eterno agradecimiento a Jaume Vallcorba por haberlo hecho realidad.

Gracias a Javier Fernández de Castro, a Juan Pedro Bator, a Félix de Azúa, a Albert Padrol, a David Fernández de Castro, a Ferrán Lobo, a Jordi Ibáñez, a Sandra Ollo, a Jacinto Antón, a Eugenio de la Plaza y a Josu Belmonte, mi hermano, por la parte que le corresponde a cada uno.

Mi agradecimiento a Ito Lewis y Elizabeth Boleman-Herring por tener la amabilidad de cederme las fotografías de Norman Lewis y Kevin Andrews respectivamente.

Y gracias, muchas gracias, a Montse Cuxart, Alison Anderson y Dolores Payás, compañeras de aventuras y caminatas por Grecia e Italia.

BIBLIOGRAFÍA

GENERAL

BRILLI, Attilio, *El viaje a Italia, historia de una gran tradición cultural*, Madrid, Antonio Machado Libros, 2010.

CONSTANTINE, David, *Los primeros viajeros a Grecia y el ideal helénico*, México, D.F., FCE, 1989.

DUCHÊNE, Hervé, *Le voyage en Grèce. Anthologie du Moyen Age à l'époque contemporaine*, París, Robert Laffont, 2003.

EISNER, Robert, *Travelers to an Antique Land*, Ann Arbor, University of Michigan Press, 1993.

FORSTER, Edward Morgan, «Gemistus Pletho», en *Abinger Harvest*, Londres, Edward Arnold & Co, 1946.

GIBBON, Edward, *Autobiografía*, Buenos Aires, Espasa-Calpe, 1949.

GOETHE, Johann W., *Viaje a Italia*, Barcelona, Ediciones B, 2009.

GÓGOL, Nikolái, *Roma*, Barcelona, Minúscula, 2001.

HAMILTON, Edith, *El camino de los griegos*, Madrid, FCE, 2002.

HIBBERT, Christopher, *The Grand Tour*, Londres, Methuen, 1987.

JAEGER, Werner, *Paideia, los ideales de la cultura griega*, México, D.F., FCE, 1974.

LANE FOX, Robin, *El mundo clásico. La epopeya de Grecia y Roma*, Barcelona, Crítica, 2007.

MATVEJEVIC, Predrag, *Breviario mediterráneo*, Barcelona, Anagrama, 1991.

OLALLA, Pedro, *Atlas mitológico de Grecia*, Barcelona, Lynx, 2002.

—, *Historia menor de Grecia*, Barcelona, Acantilado, 2012.

PEMBLE, John, *The Mediterranean Passion, Victorian and Edwardians in the South*, Oxford, Clarendon Press, 1987.

ROMILLY, Jacqueline de, *¿Por qué Grecia?*, Barcelona, Debate, 1997.

BIBLIOGRAFÍA

SAVINIO, Alberto, *Capri*, Barcelona, Minúscula, 2008.

STONEMAN, Richard, *Land of Lost Gods*, Londres, Hutchinson, 1987.

TSIGAKOU, Fanni-Maria, *Redescubrimiento de Grecia. Viajeros y pintores del Romanticismo*, Barcelona, Ediciones del Serbal, 1985.

WOODHOUSE, C. M., *Gemistos Plethon: The Last of the Hellenes*, Oxford, Clarendon Press, 1986.

ITALIA

Johann Winckelmann, pasión romana

ALDRICH, Robert, *The Seduction of the Mediterranean. Writing, Art and Homosexual Fantasy*, Londres, Routledge, 1993.

BUTLER, E. M., *The Tyranny of Greece over Germany*, Cambridge, Cambridge University Press, 1955.

CASANOVA, Giacomo, *Historia de mi vida*, Vilahur, Atalanta, 2009.

FERNANDEZ, Dominique, *Signor Giovanni*, París, Balland, 2002.

GREENBLATT, Stephen, *El Giro (de cómo un manuscrito olvidado contribuyó a crear el mundo moderno)*, Barcelona, Crítica, 2012.

WINCKELMANN, Johann, *Reflexiones sobre la imitación de las obras griegas en la pintura y la escultura*, Madrid, FCE, 2008.

Wilhelm von Gloeden, fotógrafo de la Arcadia

Alinari Archives, www.alinariarchives.it. Las fotografías de Wilhelm von Gloeden pueden verse *online* en el archivo fotográfico.

LESLIE, Charles, *Wilhelm von Gloeden, photographer: a brief introduction to his life and work*, Nueva York, Soho Photographic Publishers, 1977.

National Geographic Magazine. Italy, the Gifted Mother of Civilization, octubre de 1916.

PEYREFITTE, Roger, *Les amours singulières*, París, Flammarion, 1949. [Existe traducción en español: *Las amistades particulares*, Barcelona, Egales, 2000].

WEIERMAIR, Peter, *Wilhelm von Gloeden*, Colonia, Benedikt Taschen, 1994.

Axel Munthe, el exiliado de Capri

JAMES, Henry, *El amante de Italia*, Oviedo, Trabe, 2009.

JANGFELDT, Bengt, *Axel Munthe. The Road to San Michele*, Londres, I. B. Tauris, 2008.

MUNTHE, Axel, *La historia de San Michele*, Barcelona, Editorial Juventud, 2007.

—, *Letters from a Mourning City: Naples, autumn 1884*, Londres, John Murray, 1887.

MUNTHE, G. y G. Uexküll, *La historia de Axel Munthe*, Barcelona, A.H.R., 1954.

D. H. Lawrence, el adorador del sol

CARSWELL, Catherine, obituario para el periódico *Time and Tide* del 16 de marzo de 1930.

DOUGLAS, Norman, *South Wind*, Londres, Martin Secker & Warburg, 1942.

LAWRENCE, D. H., «Twilight in Italy», «Sea and Sardinia» [Existe traducción en español: *Cerdeña y el mar*, Barcelona, Alhena Media, 2008] y «Sketches of Etruscan Places», en *D. H. Lawrence and Italy*, Londres, Penguin, 2007.

—, «Sun», en *Selected Short Stories*, Harmondsworth, Penguin, 1982. [Existe traducción en español: «Sol» en *Tú me acariciaste y otros cuentos*, Barcelona, Debolsillo, 2007].

MADDOX, Brenda, *D. H. Lawrence: the Story of a Marriage*, Nueva York, Simon & Schuster, 1994.

SQUIRES, Michael y Lynn K. Talbot, *Living at the Edge, a biography of D. H. Lawrence and Frieda von Richthofen*, Londres, Robert Hale, 2002.

Norman Lewis, la salvaje poesía de la guerra

EVANS, Julian, *Semi-Invisible Man: The Life of Normal Lewis*, Londres, Picador, 1996.

LEWIS, Norman, *I Came, I Saw: An Autobiography*, Londres, Picador, 1996.

—, *In Sicily*, Londres, Picador, 2001.

—, *La honorable sociedad*, Barcelona, Alba Editorial, 2009.

—, *Nápoles 1944. Un oficial del Servicio de Inteligencia en el laberinto italiano*, Barcelona, Muchnik Editores, 2000.

ROBB, Peter, *Medianoche en Sicilia*, Barcelona, Alba Editorial, 2000.

GRECIA

Henry Miller, satori *en Grecia*

DEARBORN, Mary V., *The Happiest Man Alive: A Biography of Henry Miller*, Nueva York, Simon & Schuster, 1991.

DURRELL, Lawrence y Henry Miller, *Cartas Durrell-Miller (1935-1980)*, Barcelona, Edhasa, 1991.

MILLER, Henry, *Big Sur y las naranjas de Hieronymus Bosch*, Buenos Aires, Losada, 1960.

—, Henry, *The Colossus of Maroussi*, Nueva York, New Directions, 1988. [Existe traducción en español: *El coloso de Marusi*, Barcelona, Seix Barral, 1992].

SEFERIS, Yorgos, *Días (1925-1968)*, Madrid, Alianza Editorial, 1997.

Patrick Leigh Fermor, la alegría del viajero

BEEVOR, Antony, *La batalla de Creta*, Barcelona, Crítica, 2003.
COOPER, Artemis, *Cairo in the war. 1939-1945*, Londres, Hamish Hamilton, 1989.
LEIGH FERMOR, Patrick, *El tiempo de los regalos. A pie hacia Constantinopla*, Barcelona, Península, 2001.
—, *Entre los bosques y el agua. Desde el curso medio del Danubio hasta las Puertas de Hierro*, Barcelona, Península, 2004.
—, *Mani. Viajes por el sur del Peloponeso*, Barcelona, Acantilado, 2010.
—, *Roumeli. Viajes por el norte de Grecia*, Barcelona, Acantilado, 2011.
—, *Words of Mercury*, Londres, John Murray, 2003.
MOSS, William Stanley, *Ill Met by Moonlight. The Abduction of General Kreipe*, Atenas, Efstathiadis, 2007. [Existe traducción en español: *Mal encuentro a la luz de la luna. El secuestro del general Kreipe en Creta durante la Segunda Guerra Mundial*, Barcelona, Acantilado, 2014].
PSYCHOUNDAKIS, George, *The Cretan Runner: His Story of the German Occupation*, Londres, Penguin, 1998.
SHAKESPEARE, Nicholas, *Bruce Chatwin*, Barcelona, El Aleph Editores, 2000.

Kevin Andrews, el vuelo de Ícaro

ANDREWS, Kevin, *Castles of the Morea*, Princeton, The American School of Classical Studies at Athens, 2006.
—, *The Flight of Ikaros: Travels in Greece during a Civil War*, Londres, Penguin, 1984.
BOLEMAN-HERRING, Elizabeth, *Greek Unortodox: Bande à Part and A Farewell to Ikaros*, Riverdale, Nueva Jersey, Cosmos Publishing, 2005.
KAPLAN, Robert D., *Invierno mediterráneo. Un recorrido por Túnez, Sicilia, Dalmacia y Grecia*, Barcelona, Ediciones B, 2004.

BOWKER, Gordon, *Through the Dark Labyrinth: A Biography of Lawrence Durrell*, Londres, Pimlico, 1998.

CARDIFF, Maurice, *Friends Abroad: Memories of Lawrence Durrell, Freya Stark, Patrick Leigh Fermor, Peggy Guggenheim and others*, Londres y Nueva York, The Radcliffe Press, 1997.

DELILLO, Don, *Los nombres*, Barcelona, Seix Barral, 2011.

DURRELL, Lawrence y Henry Miller, *Cartas Durrell-Miller (1935-1980)*, Barcelona, Edhasa, 1991.

—, *La celda de Próspero*, Barcelona, Edhasa, 1988.

—, *Limones amargos*, Barcelona, Edhasa, 1987.

—, *Reflexiones sobre una Venus marina*, Barcelona, Península, 1998.

—, *Spirit of the Place. Mediterranean Writings*, Londres, Faber and Faber, 1988.

—, *The Alexandria Quartet*, Londres, Faber and Faber, 1968. [Existe traducción en español: *El cuarteto de Alejandría*, Barcelona, Edhasa, 2012].

LAGOUDIS PINCHIN, Jane, *Alejandría: Cavafis, Forster, Durrell*, Granada, Almed, 2004.

MACNIVEN, Ian, *Lawrence Durrell: A Biography*, Londres, Faber and Faber, 1998.

ESTA REIMPRESIÓN, SÉPTIMA,
DE «PEREGRINOS DE LA BELLEZA», DE
MARÍA BELMONTE, SE TERMINÓ DE
IMPRIMIR EN CAPELLADES EN
EL MES DE ABRIL
DEL AÑO
2021

Colección El Acantilado
Últimos títulos